딥페이크와 디지털 성범죄

판례해설

이렇게 대처하세요!

편저 이원범

법문북스

머 리 말

　인간은 사회적 동물이라 함께 공동으로 생활을 하면서 산업사회가 발전하는 원동력이 되었습니다. 이렇게 많은 사람들이 모여 살다 보면 자연히 남녀간의 성(性) 문화가 발생하게 되고 이로 인한 부작용이 수도 없이 많이 생겨 성범죄 형태도 다양하게 변해 오고 있습니다. 특히 최근에는 AI기술의 확산으로 딥페이크를 이용한 디지털 성폭력·성희롱이 만연하고 있어 이를 방지하기 위한 방법을 여러 가지로 모색하고 있습니다.

　딥페이크(deepfake)란 딥 러닝(deep learning)과 가짜(fake)의 혼성어로 인공 지능을 기반으로 한 인간 이미지 합성 기술입니다. 이 기술을 이용해 특히 연예인, 인플루언서, 운동선수 등 유명인의 얼굴을 포르노나 AV 등 성적 촬영물에 합성하여 피해 촬영물을 만들어 내는 사례가 많습니다. 생성적 적대 신경망(GAN)이라는 기계 학습 기술을 사용하여, 기존의 사진이나 영상을 원본이 되는 사진이나 영상에 겹쳐서 만들어 냅니다.

　디지털 성폭력은 '디지털 기기와 정보통신기술을 매개로 온·오프라인 상에서 발생하는 성인지(젠더) 기반 폭력으로, 동의 없이 상대의 신체를 촬영하거나 유포·유포협박·저장·전시하는 행위와 사이버 공간에서 타인의 성적 자율권과 인격권을 침해하는 행위'로 정의됩니다. 이는 온라인 매체를 통한 언어 및 시청각 성폭력, 불법촬영, 타인의 성적 이미지 제작, 유포, 소지, 요구 협박, 자기 이미지의 원치 않는 유포와 관련 협박, 개인 신상정보 악용 등 여러 형태로 나타납니다.

　이 책에서는 이러한 딥페이크와 디지털 성범죄에 대한 여러 가지 자료들을 참고하여 그 예방책과 피해자를 보호하는 제도등을 비롯하여 많은 사례들을 수록함으로 피해를 방지하고 예방하는 목적으로 발간하게 되었습니다. 이러한 자료들은 대법원의 최근 판례, 여성가족부와 한국여성인권진흥원 산하 디지털 성범죄 피해자지원센터, 법제처의 생활법령 및 네이버의 위키백과·나무위키 등을 참고하여 정리하였습니다.

　이 책이 딥페이크와 디지털 성범죄로 인한 피해로 고민하고 계시는 분과 이들에게 힘을 복돋아 주시고자 하는 전문가에게 큰 도움이 되리라 믿으며, 열악한 출판시장임에도 불구하고 흔쾌히 출간에 응해 주신 법문북스 김현호 대표에게 감사를 드립니다.

2025.

편저자 드림

차 례

제1장 딥페이크 알아보기

Part 1. 딥페이크 ·· 5

1. 정의 ·· 5

2. 역사 ·· 6

2-1. AI 기술 등장 이전 ································ 6
2-2. AI 기술 등장 이후 ································ 6
2-3. AI 기술 등장 이전 ································ 8
2-4. 아마추어 개발 시기 ······························ 8
2-5. 상업적 개발 ·· 8
2-6. 부활 ·· 9

3. 특징 ·· 10

3-1. 합성기술 ·· 10
3-2. 음성합성기술 등 ·································· 10

4. AI기술 ·· 12

4-1. 종류 ·· 12
4-2. 가짜 뉴스 ·· 12

4-3. 사기 및 보이스피싱 ·· 13
4-4. 유명인 사칭 광고 사건 ··· 13

5. 상세 및 현황 ··· 14

5-1. 현황 ··· 14
5-2. 우리나라의 경우 ·· 14
5-3. 다른 나라의 경우 ·· 15
5-4. 온라인에 공개된 딥페이크 ··· 16

Part 2. 법에 의해 규제되는 딥페이크 영상 ············· 18

1. 딥페이크영상 등의 이용 제한 ································· 18

1-1. 선거운동에 이용 제한 ·· 18
1-2. 위반 시 제재 ·· 18

2. 허위영상물 등 제작 ·· 20

2-1. 허위영상물 등 제작의 금지 ·· 20
2-2. 위반시 제재 ··· 20

3. 허위영상물 등 또는 복제물 유포·재유포 금지 ············ 21

4. 불법촬영, 유포 및 유포 협박 ································· 22

4-1. 카메라 등 이용 불법촬영의 금지 ·································· 22
4-2. 위반시 제재 ··· 22

5. 최근 대법원 관련판례 ·· 23
- 성폭력범죄의처벌등에관한특례법위반(카메라등 이용 촬영) ····················· 23
- 성폭력범죄의처벌등에관한특례법위반(촬영물 등 이용 협박) ····················· 25
- 아동복지법위반(아동학대)·아동복지법위반(아동에 대한 음행강요·매개·성희롱 등) ··· 26
- 성폭력범죄의처벌등에관한특례법위반(카메라 등 이용촬영) ····················· 27
- 성폭력범죄의처벌등에관한특례법위반(카메라 등 이용촬영) ····················· 28
- 성폭력범죄의처벌등에관한특례법위반(카메라 등 이용촬영) ····················· 30
- 아동·청소년의성보호에관한법률위반(성착취물제작·배포등) ····················· 31
- 성폭력범죄의처벌등에관한특례법위반(카메라등 이용촬영·반포등) ·········· 32
- 성폭력범죄의처벌등에관한특례법위반(통신매체 이용 음란) ····················· 34
- 아동·청소년의성보호에관한법률위반(음란물소지, 성착취물소지) ············· 35
- 성폭력범죄의처벌등에관한특례법위반(카메라등 이용촬영·반포등) ·········· 36
- 성폭력범죄의처벌등에관한특례법위반(카메라등 이용촬영) ····················· 37
- 성폭력범죄의처벌등에관한특례법위반(카메라등 이용촬영) ····················· 39
- 성폭력범죄의처벌등에관한특례법위반(촬영물등 이용협박) ····················· 41
- 성폭력범죄의처벌등에관한특례법위반(카메라등 이용촬영) ····················· 42
- 성폭력범죄의처벌등에관한특례법위반(카메라등 이용촬영·반포등) ·········· 43
- 성폭력범죄의처벌등에관한특례법위반(통신매체이용 음란) ····················· 45
- 성폭력범죄의처벌등에관한특례법위반(주거침입강제추행) ······················· 46
- 성폭력범죄의처벌등에관한특례법위반(카메라등 이용촬영·반포등) ·········· 47
- 성폭력범죄의처벌등에관한특례법위반(카메라등 이용촬영) ····················· 48
- 성폭력범죄의처벌등에관한특례법위반(카메라등 이용촬영) ····················· 49
- 성폭력범죄의처벌등에관한특례법위반(카메라등 이용촬영) ····················· 50

■ 성폭력범죄의처벌등에관한특례법위반(카메라등 이용촬영) ·················· 52

■ 성폭력범죄의처벌등에관한특례법위반(카메라등 이용촬영) ·················· 54

■ 성폭력범죄의 처벌 등에 관한 특례법위반(카메라등 이용촬영) ············ 55

■ 성폭력범죄의처벌등에관한특례법위반(카메라등 이용촬영) ·················· 57

6. 촬영물 유포·재유포 ···················· 59

6-1. 「성폭력범죄의 처벌 등에 관한 특례법」상 촬영물 유포·재유포의 금지 ···· 59

6-2. 관련판례 ·· 59

■ 촬영물 유포행위를 처벌하는 취지 등에 관한 판례 ·················· 59

6-3. 「정보통신망 이용촉진 및 정보보호 등에 관한 법률」상 불법정보의 유통 금지
··· 60

7. 촬영물 유포 협박·강요 ················ 62

7-1. 「성폭력범죄의 처벌 등에 관한 특례법」상 성적 촬영물 이용 협박·강요의 금지 ·· 62

7-2. 「형법」상 협박·강요의 금지 ·· 62

8. 딥페이크 기술을 이용한 이미지, 영상 등 신고 ············ 64

제2장 디지털성범죄 피해자지원센터

Part 1. 상담신청 ·················· 67

1. 디지털 성범죄 피해가 발생했을 때, 어떻게 해야 할까요? ······ 67

2. 상담신청서를 접수해 주세요. ·················· 67

Part 2. 지원내용 ·················· 69

1. 디지털성범죄피해자지원센터에서 어떤 지원을 받을 수 있나요? ··· ·················· 69

2. 디지털 성범죄 피해자 보호·지원 제도 자세히 알아보기 ········ 70

3. 삭제지원 ·················· 72

  3-1. 삭제지원이란? ·················· 72

  3-2. 제가 지우고 싶은 영상·사진이 있는데, 이것도 삭제지원 대상이 되는지 궁금해요. ·················· 72

  3-3. 삭제지원과 유포현황 모니터링 무슨 차이인가요? ·················· 74

  3-4. 삭제지원 흐름도 ·················· 74

  3-5. 삭제지원하는 플랫폼에 대해 알고 싶어요. ·················· 76

  3-6. 디지털 성범죄에 대해 알고 싶어요. ·················· 76

Part 3. 디지털 성범죄에 대한 Q&A ·················· 78
- 디지털 성범죄의 유형과 적용 법률은? ·· 78

Part 4. 피해유형별 정보 제공 ························ 83

1. 아동·청소년성착취 대응 ··· 83
1-1. 자녀소통 ·· 83
1-2. 신고안내 ·· 84

2. 유포 불안 ··· 85
2-1. 마음 챙김 및 대처방법 ··· 85
2-2. 신고안내 ·· 86
2-3. 피해 지원 ·· 86

3. 비동의 유포 ··· 87
3-1. 마음 챙김 및 대처방법 ··· 87
3-2. 피해 지원 ·· 88

4. 몸캠피싱 ··· 89
4-1. 합리적 판단 ·· 89
4-2. 대처 안내 ·· 89
4-3. 신고 안내 ·· 90

제3장 디지털 성범죄 알아보기

Part 1. 디지털 성범죄의 뜻과 현황 ···················· 93

1. "디지털 성범죄"란? ······································ 93

1-1. 디지털 성범죄의 뜻 ·· 93
1-2. "디지털 성범죄물"의 범위 ······························ 93
1-3. 디지털 성범죄의 유형 ···································· 94
1-4. 『디지털 성범죄』 용어의 사용 및 범위] ············ 95

2. 디지털 성범죄의 특징 및 현황 ······················ 96

2-1. 디지털 성범죄의 특징 ···································· 96
2-2. 디지털 성범죄 피해 현황 ······························· 96
2-3. 피해 유형별 예시 ·· 97

Part 2. 디지털 성범죄의 유형 및 가해자 처벌 ········· 98

1. 촬영물 이용 ··· 98

1-1. 카메라 등 이용 불법촬영의 금지 ···················· 98
　■ 관련판례 「성폭력범죄의 처벌 등에 관한 특례법」상 촬영의 의미와 실행의 착수 시기 ··· 99
1-2. 촬영물 유포·재유포 ······································· 99
　1-2-1. 「성폭력범죄의 처벌 등에 관한 특례법」상 촬영물 유포·재유포의 금지 ···· 99

■ 관련판례 촬영물 유포행위를 처벌하는 취지 등에 관한 판례 ········· 100

1-2-2. 「정보통신망 이용촉진 및 정보보호 등에 관한 법률」상 불법정보의 유통 금지 ········· 101

1-3. 촬영물 유포 협박·강요 ········· 102

1-3-1. 「성폭력범죄의 처벌 등에 관한 특례법」상 성적 촬영물 이용 협박·강요의 금지 ········· 102

1-3-2. 「형법」상 협박·강요의 금지 ········· 103

1-3-3. Q&A ········· 103

■ 헤어진 남자친구와 함께 찍은 성관계 동영상이 저도 모르게 유포되었을 경우에, 촬영 시 동의했으니 저의 잘못인가요? ········· 103

■ 관련판례 ········· 104

1-4. 허위영상물 제작 및 유포·재유포 ········· 107

1-4-1. 허위영상물 등 제작의 금지 ········· 107

1-4-2. 허위영상물 등 또는 복제물 유포·재유포 금지 ········· 107

1-4-3. Q&A ········· 108

■ 좋아하는 아이돌 가수의 얼굴을 합성해서 인터넷 게시판에 올렸어요. 이런 것도 처벌을 받나요? ········· 108

1-5. 소지·구입·저장 또는 시청 ········· 110

1-5-1. 촬영물 또는 복제물 소지·구입·저장 또는 시청 금지 ········· 110

1-5-2. Q&A ········· 110

■ 몰래 찍힌 사진, 몰래 유포한 영상 등을 다운로드하거나 보기만 해도 죄가 되나요? ········· 110

2. 아동·청소년 대상 ········· 111

2-1. 성착취물의 제작·배포 등 ········· 111

2-1-1. "아동·청소년 성착취물"이란? ··· 111

2-1-2. 아동·청소년 성착취물의 제작 및 배포 등의 금지 ················ 111

2-1-3. 아동·청소년성착취물을 이용한 협박·강요 금지「아동·청소년의 성보호에 관한 법률」제11조의 2) ·· 112

2-1-4. "아동·청소년 성착취물"이라는 용어의 취지 ························ 113

2-1-5. 아동·청소년 성착취물의 제작에 관한 판례 및 헌재결정례 등 ·············· 113

2-2. Q&A ··· 115

■ 제가 직접 그 학생의 신체를 촬영한 것도 아닌데, 범죄가 되나요? ············· 115

2-3. 관련판례 ·· 116

3. 성을 사는 행위, 매매행위, 강요행위 등 ···························· 121

3-1. 아동·청소년의 성을 사는 행위 등 ······································· 121

3-1-1. "아동·청소년의 성을 사는 행위"란? ····································· 121

3-1-2. 아동·청소년의 성을 사는 행위 등의 금지 ··························· 121

3-1-3. "아동·청소년의 성을 사는 행위"라는 용어의 취지 등에 관한 판례(대법원 2016. 2. 18. 선고 2015도15664 판결) ···································· 122

3-2. 아동·청소년 매매행위의 금지 ··· 122

3-3. 아동·청소년에 대한 강요행위 등 ·· 123

3-3-1. 아동·청소년에 대한 강요행위 등의 금지 ···························· 123

3-3-2. 아동·청소년 대상 디지털 성범죄에 대한 양벌규정 (「아동·청소년의 성보호에 관한 법률」제32조) ·· 123

3-4. 관련판례 ·· 126

4. 성착취 목적의 대화 등 ·· 127

4-1. 아동·청소년에 대한 성착취 목적의 대화, 성적 행위 유인·권유의 금지 ··· 127

4-2. Q&A ··· 128
- "온라인 그루밍"이란 무엇인가요? ································· 128
- 대학생이 딸에게 "교복을 입고 찍은 다리 사진을 보내달라"고 요구하는 대화 내용을 봤습니다. 다행히 사진을 보내지는 않았지만 그 대학생을 처벌할 수 있을까요? ··· 129

5. 성적 학대행위 등의 금지 ································ 131

5-1. 「아동복지법」상 금지행위 ··································· 131
5-2. 관련판례 ·· 131

Part 3. 사이버 공간 내 성적 괴롭힘 ················ 138

1. 온라인을 통한 성적 괴롭힘 ···························· 138

- 사이버 공간 내 성적 괴롭힘의 뜻 ························· 138

2. 금지행위의 유형 ·· 139

2-1. 통신매체를 이용한 음란행위 ······························ 139
2-2. 디지털 성범죄 피해자의 신상정보 등을 유포 ······· 139
2-3. 「정보통신망 이용촉진 및 정보보호 등에 관한 법률」상 명예 훼손 ······· 140
2-4. 「형법」상 명예훼손·모욕 ····································· 140
2-5. Q&A ··· 141
- 여성의 나체 사진을 바로 보여준 것이 아니라 인터넷 링크를 적어 전송했을 뿐인데, 이런 경우에도 법적으로 문제가 되나요? ······················· 141

Part 4. 가해자에 대한 처벌 ·············· 143

1. 디지털 성범죄 유형 및 처벌 ················· 143

2. 신상정보의 등록 ································ 146

Part 5. 디지털 성범죄 발생 시 대처방법 및 피해예방 ··· 147

1. 대처방법 및 피해예방 ························· 147

1-1. 신고, 상담 및 삭제요청 ································ 147
1-2. 증거 수집 ··· 148
1-3. 피해자 신상정보 및 불법촬영물 등 ················· 148
　1-3-1. 정보통신망을 통한 피해자 신상정보 등 삭제요청 ········· 148
　1-3-2. 전기통신사업자의 불법촬영물 등 삭제·접속차단 조치 ·········· 149
　1-3-3. 누군가의 피해 사실을 알게 되었다면 이렇게! ··············· 150
1-4. Q&A ·· 151
　■ 성폭력상담소로부터 제가 운영하는 홈페이지에 불법촬영물이 게시되었다는 연락을 받은 경우, 당사자가 아닌 사람의 요청에도 따라야 하는 건가요? ········· 151

2. 예방 및 대응 ······································ 153

2-1. 디지털 성범죄 등 성폭력 예방교육 의무 ·········· 153
2-2. 불법촬영물 등 유통방지를 위한 전기통신사업자 교육 ········· 153
2-3. 공동체에서 디지털 성범죄에 대응하는 방법 ············ 154

Part 6. 디지털 성범죄 피해자 보호 및 지원 ·········· 156

1. 피해자에 대한 보호제도 ·· 156

1-1. 전기통신사업자 등의 의무 및 제재 ································ 156
1-1-1. 청소년 유해매체물의 표시의무 및 표시방법 ······················ 156
1-1-2. 표시방법을 지키지 않은 청소년 유해매체물의 삭제의무 ·········· 157
1-1-3. 청소년 유해매체물 표시를 위한 기술적 조치의무 ················ 157

1-2. 불법음란정보의 유통 방지를 위한 기술적 조치의무 ············· 157
1-2-1. 정보통신망을 통한 불법음란정보의 유통금지 ···················· 157
1-2-2. 불법음란정보 유통 방지를 위한 기술적 조치의무 ················ 158

1-3. 불법촬영물 등 유통방지 책임자 지정의무 ······················· 159
1-3-1. 불법촬영물 등 유통방지 책임자의 지정 ························· 159
1-3-2. 불법촬영물 등 유통방지 책임자의 업무, 책임자의 수 및 자격요건 ······· 162

2. 방송통신위원회의 불법정보 처리 거부, 정지, 제한 명령 ······· 164

2-1. 불법정보에 대한 방송통신심의위원회의 심의 및 시정요구 ············· 164
2-1-1. 방송통신심의위원회의 심의대상 정보 ··························· 164
2-1-2. 심의위원회의 시정요구의 종류 ································· 165

2-2. 방송통신위원회의 불법정보 처리 거부·정지 또는 제한 명령 ············· 165

2-3. Q&A ··· 167
■ 온라인상의 불법촬영물을 삭제하거나 불법 음란 사이트의 접속을 차단할 수 있는 방법이 있나요? ·· 167

3. 아동·청소년 대상 디지털 성범죄의 수사 특례 ···················· 169

3-1. 신분비공개수사 ·· 169
   3-1-1. 신분비공개수사의 허용 ·· 169
   3-1-2. 신분비공개수사 특례의 절차 ·· 169
   3-1-3. 신분비공개수사의 방법 ·· 170
3-2. 신분위장수사 ·· 171
   3-2-1. 신분위장수사의 허용 ·· 171
   3-2-2. 신분위장수사 특례의 절차 ·· 171
   3-2-3. 긴급 신분위장수사 ·· 172
3-3. 신분비공개수사 또는 신분위장수사로 수집한 증거 등의 사용 및 보고 · 173
   3-3-1. 신분비공개수사 또는 신분위장수사로 수집한 증거 및 자료 등의 사용제한 ··· 173
   3-3-2. 국가경찰위원회와 국회의 통제에 따른 국가수사본부장의 보고의무 ······· 173
3-4. 공무원 등의 비밀준수의 의무, 상급 경찰관서 수사부서 장의 수사 지원 등
   ·· 174
   3-4-1. 신분비공개수사 또는 신분위장수사에 관한 공무원 등의 비밀 준수의무 ·· 174
   3-4-2. 신분비공개수사 또는 신분위장수사에 관한 상급 경찰관서 수사부서 장의 지원 등 ·· 174
3-5. 사법경찰관리의 준수사항 및 면책 ·· 175
   3-5-1. 신분비공개수사 또는 신분위장수사에 관한 사법경찰관리 준수사항 ······ 175
   3-5-2. 신분비공개수사 또는 신분위장수사 중의 위법행위에 대한 면책 ·········· 175
3-6. Q&A ·· 176
   ■ 아동·청소년 대상 디지털 성범죄를 대상으로 한 경찰의 잠입수사가 가능해 졌다는데 어떤 내용인지, 왜 필요한지요? ·· 176

Part 7. 피해자에 대한 지원 ······ 178

1. 불법촬영물 피해자 지원 ······ 178

1-1. 피해촬영물 삭제, 국가가 지원합니다. ······ 178
1-2. 삭제지원에 소요되는 비용의 처리 등 ······ 181
1-3. Q&A ······ 181
■ 국가에서 피해촬영물 삭제를 도와주기도 하나요? 그렇다면 제가 직접 나서서 국가에 삭제를 위한 지원을 요청할 수 있을까요? ······ 181

2. 디지털 성범죄 피해자 지원센터를 통한 지원 ······ 184

2-1. "디지털 성범죄 피해자 지원센터"란? ······ 184
2-2. 삭제지원 흐름도 ······ 186
2-3. Q&A ······ 187
■ 디지털 성범죄 피해자 지원센터에서 구체적으로 어떤 지원을 받을 수 있는지, 지원은 무료로 받을 수 있는지요? ······ 187

제4장 관련법령

성폭력범죄의 처벌 등에 관한 특례법 ············· 191
  부칙 ··· 214

성폭력방지 및 피해자보호 등에 관한 법률 ········ 215
  부칙 ··· 232

아동·청소년의 성보호에 관한 법률 ················· 233
  부칙 ··· 268

■ 최근 새로이 개정되어 시행되는 성적 허위영상물(딥페이크) 법의 개정이유 및 주요내용

● 성폭력범죄의 처벌 등에 관한 특례법

◇ 개정이유 및 주요내용

허위영상물(딥페이크)의 편집·반포 등의 법정형을 불법촬영물의 반포 등의 법정형과 같도록 상향하고, 허위영상물 등을 소지·구입·저장 또는 시청한 자는 3년 이하의 징역 또는 3천만원 이하의 벌금에 처하도록 처벌 규정을 신설하며, 편집물 등을 이용하여 사람을 협박한 자에 대해서도 1년 이상의 유기징역에 처하도록 처벌 규정을 마련하였습니다.

● 성폭력방지 및 피해자보호 등에 관한 법률

◇ 개정이유 및 주요내용

① 허위영상물(딥페이크) 등이 급속히 확산되고 그 피해가 심각하다는 점을 고려하여 국가 등의 책무에 불법촬영물 등의 삭제지원 및 피해자의 일상회복 지원을 명시하고, 불법촬영물 등 삭제지원 주체에 지방자치단체를 추가하며, 삭제지원 대상에 피해자의 신상정보를 포함하고, 구상권 행사에 필요한 개인정보 요청 근거를 마련하는 한편,

② 중앙과 지역의 디지털성범죄피해자지원센터의 설치·운영 법적 근거를 마련하고, 디지털성범죄피해자지원센터를 상담소, 보호시설, 통합지원센터와 같이 상담원 등의 자격기준 및 종사자의 보수교육 등의 법적 근거를 마련하여 불법촬영물 등 삭제지원 사업의 안정성 및 연속성을 확보하였습니다.

● 아동·청소년의 성보호에 관한 법률

◇ 개정이유

아동·청소년성착취물을 이용하여 그 아동·청소년을 협박·강요한 죄에 대해서는 「성폭력범죄의 처벌 등에 관한 특례법」보다 강화된 처벌기준을 적용하고, 야간·공휴일 등 긴급한 경우에는 사전승인을 받지 않더라도 신속히 신분비공개수사가 개시될 수 있는 근거를 마련하며, 사법경찰관리가 아동·청소년대상 디지털 성범죄로 인한 피해확대 방지와 피해자 보호를 위한 조치를 취할 수 있는 근거규정을 마련함으로써 아동·청소년성착취물을 이용한 범죄로부터 아동·청소년을 두텁게 보호하고 아동·청소년대상 성범죄 감소에 기여할 것입니다.

◇ 주요내용

① 아동·청소년성착취물을 이용하여 그 아동·청소년을 협박한 자는 3년 이상의 유기징역, 아동·청소년성착취물을 이용한 협박으로 그 아동·청소년의 권리행사를 방해하거나 의무 없는 일을 하게 한 자는 5년 이상의 유기징역에 처하도록 하였습니다(제11조의2 신설).

② 사법경찰관리는 디지털 성범죄에 대하여 긴급을 요하는 때에는 상급 경찰관서 수사부서의 장의 승인 없이 신분비공개수사를 할 수 있도록 하였습니다(제25조의4 신설).

③ 사법경찰관리가 아동·청소년성착취물이 정보통신망을 통하여 게시·상영 또는 유통되고 있다는 사실을 확인한 경우 지체 없이 방송통신심의위원회에 이를 삭제 또는 접속차단 등의 조치를 하여줄 것을 요청하도록 하는 등 사법경찰관리에게 디지털 성범죄 피해확산을 막기 위한 조치의무를 부과하였습니다(제38조의2 신설).

제1장
딥페이크 알아보기

Part 1. 딥페이크

1. 정의

① 딥페이크(deepfake)란 딥 러닝(deep learning)과 가짜(fake)의 혼성어로 인공 지능을 기반으로 한 인간 이미지 합성 기술입니다. 이 기술을 이용해 특히 연예인, 인플루언서, 운동선수 등 유명인의 얼굴을 포르노나 AV 등 성적 촬영물에 합성하여 피해촬영물을 만들어 내는 사례가 많습니다. 생성적 적대 신경망(GAN)이라는 기계 학습 기술을 사용하여, 기존의 사진이나 영상을 원본이 되는 사진이나 영상에 겹쳐서 만들어냅니다.

② 음성이나 그림을 모조하는 기술은 이전에도 존재했지만, 딥페이크는 얼굴 인식 알고리즘과 변분 오토인코더(VAE), 생성적 적대 신경망(GAN) 등의 인경신경망 기술과 같은 기계 학습과 인공지능 기술을 활용한다는 점에서 차이가 있습니다.

③ 이미지 포렌식 분야에서는 조작된 이미지를 탐지하는 기술을 개발하고 있습니다. 딥페이크는 딥페이크 포르노그래피를 포함한 유명인의 가짜 섹스 동영상이나 가짜 리벤지 포르노, 가짜 뉴스나 날조, 집단 따돌림, 금융 사기를 위해 사용되어 논란이 되기도 합니다.

④ 본래 2017년 'deepfakes'라는 닉네임의 레딧 사용자에 의해 만들어진 기술입니다. 한 사람의 얼굴을 학습한 뒤 다른 영상에서 얼굴을 바꿔치기 하는 기술을 의미하는 용어에서 유래되었으나, 현재는 인공지능을 이용해 실제처럼 보이도록 만든 모든 비디오, 사진 또는 오디오를 모두 총칭하는 의미로 확장되었습니다. 주로 실존 인물의 사진이나 음성을 사용하여 AI로 생성,조작된 자료를 의미합니다.

2. 역사

2-1. AI 기술 등장 이전

① 사실 AI 등장 이전에도 포토샵 등을 이용한 고전적인 합성 방식의 성범죄는 존재했습니다. 스타크래프트의 옷벗기기 유즈맵나 일본의 아이코라가 이에 해당하는 대표적 사례입니다.

② 2013년 드라마 별에서 온 그대에서도 PC방에서 남자 청소년들이 작중 연예인인 천송이의 얼굴을 비키니에 합성하는 모습이 나왔는데, 당시 시대상에서도 흔한 범죄였음을 반영합니다.

③ 2013년부터 소라넷 내 연예인 합성 카페인 '아이돌 페이크(Idol Fake)'에서 EXID의 하니 등 주로 여자 연예인을 대상으로 나체 사진을 합성해 유포하는 범죄를 저질렀습니다. 해당 카페 운영자는 2016년에 체포되었습니다.

④ 이러한 범죄 피해는 남자 연예인도 예외는 아니었는데, 2012년에 한 부녀자가 빅뱅의 탑을 게이 동영상에 합성한 사진을 트위터에 올리거나, 2016년에도 부녀자 블로거가 방탄소년단 멤버들을 게이 키스 사진에 합성해 알페스로 엮은 사진등이 올라오기도 하였습니다.

⑤ 2016년부터는 자기 주변 지인을 대상으로 한 일명 '지인 능욕'이라는 범죄가 성행하면서 피해 대상이 연예인, 유명인이 아닌 일반인까지 확대되기 시작하였습니다.

2-2. AI 기술 등장 이후

① 2017년 말, 'deepfakes' 라는 닉네임의 Reddit 사용자가 특정 사람의 얼굴을 학습한 뒤 다른 동영상의 얼굴에 바꿔치기하는 기술을 공개하였는데, 개발자의 닉네임을 따 처음으로 '딥페이크'라

는 용어가 탄생하였습니다. 당연히 이 기술은 탄생한 직후 유명인들의 얼굴을 포르노에 합성하는 등 빠르게 악용되었습니다.

② 2022년부터 생성형 AI의 발달로 실사와 구분이 불가능한 고화질, 고품질의 AI 이미지 생성이 가능해졌습니다. 물론 대부분의 서비스들은 성적인 프롬프트를 금지하는 등의 필터링이 되어있지만, 유저가 직접 모델을 설치하는 Stable Diffusion 등에서는 아무런 제약이 없기 때문에 실존 인물의 얼굴로 실사 나체 사진을 만드는 등 디지털 성범죄에 악용되기도 하였습니다.

③ 이 경우 ⓐ 특정인의 얼굴을 학습한 Lora 모델을 사용해 아예 얼굴, 몸, 배경 포함 모든 이미지를 전체적으로 AI가 생성해내거나, 아니면 이미지에서 특정 영역을 지정하고 지정된 영역만 AI가 덧칠해 채우는 inpaint 방식이 쓰이는데 이 경우도 ⓑ 다른 사람의 나체 사진에 얼굴만 Inpaint 해서 원하는 인물로 바꿔치기 하거나, ⓒ 원하는 인물의 정상적인 사진에 옷 부분만 Inpaint 해서 몸 부분만 AI가 나체로 생성해 덧붙이는 방식 등이 쓰입니다. 이 중 ⓐⓑ의 경우 특정인의 얼굴을 학습시키기 위해 다량의 사진과 시간이 소요되기 때문에 이미 얼굴 모델이 많이 나와 있는 유명인이 아니라면 잘 쓰이지 않고, 반면 사람의 나체는 이미 학습된 모델이 많기 때문에 보통은 ⓒ 방식으로 자주 사용되는 편입니다.

④ 단순 영상, 이미지 뿐만 아니라 목소리를 학습시켜 원하는 말을 내뱉게 하는 방식으로 성적인 발언이나 신음 소리 등을 합성하는 오디오 딥페이크(딥보이스)도 존재합니다. 일찍이 부녀자들 세계에서 유행했던 알페스의 일종인 '섹테'도 이와 유사한 결인데, 이 경우는 목소리가 비슷하게 들리는 게이 야동에서 신음을 따와 만드는 고전적인 방식이지만 현재는 AI를 활용해 당사자의 목소리로 직접 이를 가능케 된 것입니다.

2-3. AI 기술 등장 이전

① 스테이블 디퓨전으로 생성된 여배우 시드니 스위니의 초상화 사진 조작은 19세기에 개발되어 곧 영화에 적용되었습니다. 이 기술은 20세기에 꾸준히 발전했으며, 디지털 비디오의 출현으로 더욱 빠르게 발전했습니다.

② 딥페이크 기술은 1990년대부터 학술 기관의 연구원들에 의해 개발되었고 이후에는 온라인 커뮤니티의 아마추어들에 의해 개발되었으며, 최근에는 업계에서도 사용하기 시작했습니다.

2-4. 아마추어 개발 시기

① 딥페이크라는 용어가 처음 등장한 것은 2017년 말 한 레딧 이용자의 합성 포르노그래피 게시물이었습니다. 레딧 커뮤니티 r/deepfakes에서는 사용자들이 만든 딥페이크를 서로 공유했는데, 대부분은 포르노그래피 영상에 등장하는 신체에 유명인의 얼굴을 합성한 것이었으며, 니콜라스 케이지의 얼굴을 각종 영화 장면에 합성한 것과 같이 포르노그래피가 아닌 것도 일부 있었습니다.

② r/SFWdeepfakes 등의 온라인 커뮤니티에서는 포르노그래피가 아닌 딥페이크를 공유했습니다. 레딧에서 딥페이크 포르노그래피 게시가 금지된 다음에는 다른 온라인 커뮤니티로 옮겨졌습니다.

2-5. 상업적 개발

① 2018년 1월 사용자가 얼굴을 쉽게 엇바꿀 수 있는 사유 데스크톱 애플리케이션인 FakeApp이 출시되었습니다. 이후 페이스앱의 대체제로 Faceswap, DeepFaceLab 등 오픈 소스 소프트웨어와 DeepfakesWeb.com와 같은 웹 기반 앱들이 등장했습니다.

② 대기업들도 딥페이크를 사용하기 시작했습니다. Synthesia는 아바타와 그들의 목소리를 사용한 딥페이크 기술로 맞춤형 기업 교육 영상을 제작합니다. 모바일 앱 Momo는 Zao라는 애플리케이션을 만들어 사용자가 한 장의 사진만으로 TV와 영화 클립에 자신의 얼굴을 합성할 수 있게 했습니다.

③ 2019년 일본의 AI 기업 DataGrid는 처음부터 사람 전신을 만들어낼 수 있는 딥페이크를 제작했습니다. 2020년 3월에는 모바일 기기에서 유명인의 딥페이크 영상을 만들 수 있는 앱인 Impressions가 출시되었습니다.

2-6. 부활

딥페이크 기술은 고인을 영상으로 다시 불러오는데도 사용되고 있습니다. 2020년 10월 29일 킴 카다시안은 Kaleida가 움직임, 모션 트래킹, SFX, VFX, 그리고 딥페이크 기술을 조합하여 제작한 로버트 카다시안의 홀로그램 영상을 게시했습니다.

3. 특징

3-1. 합성기술

① 머리 외곽선을 통째로 따서 합성하는 것이 아니고, 안면윤곽 안쪽 부분만 피부톤을 맞춰 바꿔치기하는 방식. 즉, 눈코입 부분만 합성하는 것입니다. 사람의 인상에는 헤어스타일과 안면윤곽도 크게 작용하며, 합성 대상이 원본과 확연히 다른 안면윤곽을 가지고 있다면 합성 자체는 자연스럽게 이루어졌다 하더라도 그냥 제3의 인물처럼 보일 수 있습니다.

② 또한, 딥 러닝 방식의 특성상 주어지지 않은 정보에 대해서는 제대로 대응하지 못합니다. 즉, 아무런 방해물이 없는 상태의 일반적인 얼굴 표정은 잘 합성해내지만, 얼굴 근처에 다른 물체가 있다거나, 얼굴 자체가 프레임에서 일부 잘려나갔거나, 일반적으로 잘 볼 수 없는 매우 특이한 표정을 지었다거나 하면 대충 덮어씌운 듯한 매우 부자연스러운 합성 결과가 나오고, 극단적인 경우 합성에 실패하여 그냥 원본 얼굴을 보여주기도 합니다. 합성 대상의 얼굴 표정 학습량이 적을 때에도 비슷한 일이 일어나는데, 이 때의 모습이 기괴하여 불쾌한 골짜기 현상이 발생하기도 합니다.

3-2. 음성합성기술 등

① 음성에는 전혀 손대지 않지만, 얼굴 표정을 적절하게 매칭시켜 합성을 하기 때문에 목소리가 다르다 하더라도 입모양이 발음과 일치하여 자연스럽게 느껴집니다. 이런 특성이 방송이나 광고에 의도적으로 이용될 수도 있을 것입니다.

② 이러한 특성을 인지하고 있으면 양산형 영상은 아주 쉽게 간파할 수 있으나, 반대로 이런 약점을 피하기 위해 합성 대상이 되는

사람과 비슷한 체형 및 얼굴형을 가진 사람이 찍힌 영상을 고르고, 대상자의 얼굴 표정을 매우 다양하게 학습시킨 상태에서, 안면 부분에 별다른 방해물이 없는 장면 위주로 작업을 해낼 경우에는 굉장히 자연스러운 결과가 나오게 됩니다.

③ 과거 2D 수동합성이 기술자의 감각적 스킬에 의존한 반면, 딥페이크의 경우는 좋은 장비를 갖춘 상태에서 적절한 대상을 찾고 충분한 학습량을 먹여야 하는 물량전으로 양상이 변한 셈입니다. 현재 생산되는 어느 정도 자연스러운 수준의 딥페이크들은 서로 조명 여건이 다른, 앞, 옆, 위, 그리고 아래 등 다양한 각도와 표정을 포함한 3분 정도짜리 비디오 3개 정도면 만들 수 있다고 합니다.

④ 현재 수준에서는 실사 영상에 적용하면 이질감이 들지만 원본이 3D CG인 경우 이질감이 확 줄어듭니다. 스파이더맨 트릴로지 배우들의 얼굴을 마블 스파이더맨 게임에 적용한 모습 등, 이렇게 딥페이크가 공론화되자 몹시 닮은 사람도 딥페이크로 의심되기 시작했는데, 2021년 차이유라는 별명의 아이유를 닮은 중국 사람이 딥페이크로 의심받는 상황까지 벌어졌습니다.

⑤ 자매품으로 딥누드가 있습니다. 딥페이크가 얼굴을 바꿔치기 하는 거라면 이쪽은 몸을 바꿔치기 하는 것. 정확하게는 비키니 등 노출이 많은 사진을 나체 사진으로 합성해 줍니다. 그리고 또 다른 자매품으로 JavPlayer가 있는데, 이쪽은 AV의 모자이크를 제거하는 기술입니다.

4. AI기술

4-1. 종류

① SAE_HD : 전 세대의 평면의 얼굴만 습득하는 문제점을 고치고 다양한 각도로 얼굴을 카피하고 독자적으로 그 각도에 따라 빛, 음영을 절묘하게 넣는 AI, 원래 전 세대 AI가 좀 많이 단순했던 지라 다른 AI의 의해 사장될 것이라는 예상을 뒤엎고 아직까지 현존하는 가장 최고의 AI, 당연하지만 사용했던 AI 모델을 버리지 않고 계속 쓰면 점점 실력이 향상됩니다.

② Quick_9 6: 저사양 전용 AI, 해상도가 시망이라 저용량/저해상도용으로 쓰면 쓸만하다곤 하나, 딥페이크를 이용하는 유저들 대다수는 은근히 고사양을 가지고 있어서 사실상 버려지는 AI입니다. 그래도 저사양에서 돌아간다는 건 높이 쳐줄 만할지도. 그리고 애초에 저사양용이다 보니 Iteration이 빠르게 올라갑니다. 그래픽카드 용량을 많이 잡아먹지도 않고 CPU에 조금 더 의존하는 AI입니다.

4-2. 가짜 뉴스

① 정치적 목적으로 딥페이크 영상을 만들어 정치인의 말조차 가짜로 만들어 내어 정치적 공세를 가하는 경우도 존재합니다.

② 머지 않은 시점에 정치인이나 기업을 공격할 목적으로 합성한 사실적인 영상이 대중과 사회에 미칠 영향은 그야말로 무궁무진하며, SNS가 발달한 오늘날에는 일반인들 또한 딥페이크 영상에서 안전지대에 있다고 장담할 수가 없습니다. 자신의 얼굴로 합성 포르노가 만들어져서 망신을 당할 수도 있습니다.

③ 엔터테인먼트 분야에서의 그 효율이 탁월하다 할지라도 한사람의

삶과 죽음, 개인과 집단의 이익 목적 실현을 위한 딥페이크의 악용, 나아가 정치적으로 사용되어 거짓된 정보를 통해 대중을 선동하여 국제적 불안까지도 조장할 수 있다는 것이며, 여기서 더욱 더 문제가 되는 점은 딥페이크물을 거짓으로 입증하기도 어려울 뿐 아니라 일부 급진주의자들이 이야기하는 디크립트, 다시 말해서 해당 영상물이 실제로 딥페이크로 제작된다는 걸 밝혀주는 프로그램이 존재한다 해도 피해 당사자 측은 이미 상당한 피해를 입은 뒤의 후속조치에 불과하다는 것입니다.

4-3. 사기 및 보이스피싱

① 목소리를 학습해 실시간으로 그 사람의 목소리인척 말할 수 있는 AI로 보이스 피싱을 한다던지, 실시간으로 얼굴을 합성하는 딥페이크 기술을 통해 영상통화로 가족이나 지인을 사칭하는 등의 방식으로 악용될 수도 있습니다.

② 2019년 영국 한 에너지 회사는 CEO 목소리를 AI로 사칭한 보이스피싱에 속아 24만3000달러(한화 약 3억원)을 송금하는 사례가 있고, 홍콩의 글로벌 업체 금융사도 CFO 등을 사칭한 가짜 화상회의에 속아 340억원 가량을 송금하기도 했습니다. 모 방송국 [그것이 알고싶다] 딥페이크 편에서는 일반인을 대상으로 한 AI 보이스피싱도 충분히 가능하다고 시연하였습니다.

4-4. 유명인 사칭 광고 사건

2024년에는 딥페이크가 피싱에 이용되는 사례가 발생했습니다. 홍콩에서는 어느 회사에서 화상회의를 했는데 사장이 340억원을 계좌이체 하라고 지시했는데 피싱범의 딥페이크였습니다. 화상회의에 참여한 다른 직원들도 모두 가짜였습니다.

5. 상세 및 현황

5-1. 현황

아직은 싸고 조악한 수준의 영상들이 많아서 대부분 가짜임을 짐작할 수 있지만 영상의 화질이나 처리되는 데이터의 질에 따라 딥페이크 영상과 원본영상의 구분이 어려울 정도로 발전하는 추세이며, 특히나 유명인들은 온라인에 공개된 리소스의 양이 당연히 많으므로 영상 합성이 용이하기 때문에 딥페이크 포르노의 탄생에 크게 일조하였습니다. 특히 다수의 포르노 사이트, 트위터와 같이 접근성이 높은 사이트에도 실제로 이런 영상들이 돌아다녔습니다.

5-2. 우리나라의 경우

① 우리나라의 경우는 이를 제작해서 인터넷 등에 배포하면 성폭력 범죄의 처벌 등에 관한 특례법 제14조의2에 따라 처벌받습니다. 일방적으로 당사자를 성적 대상으로 삼는 행위인 데다가 다른 사람의 영상에 얼굴을 합성한 행위이므로 '허위사실 적시에 의한 사이버 명예훼손'이 성립하며, 어찌 되었든 포르노이므로 공연히 적시했다면 음란물 유포죄로 형사 처벌이 가능합니다.

② 또한 민사사건으로서는 당사자의 동의 없이 딥페이크 포르노를 제작하였으므로 초상권 침해가 성립합니다. 하지만 이러한 우회적 처벌이 아니라, 직접적으로 처벌할 수 있는 근거가 되는 법을 신설해야 한다는 목소리가 높아지면서 2020년 6월25일, 〈불법합성물 제작·유포에 대한 처벌 규정을 담은 성폭력범죄의 처벌 등에 관한 특례법 개정안〉이 시행되었습니다.

③ 2021년 5월 2일 경찰청 국가수사본부가 발표한 내용에 따르면, 2020년 12월 한 달 동안의 집중수사를 통해 94명의 딥페이크 제작 및 유포자를 적발했으며, 그 중 65명이 10대, 17명이 20대

로 나타났습니다. 즉 딥페이크로 검거된 사람들의 87.2%는 1020 연령층이자 과반수가 10대에 집중된 것으로 확인되었습니다.

④ 기사 피해자는 114명으로 나타났으며 66명은 10대, 46명은 20대로서, 피해자들의 98.2%도 마찬가지로 1020 연령층이자 과반수가 10대에 집중되어 있었습니다. 또한 피해자들 중 109명이 여성이었고 남성 피해자는 단 5명에 그쳤습니다. 검거된 피의자들 중에는 10만 건이 넘는 딥페이크 자료들이 업로드된 불법 사이트를 운영하거나, 텔레그램에 8개의 채널을 만들고 727개의 딥페이크 자료들을 유통하던 경우도 있었습니다.

⑤ 2022년 이후 생성형 인공지능이 대중화되면서 비슷한 문제에 대한 우려가 있으나 딥페이크만큼 논란이 된 경우는 없는데, 딥페이크의 경우 기술적 발전보다 부작용에 대한 우려가 더 이목을 끌면서 사실상 양지화되지 못한 문화 지체 사례로 볼 수 있습니다.

5-3. 다른 나라의 경우

① 대다수 나라에서 현재 법적으로 대처가 불가능합니다. 기사사생활 침해에 관한 클레임도 걸 수 없는 게 동영상에 나오는 몸은 당연히 해당 일반인 및 연예인이 아니기 때문에 법적으로 사생활 침해가 인정되지 않습니다. 그나마 동영상이라도 내릴 수 있는 유일한 방법은 얼굴이 나온 원본 영상에 대한 저작권 침해로 클레임을 거는 방법밖에 없습니다. 이와 같은 문제가 대두되기 시작하자 폰허브 같은 대형 플랫폼들은 딥페이크 영상들을 내리는 조치를 취하자 딥페이크 영상들을 모은 전용 사이트들이 생겨났습니다.

② 미국 전문지 롤링 스톤에 따르면 중국 K팝의 주요 소비국이며, 한국 연예인의 딥페이크 영상은 대부분 중국에서 제작된다고 합니다. 해외 조사 업체에 따르면 주요 인터넷 사이트 5곳에 25%가 한국 여자 연예인이고, 41%가 미국 여자 연예인이었습니다.

5-4. 온라인에 공개된 딥페이크

① 2023년 온라인에 공개된 딥페이크 영상의 총 수는 95,820개로 2019년 대비 550% 증가했다. 딥페이크 포르노 사이트 시장점유율은 90%에 달하며, 주류 포르노 웹사이트는 작지만 여전히 주목할 만한 10%의 점유율을 차지했습니다.

② 2022년부터 2023년까지 제작된 딥페이크 포르노의 양은 1년만에 2022년 약 3,725개에서 2023년 약 21,019개로 464% 증가했습니다.

③ 그중 국가별 딥페이크 포르노 피해는 한국 53%, 미국 20%, 일본 10%, 영국 6%, 중국 3%, 인도&대만 2% 순으로 한국이 압도적인 1위를 차지했습니다. 이는 대부분 중국에서 제작된 K-POP 여성 아이돌을 대상으로 한 딥페이크 포르노의 비율이 압도적이었기 때문. 피해자 성별은 99%가 여성이었습니다.

④ 시큐리티 히어로의 2023 딥페이크 현황 보고서에 따르면 지난해 7, 8월 두 달간 올라온 영상을 분석한 결과인데, 딥페이크 음란물의 등장 인물이 53%가 한국인으로 나타났으며, 딥페이크 성범죄에 가장 취약한 나라로 꼽혔습니다.

⑤ 피해자 직업은 가수(58%), 배우(33%), 소셜 미디어 인플루언서(3%), 모델 또는 운동선수(2%)로 상위 10명 중 8명이 KPOP으로 위시된 한국 가수이며 피해자 94%가 엔터테인먼트 업계에 종사하고 있습니다.

⑥ 설문 조사에 참여한 미국 남성의 48%가 딥페이크 포르노를 적어도 한 번은 본 적이 있다고 답했으며 사용자의 74%는 시청에 대해 죄책감을 느끼지 않는다고 답했습니다. 설문 참여자의 73%는 가까운 사람이 딥페이크 포르노의 피해자가 될 경우 당국에 신고하고 싶어 했으며 68%는 딥페이크 포르노 콘텐츠 제작 과정에서

누군가의 사생활과 동의를 침해하는 것에 대해 충격과 분노를 느낄 것이라고 밝혔습니다.

⑦ 롤링스톤은 한국 여자 연예인들이 딥페이크 영상 주인공의 25%를 차지하는 것에 대해 "케이팝이 50억달러(약 5조9740억) 규모의 세계적인 산업으로 성장하면서 케이팝 스타들이 딥페이크 영상의 피해자가 되고 있다"며 한류 열풍을 이유로 꼽았습니다. 이어 한국 여자 연예인들을 합성한 딥페이크 영상은 대부분 한국이 아닌 중국에서 제작됐으며, 이는 중국이 케이팝 주 소비국 중 하나인 만큼 관심도 많기 때문이라고 설명했습니다.

Part 2. 법에 의해 규제되는 딥페이크 영상

1. 딥페이크영상 등의 이용 제한

1-1. 선거운동에 이용 제한

① 누구든지 선거일 전 90일부터 선거일까지 선거운동을 위하여 인공지능 기술 등을 이용하여 만든 실제와 구분하기 어려운 가상의 음향, 이미지 또는 영상 등("딥페이크영상 등"이라 함)을 제작·편집·유포·상영 또는 게시하는 행위를 해서는 안됩니다(「공직선거법」 제82조의8 제1항).

② 누구든지 선거일 전 90일부터 선거일까지의 기간이 아닌 때에 선거운동을 위하여 딥페이크영상등을 제작·편집·유포·상영 또는 게시하는 경우에는 해당 정보가 인공지능 기술 등을 이용하여 만든 가상의 정보라는 사실을 명확하게 인식할 수 있도록 중앙선거관리위원회규칙으로 정하는 사항을 딥페이크영상등에 표시해야 합니다(「공직선거법」 제82조의8 제2항).

1-2. 위반 시 제재

① 선거일 전 90일부터 선거일까지 선거운동을 위하여 딥페이크영상등을 제작·편집·유포·상영 또는 게시하는 행위를 한 사람은 7년 이하의 징역 또는 1천만원 이상 5천만원 이하의 벌금에 처해집니다(「공직선거법」 제255조 제5항).

② 선거일 전 90일부터 선거일까지의 기간이 아닌 때에 선거운동을 위한 딥페이크영상등에 중앙선거관리위원회규칙으로 정하는 사항을 표시하지 아니하고 당선되거나 되게 할 목적으로 「공직선거법」 제250조 제1항의 허위사실공표죄에 해당하는 행위를 한 사람은 5년 이하의 징역 또는 5천만원 이하의 벌금에, 당선되지 못하게 할

목적으로 「공직선거법」 제250조제2항의 허위사실공표죄에 해당하는 행위를 한 사람은 7년 이하의 징역 또는 1천만원 이상 5천만원 이하의 벌금에 처해집니다(「공직선거법」 제250조 제4항).

① 선거일 전 90일부터 선거일까지의 기간이 아닌 때에 선거운동을 위한 딥페이크영상등에 중앙선거관리위원회규칙으로 정하는 사항을 표시하지 아니한 사람에게는 1천만원 이하의 과태료가 부과됩니다(「공직선거법」 제261조 제3항 제4호).

2. 허위영상물 등 제작

2-1. 허위영상물 등 제작의 금지

"허위영상물 등"이란 사람의 얼굴·신체 또는 음성을 대상으로 한 촬영물·영상물 또는 음성물(이하 "영상물 등"이라 함)을 영상물 등의 대상자의 의사에 반해 성적 욕망 또는 수치심을 유발할 수 있는 형태로 편집·합성 또는 가공(이하 "편집 등"이라 함)한 편집물·합성물·가공물(이하 "편집물 등"이라 함)을 말합니다(「성폭력범죄의 처벌 등에 관한 특례법」 제14조의2 제1항 참조).

2-2. 위반시 제재

① 반포·판매·임대·제공 또는 공공연하게 전시·상영(이하 "반포 등"이라 함)할 목적으로 영상물 등을 영상물 등의 대상자의 의사에 반해 성적 욕망 또는 수치심을 유발할 수 있는 형태로 편집 등을 한 자는 7년 이하의 징역 또는 5천만원 이하의 벌금에 처해집니다(「성폭력범죄의 처벌 등에 관한 특례법」 제14조의2 제1항).

② 편집물등 또는 복제물을 소지·구입·저장 또는 시청한 자는 3년 이하의 징역 또는 3천만원 이하의 벌금 처해집니다(「성폭력범죄의 처벌 등에 관한 특례법」 제14조의2 제4항).

③ 상습으로 반포 등을 할 목적의 허위영상물 등을 제작한 때에는 형의 2분의 1까지 가중합니다(「성폭력범죄의 처벌 등에 관한 특례법」 제14조의2 제5항).

④ 허위영상물 제작의 미수범도 처벌합니다(「성폭력범죄의 처벌 등에 관한 특례법」 제15조).

3. 허위영상물 등 또는 복제물 유포·재유포 금지

① 편집물 등 또는 복제물(복제물의 복제물을 포함함. 이하 같음)을 반포 등을 한 자 또는 편집 등을 할 당시에는 영상물 등의 대상자의 의사에 반하지 않은 경우에도 사후에 그 편집물 등 또는 복제물을 영상물 등의 대상자의 의사에 반해 반포 등을 한 자는 7년 이하의 징역 또는 5천만원 이하의 벌금에 처해집니다(「성폭력범죄의 처벌 등에 관한 특례법」 제14조의2제2항).

② 상습으로 허위영상물 또는 복제물을 반포 등을 한 때에는 형의 2분의 1까지 가중하며, 허위영상물 또는 복제물 반포 등의 미수범도 처벌합니다(「성폭력범죄의 처벌 등에 관한 특례법」 제14조의2 제5항 및 제15조).

③ 영리를 목적으로 영상물 등의 대상자의 의사에 반해 정보통신망을 이용해 허위영상물 등 또는 복제물을 반포 등을 한 자는 3년 이상의 유기징역에 처해집니다. 이 경우 상습으로 허위영상물 등 또는 복제물을 반포 등을 한 때에는 형의 2분의 1까지 가중하며, 그 미수범도 처벌합니다(「성폭력범죄의 처벌 등에 관한 특례법」 제14조의2 제3항, 제5항 및 제15조).

4. 불법촬영, 유포 및 유포 협박

4-1. 카메라 등 이용 불법촬영의 금지

① "카메라 등 이용 불법촬영"이란 카메라나 그 밖에 이와 유사한 기능을 갖춘 기계장치를 이용해 성적 욕망 또는 수치심을 유발할 수 있는 사람의 신체를 촬영대상자의 의사에 반해 촬영(이하 "불법촬영"이라 함)하는 행위(이하 "카메라 등 이용 촬영죄"라 함)를 말합니다(「성폭력범죄의 처벌 등에 관한 특례법」 제14조 제1항 참조).

② 불법촬영한 부위가 "성적 욕망 또는 수치심을 유발할 수 있는 사람의 신체"에 해당하는지 여부는 객관적으로 피해자와 같은 성별, 연령대의 일반적이고도 평균적인 사람들의 입장에서 성적 욕망 또는 수치심을 유발할 수 있는 신체에 해당되는지 여부를 고려함과 아울러, 해당 피해자의 옷차림, 노출의 정도 등은 물론, 촬영자의 의도와 촬영에 이르게 된 경위, 촬영장소와 촬영 각도 및 촬영 거리, 촬영된 원판의 이미지, 특정 신체부위의 부각 여부 등을 종합적으로 고려해 구체적·개별적·상대적으로 판단합니다(대법원 2014. 7. 24. 선고 2014도6309 판결 참조).

4-2. 위반시 제재

① 이를 위반하여 카메라 등을 이용해 불법촬영을 한 자는 7년 이하의 징역 또는 5천만원 이하의 벌금에 처해집니다(「성폭력범죄의 처벌 등에 관한 특례법」 제14조 제1항).

② 상습으로 카메라 등 이용 촬영죄를 범한 때에는 형의 2분의 1까지 가중하며, 카메라 등 이용 촬영죄의 미수범도 처벌합니다(「성폭력범죄의 처벌 등에 관한 특례법」 제14조 제5항 및 제15조).

5. 최근 대법원 관련판례

■ 성폭력범죄의처벌등에관한특례법위반(카메라등 이용 촬영)

(대법원 2024. 7. 25. 선고 2021도1181 판결)

[판시사항]

범죄수사를 위해 정보저장매체의 압수가 필요하고, 정보저장매체를 소지하던 사람이 그에 관한 권리를 포기하였거나 포기한 것으로 인식할 수 있는 경우, 수사기관이 형사소송법 제218조에 따라 피의자 기타 사람이 유류한 정보저장매체를 영장 없이 압수할 때 해당 사건과 관계가 있다고 인정할 수 있는 것에 압수의 대상이나 범위가 한정되는지 여부(소극) 및 이때 참여권자의 참여가 필수적인지 여부(소극)

[판결요지]

형사소송법 제215조 제1항은 '범죄수사에 필요한 때에는 피의자가 죄를 범하였다고 의심할 만한 정황이 있고 해당 사건과 관계가 있다고 인정할 수 있는 것에 한정하여 지방법원판사에게 청구하여 발부받은 영장에 의하여 압수, 수색 또는 검증을 할 수 있다.'고 규정하고 있다. 그러나 유류물 압수의 근거인 형사소송법 제218조는 유류물을 압수하는 경우에 사전, 사후에 영장을 받을 것을 요구하지 않는다. 유류물 압수와 같은 조문에 규정된 임의제출물 압수의 경우, 제출자가 제출·압수의 대상을 개별적으로 지정하거나 그 범위를 한정할 수 있으나, 유류물 압수는 그와 같은 제출자의 존재를 생각하기도 어렵다. 따라서 유류물 압수·수색에 대해서는 원칙적으로 영장에 의한 압수·수색·검증에 관하여 적용되는 형사소송법 제215조 제1항이나 임의제출물 압수에 관하여 적용되는 형사소송법 제219조에 의하여 준용되는 제106조 제1항, 제3항, 제4항에 따른 관련성의 제한이 적용된다고 보기 어렵다.

정보저장매체에 대한 압수·수색에 있어, 압수·수색 당시 또는 이와 시간적으로 근접한 시기까지 정보저장매체를 현실적으로 지배·관리하면서 그 정보저장매체 내 전자정보 전반에 관한 전속적인 관리처분권을 보유·행사하고, 달리 이를 자신의 의사에 따라 제3자에게 양도하거나 포기하지 아니한 경우에는, 그 지배·관리자인 피의자를 정보저장매체에 저장된 전자정보 전반에 대한 실질적인 압수·수색 당사자로 평가할 수 있다. 그러나 유류물 압수는 수사기관이 소유권이나 관리처분권이 처음부터 존재하지 않거나, 존재하였지만 적법하게 포기된 물건, 또는 그와 같은 외관을 가진 물건 등의 점유를 수사상 필요에 따라 취득하는 수사방법을 말한다. 따라서 유류물 압수에 있어서는 정보저장매체의 현실적 지배·관리 혹은 이에 담겨있는 전자정보 전반에 관한 전속적인 관리처분권을 인정하기 어렵다. 정보저장매체를 소지하고 있던 사람이 이를 분실한 경우와 같이 그 권리를 포기하였다고 단정하기 어려운 경우에도, 수사기관이 그러한 사정을 알거나 충분히 알 수 있었음에도 이를 유류물로서 영장 없이 압수하였다는 등의 특별한 사정이 없는 한, 영장에 의한 압수나 임의제출물 압수와 같이 수사기관의 압수 당시 참여권 행사의 주체가 되는 피압수자가 존재한다고 평가할 수는 없다.

따라서 범죄수사를 위해 정보저장매체의 압수가 필요하고, 정보저장매체를 소지하던 사람이 그에 관한 권리를 포기하였거나 포기한 것으로 인식할 수 있는 경우에는, 수사기관이 형사소송법 제218조에 따라 피의자 기타 사람이 유류한 정보저장매체를 영장 없이 압수할 때 해당 사건과 관계가 있다고 인정할 수 있는 것에 압수의 대상이나 범위가 한정된다거나, 참여권자의 참여가 필수적이라고 볼 수는 없다.

■ **성폭력범죄의처벌등에관한특례법위반(촬영물 등 이용 협박)**

(대법원 2024. 5. 30. 선고 2023도17896 판결)

[판시사항]

성폭력범죄의 처벌 등에 관한 특례법 제14조의3 제1항에서 정한 '촬영물 또는 복제물(복제물의 복제물을 포함한다)을 이용하여'의 의미 / 협박죄에서 협박의 의미 및 태도나 거동에 의하여 해악을 고지하는 경우도 협박에 해당하는지 여부(적극) / 실제로 촬영, 제작, 복제 등의 방법으로 만들어진 바 있는 촬영물 등을 방편 또는 수단으로 삼아 유포가능성 등 공포심을 일으킬 수 있을 정도의 해악을 고지한 경우, 성폭력범죄의 처벌 등에 관한 특례법 제14조의3 제1항의 죄가 성립하는지 여부(적극) 및 이때 반드시 행위자가 촬영물 등을 피해자에게 직접 제시하는 방법으로 협박해야 한다거나 협박 당시 해당 촬영물 등을 소지하고 있거나 유포할 수 있는 상태여야 하는지 여부(소극)

[판결요지]

성폭력범죄의 처벌 등에 관한 특례법(이하 '성폭력처벌법'이라 한다) 제14조의3 제1항은 성적 욕망 또는 수치심을 유발할 수 있는 촬영물 또는 복제물(복제물의 복제물을 포함한다, 이하 '촬영물 등'이라 한다)을 이용하여 사람을 협박한 자를 형법상의 협박죄보다 가중 처벌하는 규정을 두고 있다. 여기서 '촬영물 등을 이용하여'는 '촬영물 등'을 인식하고 이를 방편 또는 수단으로 삼아 협박행위에 나아가는 것을 의미한다. 한편 협박죄에 있어서의 협박이라 함은 '사람으로 하여금 공포심을 일으킬 수 있을 정도의 해악의 고지'라 할 것이고, 해악을 고지하는 방법에는 제한이 없어 언어 또는 문서에 의하는 경우는 물론 태도나 거동에 의하는 경우도 협박에 해당한다. 따라서 실제로 촬영, 제작, 복제 등의 방법으로 만들어진 바 있는 촬영물 등을 방편 또는 수단으로 삼아 유포가능성 등 공포심을 일으킬 수 있을 정도의

해악을 고지한 이상 성폭력처벌법 제14조의3 제1항의 죄는 성립할 수 있고, 반드시 행위자가 촬영물 등을 피해자에게 직접 제시하는 방법으로 협박해야 한다거나 협박 당시 해당 촬영물 등을 소지하고 있거나 유포할 수 있는 상태일 필요는 없다.

■ 아동복지법위반(아동학대)·아동복지법위반(아동에 대한 음행강요·매개·성희롱 등)

(대법원 2024. 3. 28. 선고 2023도15133, 2023전도163, 164 판결)

[판시사항]

검사가 피고인들의 성폭력범죄의 처벌 등에 관한 특례법 위반(친족관계에의한강간) 등 혐의를 수사하면서 아동인 피해자의 진술 내용에 대하여 대검찰청 과학수사부 소속 진술분석관에게 분석을 의뢰하였고, 이에 따라 진술분석관이 피해자를 면담하고 그 내용을 녹화한 '피해자 진술분석 과정 영상녹화 CD'(영상녹화물)가 제작되어 증거로 제출됨으로써 그 증거능력이 문제 된 사안에서, 제반 사정에 비추어 영상녹화물은 수사과정 외에서 작성된 것이라고 볼 수 없어 형사소송법 제313조 제1항에 따라 증거능력을 인정할 수 없다는 등의 이유로, 같은 취지에서 영상녹화물의 증거능력이 없다고 본 원심판단은 정당하다고 한 사례

[판결요지]

검사가 피고인들의 성폭력범죄의 처벌 등에 관한 특례법 위반(친족관계에의한강간) 등 혐의를 수사하면서 아동인 피해자의 진술 내용에 대하여 대검찰청 과학수사부 소속 진술분석관에게 분석을 의뢰하였고, 이에 따라 진술분석관이 피해자를 면담하고 그 내용을 녹화한 '피해자 진술분석 과정 영상녹화 CD'(이하 '영상녹화물'이라 한다)가 제작되어 증거로 제출됨으로써 그 증거능력이 문제 된 사안에서, 검사는 성폭력범죄의 처벌 등에 관한 특례법 제33조 제4항, 제1항에

의하여 진술분석관에게 피해자 진술의 신빙성 여부에 대한 분석을 의뢰한 점, 진술분석관은 사건 기록을 받아 검찰청 여성·아동조사실에서 피해자를 면담하였는데, 면담은 당시까지 수사기관이 사건에 대하여 조사한 내용에 관해 피해자에게 문답을 하는 방식으로 진행되었고, 면담 과정은 녹화되어 영상녹화물로 제작된 점 등 진술분석관의 소속 및 지위, 진술분석관이 피해자와 면담을 하고 영상녹화물을 제작한 경위와 목적, 진술분석관이 면담과 관련하여 수사기관으로부터 확보한 자료의 내용과 성격, 면담 방식과 내용, 면담 장소 등에 비추어 영상녹화물은 수사과정 외에서 작성된 것이라고 볼 수 없으므로 형사소송법 제313조 제1항에 따라 증거능력을 인정할 수 없고, 나아가 수사기관이 작성한 피의자신문조서나 피고인이 아닌 자의 진술을 기재한 조서가 아니고, 피고인 또는 피고인이 아닌 자가 작성한 진술서도 아니므로 형사소송법 제312조에 의하여 증거능력을 인정할 수도 없다는 이유로, 같은 취지에서 영상녹화물의 증거능력이 없다고 본 원심판단은 정당하다고 한 사례.

■ 성폭력범죄의처벌등에관한특례법위반(카메라 등 이용촬영)

(대법원 2024. 3. 12. 선고 2020도9431 판결)

[판시사항]

피고인이 자신의 휴대전화 카메라를 이용하여 총 9회에 걸쳐 성적 욕망 또는 수치심을 유발할 수 있는 피해자 4명의 신체를 그들의 의사에 반하여 촬영하였다는 성폭력범죄의 처벌 등에 관한 특례법 위반(카메라등이용촬영)의 공소사실과 관련하여, 수사기관이 피고인을 현행범으로 체포할 당시 임의제출 형식으로 압수한 휴대전화의 증거능력이 문제 된 사안에서, 제반 사정에 비추어 볼 때, 휴대전화 제출에 관하여 검사가 임의성의 의문점을 없애는 증명을 다하지 못하였으므로 휴대전화 및 그에 저장된 전자정보는 위법수집증거에 해당하여 증거능력이 없다고 한 사례

[판결요지]

피고인이 자신의 휴대전화 카메라를 이용하여 총 9회에 걸쳐 성적 욕망 또는 수치심을 유발할 수 있는 피해자 4명의 신체를 그들의 의사에 반하여 촬영하였다는 성폭력범죄의 처벌 등에 관한 특례법 위반(카메라등이용촬영)의 공소사실과 관련하여, 수사기관이 피고인을 현행범으로 체포할 당시 임의제출 형식으로 압수한 휴대전화의 증거능력이 문제 된 사안에서, 피고인은 현행범 체포 당시 목격자로부터 휴대전화를 빼앗겨 위축된 심리 상태였고, 목격자 및 경찰관으로부터 휴대전화를 되찾기 위해 달려들기도 하였으며, 경찰서로 연행되어 변호인의 조력을 받지 못한 상태에서 피의자로 조사받으면서 일부 범행에 대하여 부인하고 있던 상황이었으므로, 피고인이 자발적으로 휴대전화를 수사기관에 제출하였는지를 엄격히 심사해야 하는 점, 수사기관이 임의제출자인 피고인에게 임의제출의 의미, 절차와 임의제출할 경우 피압수물을 임의로 돌려받지는 못한다는 사정 등을 고지하였음을 인정할 자료가 없는 점, 피고인은 당시 "경찰관으로부터 '휴대전화를 반환할 수 있다.'는 말을 들었다."라고 진술하는 등 휴대전화를 임의제출할 경우 나중에 번의하더라도 되돌려받지 못한다는 사정을 인식하고 있었다고 단정하기 어려운 점 등에 비추어 볼 때, 휴대전화 제출에 관하여 검사가 임의성의 의문점을 없애는 증명을 다하지 못하였으므로 휴대전화 및 그에 저장된 전자정보는 위법수집증거에 해당하여 증거능력이 없다는 이유로, 공소사실에 대하여 범죄의 증명이 없다고 보아 무죄를 선고한 원심의 결론이 옳다고 한 사례.

■ **성폭력범죄의처벌등에관한특례법위반(카메라 등 이용촬영)**

(대법원 2023. 12. 28. 선고 2023도12198 판결)

[판시사항]

구 아동·청소년의 성보호에 관한 법률과 아동·청소년의 성보호에 관한 법률의 입법 목적 / 아동·청소년 등이 일상적인 생활을 하면서 신체를 노출한 것을 몰래 촬영하는 방식 등으로 성적 대상화한 경우, 이와 같은 행위를 표현한 영상 등이 아동·청소년성착취물에 해당하는지 여부(적극)

[판결요지]

구 「아동·청소년의 성보호에 관한 법률」(2023. 4. 11. 법률 제19337호로 개정되기 전의 것) 제11조 제1항은 아동·청소년성착취물을 제작한 자를 무기징역 또는 5년 이상의 유기징역으로 처벌하도록 규정하고 있다. 한편 「아동·청소년의 성보호에 관한 법률」(이하 위 구 「아동·청소년의 성보호에 관한 법률」과 통틀어 '청소년성보호법'이라고 한다) 제2조 제5호는 아동·청소년성착취물을 '아동·청소년 또는 아동·청소년으로 명백하게 인식될 수 있는 사람이나 표현물(이하 '아동·청소년 등'이라고 한다)이 등장하여 제2조 제4호 각 목의 어느 하나에 해당하는 행위를 하거나 그 밖의 성적 행위를 하는 내용을 표현하는 것으로서 필름·비디오물·게임물 또는 컴퓨터나 그 밖의 통신매체를 통한 화상·영상 등의 형태로 된 것'으로 규정하고 있고, 이와 관련하여 같은 법 제2조 제4호 (다)목은 '신체의 전부 또는 일부를 접촉·노출하는 행위로서 일반인의 성적 수치심이나 혐오감을 일으키는 행위'를 규정하고 있다.

청소년성보호법의 입법 목적은 아동·청소년을 대상으로 성적 행위를 한 사람을 엄중하게 처벌함으로써 성적 학대나 착취로부터 아동·청소년을 보호하고 아동·청소년이 책임 있고 건강한 사회구성원으로 성장할 수 있도록 하려는 데 있다. 아동·청소년성착취물은 그 직접 피해자인 아동·청소년에게는 치유하기 어려운 정신적 상처를 안겨줄 뿐만 아니라, 이를 시청하는 사람들에게까지 성에 대한 왜곡된 인식과 비정상적 가치관을 조장한다. 아동·청소년성착취물에 대한 지속적 접촉이 아동·청소년을 상대로 한 성범죄로 이어질 수 있다는 점을 부인하기 어렵다. 따라서 잠재적인 성범죄로부터 아동·청소년을 보호하기 위해서는 아동·청소년을 성적 대상화하는 행위를 엄격하게 규율하여 위반행위를 처벌할 필요가 있다. 위와 같은 입법 목적 등에 비추어 살펴보면, 아동·청소년 등이 일상적인 생활을 하면서 신체를 노출한 것에 불과하다고 하더라도 이를 몰래 촬영하는 방식 등으로 성적 대상화하였다면 이와 같은 행위를 표현한 영상 등은 아동·청소년성착취물에 해당한다(대법원 2023. 11. 16. 선고 2021도4265 판결 참조).

■ 성폭력범죄의처벌등에관한특례법위반(카메라 등 이용촬영)

(대법원 2023. 12. 14. 선고 2020도1669 판결)

[판시사항]

피해자 등 제3자가 피의자의 소유·관리에 속하는 정보저장매체를 임의제출한 경우, 실질적 피압수자인 피의자에게 참여권을 보장하고 압수한 전자정보 목록을 교부하는 등 피의자의 절차적 권리를 보장하기 위한 적절한 조치가 이루어져야 하는지 여부(원칙적 적극) / 이때 정보저장매체를 임의제출한 피압수자에 더하여 임의제출자 아닌 피의자에게도 참여권이 보장되어야 하는 '피의자의 소유·관리에 속하는 정보저장매체'의 의미 및 이에 해당하는지 판단하는 기준

[판결요지]

피해자 등 제3자가 피의자의 소유·관리에 속하는 정보저장매체를 임의제출한 경우에는 실질적 피압수자인 피의자가 수사기관으로 하여금 그 전자정보 전부를 무제한 탐색하는 데 동의한 것으로 보기 어려울 뿐만 아니라 피의자 스스로 임의제출한 경우 피의자의 참여권 등이 보장되어야 하는 것과 견주어 보더라도 특별한 사정이 없는 한 피의자에게 참여권을 보장하고 압수한 전자정보 목록을 교부하는 등 피의자의 절차적 권리를 보장하기 위한 적절한 조치가 이루어져야 한다.

이와 같이 정보저장매체를 임의제출한 피압수자에 더하여 임의제출자

아닌 피의자에게도 참여권이 보장되어야 하는 '피의자의 소유·관리에 속하는 정보저장매체'란, 피의자가 압수·수색 당시 또는 이와 시간적으로 근접한 시기까지 해당 정보저장매체를 현실적으로 지배·관리하면서 그 정보저장매체 내 전자정보 전반에 관한 전속적인 관리처분권을 보유·행사하고, 달리 이를 자신의 의사에 따라 제3자에게 양도하거나 포기하지 아니한 경우로서, 피의자를 그 정보저장매체에 저장된 전자정보 전반에 대한 실질적인 압수·수색 당사자로 평가할 수 있는 경우를 말하는 것이다. 이에 해당하는지 여부는 민사법상 권리의 귀속에 따른 법률적·사후적 판단이 아니라 압수·수색 당시 외형적·객관적으로 인식 가능한 사실상의 상태를 기준으로 판단하여야 한다.

■ 아동·청소년의성보호에관한법률위반(성착취물제작·배포등)

(대법원 2023. 10. 18. 선고 2023도8752 판결)

[판시사항]

수사기관이 하드카피나 이미징 등(복제본)에 담긴 전자정보를 탐색하여 혐의사실과 관련된 정보(유관정보)를 선별하여 출력하거나 다른 저장매체에 저장하는 등으로 압수를 완료한 경우, 혐의사실과 관련 없는 전자정보(무관정보)를 삭제·폐기하여야 하는지 여부(적극) / 수사기관이 새로운 범죄 혐의의 수사를 위하여 무관정보가 남아 있는 복제본을 탐색, 복제 또는 출력할 수 있는지 여부(소극) 및 이때 수사기관이 열람할 수 있는 범위(=기존 압수·수색 과정에서 출력하거나 복제한 유관정보의 결과물)

[판결요지]

수사기관은 하드카피나 이미징 등(이하 '복제본'이라 한다)에 담긴 전자정보를 탐색하여 혐의사실과 관련된 정보(이하 '유관정보'라 한다)를 선별하여 출력하거나 다른 저장매체에 저장하는 등으로 압수를 완료하면 혐의사실과 관련 없는 전자정보(이하 '무관정보'라 한다)를 삭제·폐기하여야 한다. 수사기관이 새로운 범죄 혐의의 수사를 위하여 무관정보가 남아 있는 복제본을 열람하는 것은 압수·수색영장으로 압수되지 않은 전자정보를 영장 없이 수색하는 것과 다르지 않다. 따라서 복제본은 더 이상 수사기관의 탐색, 복제 또는 출력 대상이 될 수 없으며, 수사기관은 새로운 범죄 혐의의 수사를 위하여 필요한 경우에도 기존 압수·수색 과정에서 출력하거나 복제한 유관정보의 결과물을 열람할 수 있을 뿐이다.

■ 성폭력범죄의처벌등에관한특례법위반(카메라등 이용촬영·반포등)

(대법원 2023. 10. 12. 선고 2023도5757 판결)

[판시사항]

[1] 아동·청소년의 성보호에 관한 법률 제11조 제3항에서 정한 아동·청소년성착취물의 '배포' 및 '공연히 전시'하는 행위의 의미 / 자신의 웹사이트에 아동·청소년성착취물이 저장된 다른 웹사이트로 연결되는 링크를 게시하여 불특정 또는 다수인이 링크를 이용하여 별다른 제한 없이 아동·청소년성착취물에 바로 접할 수 있는 상태를 실제로 조성한 경우, 위 조항에서 정한 아동·청소년성착취물을 배포하거나 공연히 전시한다는 구성요건을 충족하는지 여부(적극)

[2] 아동·청소년의 성보호에 관한 법률 제11조 제5항에서 정한 아동·청소년성착취물 '소지'의 의미 및 피고인이 자신이 지배하지 않는 서버 등에 저장된 아동·청소년성착취물에 접근하였으나 위 성착취물을 다운로드하는 등 실제로 지배할 수 있는 상태로 나아가지는 않은 경우, 이를 아동·청소년성착취물을 '소지'한 것으로 평가할 수 있는지 여부(원칙적 소극)

[판결요지]

[1] 아동·청소년의 성보호에 관한 법률 제11조 제3항은 "아동·청소년성

착취물을 배포·제공하거나 이를 목적으로 광고·소개하거나 공연히 전시 또는 상영한 자는 3년 이상의 징역에 처한다."라고 규정하고 있다. 여기서 아동·청소년성착취물의 '배포'란 아동·청소년성착취물을 불특정 또는 다수인에게 교부하는 것을 의미하고, '공연히 전시'하는 행위란 불특정 또는 다수인이 실제로 아동·청소년성착취물을 인식할 수 있는 상태에 두는 것을 의미한다.

자신의 웹사이트에 아동·청소년성착취물이 저장된 다른 웹사이트로 연결되는 링크를 해 놓는 행위자의 의사, 그 행위자가 운영하는 웹사이트의 성격 및 사용된 링크기술의 구체적인 방식, 아동·청소년성착취물이 담겨져 있는 다른 웹사이트의 성격 및 다른 웹사이트 등이 아동·청소년성착취물을 실제로 전시한 방법 등 제반 사정을 종합하여 볼 때, 링크의 게시를 포함한 일련의 행위가 불특정 또는 다수인에게 다른 웹사이트 등을 단순히 소개·연결하는 정도를 넘어 링크를 이용하여 별다른 제한 없이 아동·청소년성착취물에 바로 접할 수 있는 상태를 실제로 조성한다면, 이는 아동·청소년성착취물을 직접 '배포'하거나 '공연히 전시'한 것과 실질적으로 다를 바 없다고 평가할 수 있으므로, 위와 같은 행위는 전체적으로 보아 아동·청소년성착취물을 배포하거나 공연히 전시한다는 구성요건을 충족한다.

[2] 아동·청소년의 성보호에 관한 법률 제11조 제5항은 "아동·청소년성착취물을 구입하거나 아동·청소년성착취물임을 알면서 이를 소지·시청한 자는 1년 이상의 징역에 처한다."라고 규정하고 있다. 여기서 '소지'란 아동·청소년성착취물을 자기가 지배할 수 있는 상태에 두고 지배관계를 지속시키는 행위를 말한다.

아동·청소년성착취물 파일을 구입하여 시청할 수 있는 상태 또는 접근할 수 있는 상태만으로 곧바로 이를 소지로 보는 것은 소지에 대한 문언 해석의 한계를 넘어서는 것이어서 허용될 수 없으므로, 피고인이 자신이 지배하지 않는 서버 등에 저장된 아동·청소년성착취물에 접근하였지만 위 성착취물을 다운로드하는 등 실제로 지배할 수 있는 상태로 나아가지는 않았다면 특별한 사정이 없는 한 아동·청소년성착취물을 '소지'한 것으로 평가하기는 어렵다.

■ 성폭력범죄의처벌등에관한특례법위반(통신매체 이용 음란)
(대법원 2023. 6. 29. 선고 2020도3705 판결)

[판시사항]

포괄일죄 관계인 범행의 일부에 대하여 판결이 확정되거나 약식명령이 확정되었는데 그 사실심 판결선고 시 또는 약식명령 발령 시를 기준으로 그 이전에 이루어진 범행이 포괄일죄의 일부에 해당할 뿐만 아니라 그와 상상적 경합관계에 있는 다른 죄에도 해당하는 경우, 확정된 판결 내지 약식명령의 기판력이 위와 같이 상상적 경합관계에 있는 다른 죄에 대하여도 미치는지 여부(적극)

[판결요지]

포괄일죄 관계인 범행의 일부에 대하여 판결이 확정된 경우에는 사실심 판결선고 시를 기준으로, 약식명령이 확정된 경우에는 약식명령 발령 시를 기준으로, 그 이전에 이루어진 범행에 대하여는 확정판결의 기판력이 미친다. 또한 상상적 경합범 중 1죄에 대한 확정판결의 기판력은 다른 죄에 대하여도 미친다. 따라서 포괄일죄 관계인 범행의 일부에 대하여 판결이 확정되거나 약식명령이 확정되었는데 그 사실심 판결선고 시 또는 약식명령 발령 시를 기준으로 그 이전에 이루어진 범행이 포괄일죄의 일부에 해당할 뿐만 아니라 그와 상상적 경합관계에 있는 다른 죄에도 해당하는 경우에는 확정된 판결 내지 약식명령의 기판력은 위와 같이 상상적 경합관계에 있는 다른 죄에 대하여도 미친다.

■ 아동·청소년의성보호에관한법률위반(음란물소지, 성착취물소지)

(대법원 2023. 6. 29. 선고 2022도6278 판결)

[판시사항]

구 아동·청소년의 성보호에 관한 법률 제11조 제5항에서 정한 '소지'의 의미 / 자신이 지배하지 않는 서버 등에 저장된 아동·청소년이용음란물에 접근하여 다운로드받을 수 있는 인터넷 주소(URL) 등을 제공받은 것에 그친 경우, 이를 아동·청소년이용음란물을 '소지'한 것으로 평가할 수 있는지 여부(원칙적 소극) / 아동·청소년성착취물 등을 구입한 다음 직접 다운로드받을 수 있는 인터넷 주소를 제공받은 경우, 2020. 6. 2. 개정된 아동·청소년의 성보호에 관한 법률 제11조 제5항, 2020. 5. 19. 개정된 성폭력범죄의 처벌 등에 관한 특례법 제14조 제4항에 따라 처벌되는지 여부(적극)

[판결요지]

형벌법규의 해석은 엄격하여야 하고 문언의 의미를 피고인에게 불리한 방향으로 지나치게 확장해석하는 것은 죄형법정주의 원칙에 어긋나는 것이다.

구 아동·청소년의 성보호에 관한 법률(2020. 6. 2. 법률 제17338호로 개정되기 전의 것) 제11조 제5항은 "아동·청소년이용음란물임을 알면서 이를 소지한 자는 1년 이하의 징역 또는 2천만 원 이하의 벌금에 처한다."라고 규정하고 있다. 여기서 '소지'란 아동·청소년이용음란물을 자기가 지배할 수 있는 상태에 두고 지배관계를 지속시키는 행위를 말하고, 인터넷 주소(URL)는 인터넷에서 링크하고자 하는 웹페이지나 웹사이트 등의 서버에 저장된 개개의 영상물 등의 웹 위치 정보 또는 경로를 나타낸 것에 불과하다.

따라서 아동·청소년이용음란물 파일을 구입하여 시청할 수 있는 상태 또는 접근할 수 있는 상태만으로 곧바로 이를 소지로 보는 것은 소지에 대한 문언 해석의 한계를 넘어서는 것이어서 허용될 수 없으므로, 피고인이 자신이 지배하지 않는 서버 등에 저장된 아동·청소년이용음란물에 접근하여 다운로드받을 수 있는 인터넷 주소 등을 제공받은 것에 그친다면 특별한 사정이 없는 한 아동·청소년이용음란물을 '소지'한 것으로 평가하기는 어렵다.

한편 2020. 6. 2. 법률 제17338호로 개정된 아동·청소년의 성보호에 관한 법률 제11조 제5항은 아동·청소년성착취물을 구입하거나 시청한 사람을 처벌하는 규정을 신설하였고, 2020. 5. 19. 법률 제17264호로 개정된 성폭력범죄의 처벌 등에 관한 특례법 제14조 제4항은 카메라 등을 이용하여 성적 욕망 또는 수치심을 유발할 수 있는 사람의 신체를 촬영대상자의 의사에 반하여 촬영한 촬영물 또는 복제물을 소지·구입·저장 또는 시청한 사람을 처벌하는 규정을 신설하였다. 따라서 아동·청소년성착취물 등을 구입한 다음 직접 다운로드받을 수 있는 인터넷 주소를 제공받았다면 위 규정에 따라 처벌되므로 처벌공백의 문제도 더 이상 발생하지 않는다.

■ 성폭력범죄의처벌등에관한특례법위반(카메라등 이용촬영·반포등)

(대법원 2023. 6. 15. 선고 2022도15414 판결)

[판시사항]

성폭력범죄의 처벌 등에 관한 특례법 제14조 제2항 위반죄는 반포 등 행위 시를 기준으로 촬영대상자의 의사에 반하여 그 행위를 함으로써 성립하는지 여부(적극) 및 촬영이 촬영대상자의 의사에 반하지 아니하였더라도 마찬가지인지 여부(적극) / 촬영대상자의 신원이 파악되지 않는 등 촬영대상자의 의사를 명확히 확인할 수 없는 경우, 촬영대상자의 의사에 반하여 반포 등을 하였는지 판단하는 기준 및 이때 고려해야 할 사항

[판결요지]

성폭력범죄의 처벌 등에 관한 특례법(이하 '성폭력처벌법'이라 한다)은 제14조 제1항에서 '카메라나 그 밖에 이와 유사한 기능을 갖춘 기계장치를 이용하여 성적 욕망 또는 수치심을 유발할 수 있는 사람의 신체를 촬영대상자의 의사에 반하여 촬영'하는 행위를 처벌하면서, 같은 조 제2항에서 '그 촬영물 또는 복제물(이하 '촬영물 등'이라 한다)을 반포·판매·임대·제공 또는 공공연하게 전시·상영(이하 '반포 등'이라 한다)하거나 촬영 당시에는 촬영대상자의 의사에 반하지 아니한 경우에도 사후에 그 촬영물 등을 촬영대상자의 의사에 반하여 반포 등'을 하는 행위도 처벌대상으로 정하고 있다.

이와 같이 성폭력처벌법 제14조 제2항 위반죄는 반포 등 행위 시를 기준으로 촬영대상자의 의사에 반하여 그 행위를 함으로써 성립하고, 촬영이 촬영대상자의 의사에 반하지 아니하였더라도 그 성립에 지장이 없다. 촬영대상자의 신원이 파악되지 않는 등 촬영대상자의 의사를 명확히 확인할 수 없는 경우 촬영대상자의 의사에 반하여 반포 등을 하였는지 여부는, 촬영물 등을 토대로 확인할 수 있는 촬영대상자와 촬영자의 관계 및 촬영 경위, 그 내용이 성적 욕망 또는 수치심을 유발하는 정도, 촬영대상자의 특정가능성, 촬영물 등의 취득·반포 등이 이루어진 경위 등을 종합하여 판단하여야 한다. 이때 해당 촬영물 등이 인터넷 등 정보통신망을 통하여 급속도로 광범위하게 유포될 경우 피해자에게 심각한 피해와 고통을 초래할 수 있다는 점도 아울러 고려하여야 한다.

■ 성폭력범죄의처벌등에관한특례법위반(카메라등 이용촬영)

(대법원 2023. 6. 1. 선고 2020도2550 판결)

[판시사항]

[1] 사법경찰관이 임의제출된 증거물을 압수한 경우 압수경위 등을 구체적으로 기재한 압수조서를 작성하도록 한 형사소송법 등 관련 규정의 취지 / 구 (경찰청) 범죄수사규칙 제119조 제3항에 따라 피의자신문조서 등에 압수의 취지를 기재하여 압수조서를 갈음할 수 있도록 한 경우, 이러한 관련 규정의 취지에 반하는지 여부(소극)

[2] 임의로 제출된 물건을 압수하는 경우, 제출에 임의성이 있다는 점에 관한 증명책임 소재(=검사)와 증명 정도 및 임의로 제출된 것이라고 볼 수 없는 경우 증거능력 유무(소극)

[3] 수사기관이 전자정보를 담은 매체를 피의자로부터 임의제출받아 압수하면서 거기에 담긴 정보 중 무엇을 제출하는지 명확히 확인하지 않은 경우, 압수의 대상이 되는 정보의 범위 / 카메라의 기능과 정보저장매체의 기능을 함께 갖춘 휴대전화기를 이용한 불법촬영 범죄의 경우, 그 안에 저장되어 있는 같은 유형의 전자정보에서 발견되는 간접증거나 정황증거는 범죄혐의사실과 구체적·개별적 연관관계가 인정될 수 있는지 여부(적극)

[판결요지]

[1] 형사소송법 제106조, 제218조, 제219조, 형사소송규칙 제62조, 제109조, 구 (경찰청) 범죄수사규칙(2021. 1. 8. 경찰청 훈령 제1001호로 개정되기 전의 것, 이하 '구 범죄수사규칙'이라 한다) 제119조 등 관련 규정들에 의하면, 사법경찰관이 임의제출된 증거물을 압수한 경우 압수경위 등을 구체적으로 기재한 압수조서를 작성하도록 하고 있다. 이는 사법경찰관으로 하여금 압수절차의 경위를 기록하도록 함으로써 사후적으로 압수절차의 적법성을 심사·통제하기 위한 것이다. 구 범죄수사규칙 제119조 제3항에 따라 피의자신문조서 등에 압수의 취지를 기재하여 압수조서를 갈음할 수 있도록 하더라도, 압수절차의 적법성 심사·통제 기능에 차이가 없다.

[2] 임의로 제출된 물건을 압수하는 경우, 그 제출에 임의성이 있다는 점에 관하여는 검사가 합리적 의심을 배제할 수 있을 정도로 증명하여야 하고, 임의로 제출된 것이라고 볼 수 없는 경우에는 증거능력을 인정할 수 없다.

[3] 수사기관이 전자정보를 담은 매체를 피의자로부터 임의제출받아 압수하면서 거기에 담긴 정보 중 무엇을 제출하는지 명확히 확인하지 않은 경우, 임의제출의 동기가 된 범죄혐의사실과 관련되고 이를 증명할 수 있는 최소한의 가치가 있는 정보여야 압수의 대상이 되는데, 범행 동기와 경위, 수단과 방법, 시간과 장소 등에 관한 간접증거나 정황증거로 사용될 수 있는 정보도 그에 포함될 수 있다. 한편 카메라의 기능과 정보저장매체의 기능을 함께 갖춘 휴대전화기인 스마트폰을 이용한 불법촬영 범죄와 같이 범죄의 속성상 해당 범행의 상습성이 의심되거나 성적 기호 내지 경향성의 발현에 따른 일련의 범행의 일환으로 이루어진 것으로 의심되고, 범행의 직접증거가 스마트폰 안에 이미지 파일이나 동영상 파일의 형태로 남아 있을 개연성이 있는 경우에는 그 안에 저장되어 있는 같은 유형의 전자정보에서 그와 관련한 유력한 간접증거나 정황증거가 발견될 가능성이 높다는 점에서 이러한 간접증거나 정황증거는 범죄혐의사실과 구체적·개별적 연관관계를 인정할 수 있다.

■ 성폭력범죄의처벌등에관한특례법위반(카메라등 이용촬영)

(대법원 2023. 4. 27. 선고 2023도2481 판결)

[판시사항]

준강제추행죄에서 말하는 '심신상실' 및 '항거불능' 상태의 의미 / 피해자가 깊은 잠에 빠져 있거나 술·약물 등에 의해 일시적으로 의식을 잃은 상태 또는 완전히 의식을 잃지는 않았더라도 그와 같은 사유로 정상적인 판단능력과 대응·조절능력을 행사할 수 없는 상태에 있었던 경우, 준강제추행죄에서의 심신상실 또는 항거불능 상태에 해당하는지 여부(적극) / 피고인이 '피해자가 범행 당시 술을 마셨지만 의식상실 상태가 아니었다.'는 취지로 주장하는 경우, 범행 당시 피해자가 심신상실 또는 항거불능 상태에 있었는지 판단하는 기준

[판결요지]

준강제추행죄에서 '심신상실'이란 정신기능의 장애로 인하여 성적 행위에 대한 정상적인 판단능력이 없는 상태를 의미하고, '항거불능'의 상태라 함은 심신상실 이외의 원인으로 심리적 또는 물리적으로 반항이 절대적으로 불가능하거나 현저히 곤란한 경우를 의미한다. 피해자가 깊은 잠에 빠져 있거나 술·약물 등에 의해 일시적으로 의식을 잃은 상태 또는 완전히 의식을 잃지는 않았더라도 그와 같은 사유로 정상적인 판단능력과 대응·조절능력을 행사할 수 없는 상태에 있었다면 준강제추행죄에서의 심신상실 또는 항거불능 상태에 해당한다. 피고인이 '피해자가 범행 당시 술을 마셨지만 의식상실 상태가 아니었다.'라는 취지로 주장하는 경우, 법원은 피해자의 범행 당시 음주량과 음주 속도, 경과한 시간, 피해자의 평소 주량, 피해자가 평소 음주 후 기억장애를 경험하였는지 여부 등 피해자의 신체 및 의식 상태가 범행 당시 알코올 블랙아웃인지 아니면 패싱아웃 또는 행위통제능력이 현저히 저하된 상태였는지를 구분할 수 있는 사정들과 더불어 CCTV나 목격자를 통하여 확인되는 당시 피해자의 상태, 언동, 피고인과의 평소 관계, 만나게 된 경위, 성적 접촉이 이루어진 장소와 방식, 그 계기와 정황, 피해자의 연령·경험 등 특성, 성에 대한 인식 정도, 심리적·정서적 상태, 피해자와 성적 관계를 맺게 된 경위에 대한 피고인의 진술 내용의 합리성, 사건 이후 피고인과 피해자의 반응을 비롯한 제반 사정을 면밀하게 살펴 범행 당시 피해자가 심신상실 또는 항거불능 상태에 있었는지 여부를 판단해야 한다(대법원 2021. 2. 4. 선고 2018도9781 판결 등 참조).

■ 성폭력범죄의처벌등에관한특례법위반(촬영물등 이용협박)

(대법원 2022. 12. 15. 선고 2022도10564 판결)

[판시사항]

법원이 당초 공소사실과 다른 공소사실을 심판대상으로 삼아 유죄를 인정하기 위해서는 공소장변경절차를 거쳐야 하는지 여부(원칙적 적극) / 공소장변경절차를 거치지 않고서도 직권으로 당초 공소사실과 다른 공소사실에 대하여 유죄를 인정할 수 있는 예외적인 경우임에도 공소장변경절차를 거친 다음 변경된 공소사실을 유죄로 인정하는 것이 위법한지 여부(원칙적 소극)

[판결요지]

공소사실은 법원의 심판대상을 한정하고 피고인의 방어범위를 특정함으로써 피고인의 방어권을 보장하는 의미를 가지므로, 법원이 당초 공소사실과 다른 공소사실을 심판대상으로 삼아 유죄를 인정하기 위해서는 불고불리 원칙 및 피고인의 방어권 보장 등 형사소송의 기본원칙에 따라 공소장변경절차를 거치는 것이 원칙이다. 다만 공소사실의 기본적 요소에 실질적인 영향을 미치지 않은 단순한 일시·장소·수단 등에 관한 사항 또는 명백한 오기의 정정에 해당하는 등 피고인이 방어권을 실질적으로 행사함에 지장이 없는 경우에는 예외적으로 공소장변경절차를 거치지 않고서도 직권으로 당초 공소사실과 동일성이 인정되는 범위 내의 다른 공소사실에 대하여 유죄를 인정할 수 있다. 따라서 공소장변경절차를 거쳐야 하는 경우임에도 이를 거치지 않은 채 직권으로 당초 공소사실과 다른 공소사실에 대하여 유죄를 인정하는 것은 피고인의 방어권을 침해하거나 불고불리 원칙에 위반되어 허용될 수 없지만, 공소장변경절차를 거치지 않고서도 직권으로 당초 공소사실과 다른 공소사실에 대하여 유죄를 인정할 수 있는 예외적인 경우임에도 공소장변경절차를 거친 다음 변경된 공소사실을 유죄로 인정하는 것은 심판대상을 명확히 특정함으로써 피고인의 방어권 보장을 강화하는 것이므로 특별한 사정이 없는 한 위법하다고 볼 수 없다.

■ 성폭력범죄의처벌등에관한특례법위반(카메라등 이용촬영)

(대법원 2022. 11. 17. 선고 2019도11967 판결)

[판시사항]

압수의 대상이 되는 전자정보와 그렇지 않은 전자정보가 혼재된 정보저장매체나 그 복제본을 압수·수색한 수사기관이 정보저장매체 등을 수사기관 사무실 등으로 옮겨 탐색·복제·출력하는 일련의 과정에서 피압수자 측에 참여의 기회를 보장하는 등의 적절한 조치를 취하지 않은 경우, 압수·수색의 적법 여부(원칙적 소극) / 이러한 위법한 압수·수색 과정을 통하여 취득한 증거는 위법수집증거에 해당하는지 여부(적극) 및 사후에 법원으로부터 영장이 발부되었거나 피고인이나 변호인이 이를 증거로 함에 동의하면 그 위법성이 치유되는지 여부(소극)

[판결요지]

압수의 대상이 되는 전자정보와 그렇지 않은 전자정보가 혼재된 정보저장매체나 그 복제본을 압수·수색한 수사기관이 정보저장매체 등을 수사기관 사무실 등으로 옮겨 이를 탐색·복제·출력하는 경우, 그와 같은 일련의 과정에서 형사소송법 제219조, 제121조에서 규정하는 피압수·수색 당사자(이하 '피압수자'라 한다)나 변호인에게 참여의 기회를 보장하고 압수된 전자정보의 파일 명세가 특정된 압수목록을 작성·교부하여야 하며 범죄혐의사실과 무관한 전자정보의 임의적인 복제 등을 막기 위한 적절한 조치를 취하는 등 영장주의 원칙과 적법절차를 준수하여야 한다. 만약 그러한 조치가 취해지지 않았다면 피압수자 측이 참여하지 아니한다는 의사를 명시적으로 표시하였거나 절차 위반행위가 이루어진 과정의 성질과 내용 등에 비추어 피압수자 측에 절차 참여를 보장한 취지가 실질적으로 침해되었다고 볼 수 없을 정도에 해당한다는 등의 특별한 사정이 없는 이상 압수·수색이 적법하다고 평가할 수 없고, 비록 수사기관이 정보저장매체 또는 복제본에서 범죄혐의사실과 관련된 전자정보만을 복제·출력하였다 하더라도 달리 볼 것은 아니다(대법원 2015. 7. 16. 자 2011모1839 전원합의체 결정, 대법원 2021. 11. 18. 선고 2016도348 전원합의체 판결 참조).

따라서 수사기관이 피압수자 측에 참여의 기회를 보장하거나 압수한 전자정보 목록을 교부하지 않는 등 영장주의 원칙과 적법절차를 준수하지 않은 위법한 압수·수색 과정을 통하여 취득한 증거는 위법수집증거에 해당하고, 사후에 법원으로부터 영장이 발부되었다거나 피고인이나 변호인이 이를 증거로 함에 동의하였다고 하여 위법성이 치유되는 것도 아니다(위 대법원 2016도348 전원합의체 판결, 대법원 2022. 7. 28. 선고 2022도2960 판결 참조).

■ 성폭력범죄의처벌등에관한특례법위반(카메라등 이용촬영·반포등)

(대법원 2022. 10. 27. 선고 2022도9877 판결)

[판시사항]

방송자가 인터넷을 도관 삼아 인터넷서비스제공업체 또는 온라인서비스제공자인 인터넷개인방송 플랫폼업체의 서버를 이용하여 실시간 또는 녹화된 형태로 음성, 영상물을 방송함으로써 불특정 혹은 다수인이 이를 수신·시청할 수 있게 하는 인터넷개인방송은 그 성격이나 통신비밀보호법 제2조 제3호, 제7호, 제3조 제1항, 제4조에 비추어 전기통신에 해당하는지 여부(적극) / 인터넷개인방송의 방송자가 비밀번호를 설정하는 등으로 비공개 조치를 취한 후 방송을 송출하는 경우, 방송자로부터 허가를 받지 못한 사람은 당해 인터넷개인방송의 당사자가 아닌 '제3자'에 해당하는지 여부(적극) 및 이러한 제3자가 비공개 조치가 된 인터넷개인방송을 비정상적인 방법으로 시청·녹화하는 것은 통신비밀보호법상의 감청에 해당할 수 있는지 여부(적극) / 비공개 조치를 취한 후 방송을 송출하는 인터넷개인방송의 방송자가 제3자의 시청·녹화 사실을 알거나 알 수 있었음에도 방송을 중단하거나 제3자를 배제하지 않은 채 방송을 계속 진행하는 등 허가받지 아니한 제3자의 시청·녹화를 사실상 승낙·용인한 것으로 볼 수 있는 경우, 제3자가 방송 내용을 지득·채록하는 것이 통신비밀보호법에서 정한 감청에 해당하는지 여부(소극)

[판결요지]

방송자가 인터넷을 도관 삼아 인터넷서비스제공업체 또는 온라인서비스제공자인 인터넷개인방송 플랫폼업체의 서버를 이용하여 실시간 또는 녹화된 형태로 음성, 영상물을 방송함으로써 불특정 혹은 다수인이 이를 수신·시청할 수 있게 하는 인터넷개인방송은 그 성격이나 통신비밀보호법 제2조 제3호, 제7호, 제3조 제1항, 제4조에 비추어 전기통신에 해당함은 명백하다.

인터넷개인방송의 방송자가 비밀번호를 설정하는 등 그 수신 범위를 한정하는 비공개 조치를 취하지 않고 방송을 송출하는 경우, 누구든지 시청하는 것을 포괄적으로 허용하는 의사라고 볼 수 있으므로, 그 시청자는 인터넷개인방송의 당사자인 수신인에 해당하고, 이러한 시청자가 방송 내용을 지득·채록하는 것은 통신비밀보호법에서 정한 감청에 해당하지 않는다. 그러나 인터넷개인방송의 방송자가 비밀번호를 설정하는 등으로 비공개 조치를 취한 후 방송을 송출하는 경우에는, 방송자로부터 허가를 받지 못한 사람은 당해 인터넷개인방송의 당사자가 아닌 '제3자'에 해당하고, 이러한 제3자가 비공개 조치가 된 인터넷개인방송을 비정상적인 방법으로 시청·녹화하는 것은 통신비밀보호법상의 감청에 해당할 수 있다. 다만 방송자가 이와 같은 제3자의 시청·녹화 사실을 알거나 알 수 있었음에도 방송을 중단하거나 그 제3자를 배제하지 않은 채 방송을 계속 진행하는 등 허가받지 아니한 제3자의 시청·녹화를 사실상 승낙·용인한 것으로 볼 수 있는 경우에는 불특정인 혹은 다수인을 직간접적인 대상으로 하는 인터넷개인방송의 일반적 특성상 그 제3자 역시 인터넷개인방송의 당사자에 포함될 수 있으므로, 이러한 제3자가 방송 내용을 지득·채록하는 것은 통신비밀보호법에서 정한 감청에 해당하지 않는다.

■ 성폭력범죄의처벌등에관한특례법위반(통신매체이용 음란)

(대법원 2022. 9. 29. 선고 2020도11185 판결)

[판시사항]

성폭력범죄의 처벌 등에 관한 특례법 제13조에서 정한 '자기 또는 다른 사람의 성적 욕망을 유발하거나 만족시킬 목적'이 있는지 판단하는 기준 / 위 규정에서 정한 '성적 수치심이나 혐오감을 일으키는 것'의 의미 및 성적 수치심 또는 혐오감의 유발 여부를 판단하는 기준

[판결요지]

성폭력범죄의 처벌 등에 관한 특례법 제13조는 "자기 또는 다른 사람의 성적 욕망을 유발하거나 만족시킬 목적으로 전화, 우편, 컴퓨터, 그 밖의 통신매체를 통하여 '성적 수치심이나 혐오감을 일으키는 말, 음향, 글, 그림, 영상 또는 물건'을 상대방에게 도달하게 한 사람"을 처벌한다. '자기 또는 다른 사람의 성적 욕망을 유발하거나 만족시킬 목적'이 있는지 여부는 피고인과 피해자의 관계, 행위의 동기와 경위, 행위의 수단과 방법, 행위의 내용과 태양, 상대방의 성격과 범위 등 여러 사정을 종합하여 사회통념에 비추어 합리적으로 판단하여야 한다. 또한 '성적 수치심이나 혐오감을 일으키는 것'은 피해자에게 단순한 부끄러움이나 불쾌감을 넘어 인격적 존재로서의 수치심이나 모욕감을 느끼게 하거나 싫어하고 미워하는 감정을 느끼게 하는 것으로서 사회 평균인의 성적 도의관념에 반하는 것을 의미한다. 이와 같은 성적 수치심 또는 혐오감의 유발 여부는 일반적이고 평균적인 사람들을

기준으로 하여 판단함이 타당하고, 특히 성적 수치심의 경우 피해자와 같은 성별과 연령대의 일반적이고 평균적인 사람들을 기준으로 하여 그 유발 여부를 판단하여야 한다.

■ 성폭력범죄의처벌등에관한특례법위반(주거침입강제추행)

(대법원 2022. 8. 25. 선고 2022도3801 판결)

[판시사항]

결합범인 성폭력범죄의 처벌 등에 관한 특례법 위반(주거침입강제추행)죄가 성립하려면 주거침입죄 내지 건조물침입죄에 해당하여야 하는지 여부(적극) / 주거침입죄의 보호법익(=사실상 주거의 평온) / 주거침입죄의 구성요건적 행위인 '침입'의 의미 및 침입행위에 해당하는지 판단하는 기준

성폭력범죄의 처벌 등에 관한 특례법 위반(주거침입강제추행)죄는 형법 제319조 제1항의 주거침입죄 내지 건조물침입죄와 형법 제298조의 강제추행죄의 결합범이므로, 위 죄가 성립하려면 형법 제319조가 정한 주거침입죄 내지 건조물침입죄에 해당하여야 한다.

[판결요지]

주거침입죄는 사실상 주거의 평온을 보호법익으로 한다. 주거침입죄의 구성요건적 행위인 침입은 주거침입죄의 보호법익과의 관계에서 해석하여야 하므로, 침입이란 주거의 사실상 평온상태를 해치는 행위태양으로 주거에 들어가는 것을 의미하고, 침입에 해당하는지는 출입 당시 객관적·외형적으로 드러난 행위태양을 기준으로 판단함이 원칙이다. 사실상의 평온상태를 해치는 행위태양으로 주거에 들어가는 것이라면 대체로 거주자의 의사에 반하겠지만, 단순히 주거에 들어가는 행위 자체가 거주자의 의사에 반한다는 주관적 사정만으로는 바로 침입에 해당한다고 볼 수 없다. 거주자의 의사에 반하는지는

사실상의 평온상태를 해치는 행위태양인지를 평가할 때 고려할 요소 중 하나이지만 주된 평가 요소가 될 수는 없다. 따라서 침입행위에 해당하는지는 거주자의 의사에 반하는지가 아니라 사실상의 평온상태를 해치는 행위태양인지에 따라 판단하여야 한다.

■ 성폭력범죄의처벌등에관한특례법위반(카메라등 이용촬영·반포등)

(대법원 2022. 6. 30. 선고 2022도1452 판결)

[판시사항]

법관이 압수·수색영장을 발부하면서 '압수할 물건'을 특정하기 위하여 기재한 문언은 엄격하게 해석하여야 하는지 여부(적극) / 수사기관이 압수·수색영장에 적힌 '수색할 장소'에 있는 컴퓨터 등 정보처리장치에 저장된 전자정보 외에 원격지 서버에 저장된 전자정보를 압수·수색하기 위해서는 압수·수색영장에 적힌 '압수할 물건'에 별도로 원격지 서버 저장 전자정보가 특정되어 있어야 하는지 여부(적극) / 압수·수색영장에 적힌 '압수할 물건'에 컴퓨터 등 정보처리장치 저장 전자정보만 기재되어 있는 경우, 컴퓨터 등 정보처리장치를 이용하여 원격지 서버 저장 전자정보를 압수할 수 있는지 여부(소극)

[판결요지]

헌법과 형사소송법이 구현하고자 하는 적법절차와 영장주의의 정신에 비추어 볼 때, 법관이 압수·수색영장을 발부하면서 '압수할 물건'을 특정하기 위하여 기재한 문언은 엄격하게 해석해야 하고, 함부로 피압수자 등에게 불리한 내용으로 확장해석 또는 유추해석을 하는 것은 허용될 수 없다(대법원 2009. 3. 12. 선고 2008도763 판결 등 참조).

압수할 전자정보가 저장된 저장매체로서 압수·수색영장에 기재된 수색장소에 있는 컴퓨터, 하드디스크, 휴대전화와 같은 컴퓨터 등 정보처리장치와 수색장소에 있지는 않으나 컴퓨터 등 정보처리장치와 정보통신망으로 연결된 원격지의 서버 등 저장매체(이하 '원격지 서버'

라 한다)는 소재지, 관리자, 저장 공간의 용량 측면에서 서로 구별된다. 원격지 서버에 저장된 전자정보를 압수·수색하기 위해서는 컴퓨터 등 정보처리장치를 이용하여 정보통신망을 통해 원격지 서버에 접속하고 그곳에 저장되어 있는 전자정보를 컴퓨터 등 정보처리장치로 내려 받거나 화면에 현출시키는 절차가 필요하므로, 컴퓨터 등 정보처리장치 자체에 저장된 전자정보와 비교하여 압수·수색의 방식에 차이가 있다. 원격지 서버에 저장되어 있는 전자정보와 컴퓨터 등 정보처리장치에 저장되어 있는 전자정보는 그 내용이나 질이 다르므로 압수·수색으로 얻을 수 있는 전자정보의 범위와 그로 인한 기본권 침해 정도도 다르다.

따라서 수사기관이 압수·수색영장에 적힌 '수색할 장소'에 있는 컴퓨터 등 정보처리장치에 저장된 전자정보 외에 원격지 서버에 저장된 전자정보를 압수·수색하기 위해서는 압수·수색영장에 적힌 '압수할 물건'에 별도로 원격지 서버 저장 전자정보가 특정되어 있어야 한다. 압수·수색영장에 적힌 '압수할 물건'에 컴퓨터 등 정보처리장치 저장 전자정보만 기재되어 있다면 컴퓨터 등 정보처리장치를 이용하여 원격지 서버 저장 전자정보를 압수할 수는 없다.

■ 성폭력범죄의처벌등에관한특례법위반(카메라등 이용촬영)

(대법원 2022. 6. 9. 선고 2022도1683 판결)

[판시사항]

구 성폭력범죄의 처벌 등에 관한 특례법 제14조 제2항에서 유포 행위의 한 유형으로 열거하고 있는 '공공연한 전시'의 의미 및 성적 욕망 또는 수치심을 유발할 수 있는 타인의 신체를 촬영한 촬영물 또는 복제물의 '공공연한 전시'로 인한 범죄는 불특정 또는 다수인이 전시된 촬영물 등을 실제 인식하지 못했더라도 성립하는지 여부(적극)

[판결요지]

구 성폭력범죄의 처벌 등에 관한 특례법(2020. 5. 19. 법률 제17264호로 개정되기 전의 것, 이하 '구 성폭력처벌법'이라 한다)은 제14조 제1항에서 '카메라나 그 밖에 이와 유사한 기능을 갖춘 기계장치를 이용하여 성적 욕망 또는 수치심을 유발할 수 있는 사람의 신체를 촬영대상자의 의사에 반하여 촬영'하는 행위를 처벌하면서, 같은 조 제2항에서 '제1항에 따른 촬영물 또는 복제물을 반포·판매·임대·제공 또는 공공연하게 전시·상영한 자'뿐만 아니라 '제1항의 촬영이 촬영 당시에는 촬영대상자의 의사에 반하지 아니한 경우에도 사후에 그 촬영물 또는 복제물을 촬영대상자의 의사에 반하여 반포·판매·임대·제공 또는 공공연하게 전시·상영한 자'도 5년 이하의 징역 또는 3천만 원 이하의 벌금에 처하도록 규정하고 있다. 이는 성적 욕망 또는 수치심을 유발할 수 있는 타인의 신체를 촬영한 촬영물 또는 복제물(이하 '촬영물 등'이라 한다)이 인터넷 등 정보통신망을 통하여 급속도로 광범위하게 유포됨으로써 피해자에게 엄청난 피해와 고통을 초래하는 사회적 문제를 감안하여, 죄책이나 비난 가능성이 촬영 행위 못지않게 크다고 할 수 있는 촬영물 등의 반포 등 유포 행위를 한 자에 대해서도 촬영자와 동일하게 처벌하기 위함이다.

이러한 법률 규정의 내용 및 입법 취지 등에 비추어 볼 때 구 성폭력처벌법 제14조 제2항에서 유포 행위의 한 유형으로 열거하고 있는 '공공연한 전시'란 불특정 또는 다수인이 촬영물 등을 인식할 수 있는 상태에 두는 것을 의미하고, 촬영물 등의 '공공연한 전시'로 인한 범죄는 불특정 또는 다수인이 전시된 촬영물 등을 실제 인식하지 못했다고 하더라도 촬영물 등을 위와 같은 상태에 둠으로써 성립한다.

■ 성폭력범죄의처벌등에관한특례법위반(카메라등 이용촬영)

(대법원 2022. 4. 28. 선고 2021도9041 판결)

[판시사항]

카메라 기타 이와 유사한 기능을 갖춘 기계장치를 이용하여 성적 욕망 또는 수치심을 유발할 수 있는 타인의 신체를 그 의사에 반하여 촬영하는 행위를 처벌하는 성폭력범죄의 처벌 등에 관한 특례법 제14조 제1항의 입법 취지

[판결요지]

[1] 카메라 기타 이와 유사한 기능을 갖춘 기계장치를 이용하여 성적 욕망 또는 수치심을 유발할 수 있는 타인의 신체를 그 의사에 반하여 촬영하는 행위를 처벌하는 성폭력처벌법 제14조 제1항은 인격체인 피해자의 성적 자유 및 함부로 촬영당하지 않을 자유를 보호하기 위한 것이다(대법원 2015. 9. 10. 선고 2015도8447 판결, 대법원 2018. 11. 9. 선고 2018도13122 판결 등 참조).

[2] 피해자는 연예기획사 매니저와 사진작가의 1인 2역 행세를 한 피고인의 거짓말에 속아 피고인이 요구한 나체 촬영과 성관계 등에 응하면 피고인이 자신을 모델 등으로 만들어 줄 것으로 오인, 착각에 빠졌음은 앞서 인정한 바와 같은바, 피해자는 이러한 심적 상태에서 피고인의 촬영 요구 등에 응하였다고 보이고, 피고인 또한 그와 같은 피해자의 심적 상태를 유발하고 이를 적극적으로 이용하였다고 할 것이므로, 피해자가 피고인에 대하여 자신의 신체 촬영을 승낙한 것은 피해자의 자유로운 의사에 기초한 것이라고 보기 어렵고, 따라서 피고인의 위 행위는 피해자의 의사에 반한다고 볼 여지가 충분하다.

■ 성폭력범죄의처벌등에관한특례법위반(카메라등 이용촬영)

(대법원 2022. 2. 17. 선고 2019도4938 판결)

[판시사항]

피고인이 휴대전화로 성명 불상 피해자들의 신체를 그 의사에 반하여 촬영하거나('1~7번 범행'), 짧은 치마를 입고 횡단보도 앞에서 신호를 기다리던 피해자의 다리를 몰래 촬영하여('8번 범행') 성폭력범죄의 처벌 등에 관한 특례법 위반(카메라등이용촬영)으로 기소되었는데, 8번 범행 피해자의 신고를 받고 출동한 경찰관이 현장에서 피고인으로부터 임의제출 받아 압수한 휴대전화를 사무실에서 탐색하는 과정에서 1~7번 범행의 영상을 발견한 사안에서, 제반 사정을 종합하면 1~7번 범행으로 촬영한 영상의 출력물과 파일 복사본을 담은 시디(CD)는 임의제출에 의해 적법하게 압수된 전자정보에서 생성된 것으로서 증거능력이 인정된다고 한 사례

[판결요지]

피고인이 휴대전화로 성명 불상 피해자들의 신체를 그 의사에 반하여 촬영하거나(이하 '1~7번 범행'이라고 한다), 짧은 치마를 입고 횡단보도 앞에서 신호를 기다리던 피해자의 다리를 몰래 촬영하여(이하 '8번 범행'이라고 한다) 성폭력범죄의 처벌 등에 관한 특례법 위반(카메라등이용촬영)으로 기소되었는데, 8번 범행 피해자의 신고를 받고 출동한 경찰관이 현장에서 피고인으로부터 임의제출 받아 압수한 휴대전화를 사무실에서 탐색하는 과정에서 1~7번 범행의 영상을 발견한 사안에서, 1~7번 범행에 관한 동영상은 촬영 기간이 8번 범행 일시와 가깝고, 8번 범행과 마찬가지로 버스정류장 등 공공장소에서 촬영되어 임의제출의 동기가 된 8번 범죄혐의사실과 관련성 있는 증거인 점, 경찰관은 임의제출 받은 휴대전화를 피고인이 있는 자리에서 살펴보고 8번 범행이 아닌 영상을 발견하였으므로 피고인이 탐색에 참

여하였다고 볼 수 있는 점, 경찰관이 피의자신문 시 1~7번 범행 영상을 제시하자 피고인은 그 영상이 언제 어디에서 찍은 것인지 쉽게 알아보고 그에 관해 구체적으로 진술하였으므로, 비록 피고인에게 압수된 전자정보가 특정된 목록이 교부되지 않았더라도 절차 위반행위가 이루어진 과정의 성질과 내용 등에 비추어 절차상 권리가 실질적으로 침해되었다고 보기 어려운 점 등을 종합하면, 1~7번 범행으로 촬영한 영상의 출력물과 파일 복사본을 담은 시디(CD)는 임의제출에 의해 적법하게 압수된 전자정보에서 생성된 것으로서 증거능력이 인정된다는 이유로, 이와 달리 보아 1~7번 범행 부분을 무죄로 판단한 원심판결에 법리오해의 잘못이 있다고 한 사례.

■ 성폭력범죄의처벌등에관한특례법위반(카메라등 이용촬영)

(대법원 2022. 1. 13. 선고 2016도9596 판결)

[판시사항]

[1] 수사기관이 정보저장매체와 거기에 저장된 전자정보를 임의제출의 방식으로 압수할 때 임의제출자의 의사에 따른 전자정보 압수의 대상과 범위가 명확하지 않거나 이를 알 수 없는 경우, 임의제출에 따른 압수의 동기가 된 범죄혐의사실과 관련되고 이를 증명할 수 있는 최소한의 가치가 있는 전자정보에 한하여 압수의 대상이 되는지 여부(적극) / 휴대전화를 이용한 불법촬영 범죄의 경우, 그 안에 저장되어 있는 같은 유형의 전자정보에서 발견되는 간접증거나 정황증거는 범죄혐의사실과 구체적·개별적 연관관계가 인정될 수 있는지 여부(적극)

[2] 압수의 대상이 되는 전자정보와 그렇지 않은 전자정보가 혼재된 정보저장매체나 복제본을 임의제출받은 수사기관이 정보저장매체 등을 수사기관 사무실 등으로 옮겨 탐색·복제·출력하는 일련의 과정에서, 피압수자 측에 참여의 기회를 보장하고 압수된 전자정보의 파일 명세가 특정된 압수목록을 작성·교부하는 등의 적절한 조치를 취하지

않은 경우, 압수·수색의 적법 여부(원칙적 소극) 및 이때 정보저장매체 또는 복제본에서 범죄혐의사실과 관련된 전자정보만을 복제·출력하였더라도 마찬가지인지 여부(적극)

[판결요지]

가) 불법촬영 범죄 등의 경우 임의제출된 전자정보 압수의 범위

전자정보를 압수하고자 하는 수사기관이 정보저장매체와 거기에 저장된 전자정보를 피의자로부터 임의제출의 방식으로 압수할 때, 제출자의 구체적인 제출범위에 관한 의사를 제대로 확인하지 않는 등의 사유로 인해 임의제출자의 의사에 따른 전자정보 압수의 대상과 범위가 명확하지 않거나 이를 알 수 없는 경우에는 임의제출에 따른 압수의 동기가 된 범죄혐의사실과 관련되고 이를 증명할 수 있는 최소한의 가치가 있는 전자정보에 한하여 압수의 대상이 된다.

범죄혐의사실과 관련된 전자정보인지를 판단할 때는 범죄혐의사실의 내용과 성격, 임의제출의 과정 등을 토대로 구체적·개별적 연관관계를 살펴보아야 한다. 특히 카메라의 기능과 정보저장매체의 기능을 함께 갖춘 휴대전화인 스마트폰을 이용한 불법촬영 범죄와 같이 범죄의 속성상 해당 범행의 상습성이 의심되거나 성적 기호 내지 경향성의 발현에 따른 일련의 범행의 일환으로 이루어진 것으로 의심되고, 범행의 직접증거가 스마트폰 안에 이미지 파일이나 동영상 파일의 형태로 남아 있을 개연성이 있는 경우에는 그 안에 저장되어 있는 같은 유형의 전자정보에서 그와 관련한 유력한 간접증거나 정황증거가 발견될 가능성이 높다는 점에서 이러한 간접증거나 정황증거는 범죄혐의사실과 구체적·개별적 연관관계를 인정할 수 있다. 이처럼 범죄의 대상이 된 피해자의 인격권을 현저히 침해하는 성격의 전자정보를 담고 있는 불법촬영물은 범죄행위로 인해 생성된 것으로서 몰수의 대상이기도 하므로 임의제출된 휴대전화에서 해당 전자정보를 신속히 압수·수색하여 불법촬영물의 유통 가능성을 적시에 차단

함으로써 피해자를 보호할 필요성이 크다. 나아가 이와 같은 경우에는 간접증거나 정황증거이면서 몰수의 대상이자 압수·수색의 대상인 전자정보의 유형이 이미지 파일 내지 동영상 파일 등으로 비교적 명확하게 특정되어 그와 무관한 사적 전자정보 전반의 압수·수색으로 이어질 가능성이 적어 상대적으로 폭넓게 관련성을 인정할 여지가 많다는 점에서도 그러하다(대법원 2021. 11. 18. 선고 2016도348 전원합의체 판결 참조).

나) 전자정보 탐색·복제·출력 시 피의자의 참여권 보장 및 전자정보 압수 목록 교부

압수의 대상이 되는 전자정보와 그렇지 않은 전자정보가 혼재된 정보저장매체나 그 복제본을 임의제출받은 수사기관이 그 정보저장매체 등을 수사기관 사무실 등으로 옮겨 이를 탐색·복제·출력하는 경우, 그와 같은 일련의 과정에서 형사소송법 제219조, 제121조에서 규정하는 피압수·수색 당사자(이하 '피압수자'라 한다)나 그 변호인에게 참여의 기회를 보장하고 압수된 전자정보의 파일 명세가 특정된 압수목록을 작성·교부하여야 하며 범죄혐의사실과 무관한 전자정보의 임의적인 복제 등을 막기 위한 적절한 조치를 취하는 등 영장주의 원칙과 적법절차를 준수하여야 한다. 만약 그러한 조치가 취해지지 않았다면 피압수자 측이 참여하지 아니한다는 의사를 명시적으로 표시하였거나 임의제출의 취지와 경과 또는 그 절차 위반행위가 이루어진 과정의 성질과 내용 등에 비추어 피압수자 측에 절차 참여 등을 보장한 취지가 실질적으로 침해되었다고 볼 수 없을 정도에 해당한다는 등의 특별한 사정이 없는 이상 압수·수색이 적법하다고 평가할 수 없고, 비록 수사기관이 정보저장매체 또는 복제본에서 범죄혐의사실과 관련된 전자정보만을 복제·출력하였다 하더라도 달리 볼 것은 아니다(위 전원합의체 판결 참조).

■ 성폭력범죄의처벌등에관한특례법위반(카메라등 이용촬영)

(대법원 2021. 11. 25. 선고 2019도7342 판결)

[판시사항]

휴대전화를 이용한 불법촬영 범죄와 같이 범죄의 속성상 해당 범행의 상습성이 의심되거나 성적 기호 내지 경향성의 발현에 따른 일련의 범행의 일환으로 이루어진 것으로 의심되고, 범행의 직접증거가 휴대전화 안에 이미지 파일이나 동영상 파일의 형태로 남아 있을 개연성이 있는 경우, 그 안에 저장되어 있는 같은 유형의 전자정보에서 발견되는 간접증거나 정황증거는 범죄혐의사실과 구체적·개별적 연관관계가 인정될 수 있는지 여부(적극)

[판결요지]

범죄혐의사실과 관련된 전자정보인지를 판단할 때는 범죄혐의사실의 내용과 성격, 임의제출의 과정 등을 토대로 구체적·개별적 연관관계를 살펴보아야 한다. 특히 카메라의 기능과 정보저장매체의 기능을 함께 갖춘 휴대전화인 스마트폰을 이용한 불법촬영 범죄와 같이 범죄의 속성상 해당 범행의 상습성이 의심되거나 성적 기호 내지 경향성의 발현에 따른 일련의 범행의 일환으로 이루어진 것으로 의심되고, 범행의 직접증거가 스마트폰 안에 이미지 파일이나 동영상 파일의 형태로 남아 있을 개연성이 있는 경우에는 그 안에 저장되어 있는 같은 유형의 전자정보에서 그와 관련한 유력한 간접증거나 정황증거가 발견될 가능성이 높다는 점에서 이러한 간접증거나 정황증거는 범죄혐의사실과 구체적·개별적 연관관계를 인정할 수 있다. 이처럼 범죄의 대상이 된 피해자의 인격권을 현저히 침해하는 성격의 전자정보를 담고 있는 불법촬영물은 범죄행위로 인해 생성된 것으로서 몰수의 대상이기도 하므로 임의제출된 휴대전화에서 해당 전자정보를 신속히 압수·수색하여 불법촬영물의 유통 가능성을 적시에 차단함으로써 피해자를 보호할 필요성이 크다. 나아가 이와 같은 경우에는 간접증거나 정황증거이면서 몰수의 대상이자 압수·수색의 대상인 전자정보의 유형이 이미지 파일 내지 동영상 파일 등으로 비교적 명확하게 특정되어 그와 무관한 사적 전자정보 전반의 압수·수색으로 이어질 가능성이 적어 상대적으로 폭넓게 관련성을 인정할 여지가 많다는 점에서도 그러하다.

■ 성폭력범죄의 처벌 등에 관한 특례법위반(카메라등 이용촬영)

(대법원 2021. 11. 18. 선고 2016도348 전원합의체 판결)

[판시사항]

피고인이 2014. 12. 11. 피해자 갑을 상대로 저지른 성폭력범죄의 처벌 등에 관한 특례법 위반(카메라등이용촬영) 범행('2014년 범행')에 대하여 갑이 즉시 피해 사실을 경찰에 신고하면서 피고인의 집에서 가지고 나온 피고인 소유의 휴대전화 2대에 피고인이 촬영한 동영상과 사진이 저장되어 있다는 취지로 말하고 이를 범행의 증거물로 임의제출하였는데, 경찰이 이를 압수한 다음 그 안에 저장된 전자정보를 탐색하다가 갑을 촬영한 휴대전화가 아닌 다른 휴대전화에서 피고인이 2013. 12.경 피해자 을, 병을 상대로 저지른 같은 법 위반(카메라등이용촬영) 범행('2013년 범행')을 발견하고 그에 관한 동영상·사진 등을 영장 없이 복제한 CD를 증거로 제출한 사안에서, 피고인의 2013년 범행을 무죄로 판단한 원심의 결론이 정당하다고 한 사례

[판결요지]

피고인이 2014. 12. 11. 피해자 갑을 상대로 저지른 성폭력범죄의 처벌 등에 관한 특례법 위반(카메라등이용촬영) 범행(이하 '2014년 범행'이라 한다)에 대하여 갑이 즉시 피해 사실을 경찰에 신고하면서 피고인의 집에서 가지고 나온 피고인 소유의 휴대전화 2대에 피고인이 촬영한 동영상과 사진이 저장되어 있다는 취지로 말하고 이를 범행의 증거물로 임의제출하였는데, 경찰이 이를 압수한 다음 그 안에

저장된 전자정보를 탐색하다가 갑을 촬영한 휴대전화가 아닌 다른 휴대전화에서 피고인이 2013. 12.경 피해자 을, 병을 상대로 저지른 같은 법 위반(카메라등이용촬영) 범행(이하 '2013년 범행'이라 한다)을 발견하고 그에 관한 동영상·사진 등을 영장 없이 복제한 CD를 증거로 제출한 사안에서, 갑은 경찰에 피고인의 휴대전화를 증거물로 제출할 당시 그 안에 수록된 전자정보의 제출 범위를 명확히 밝히지 않았고, 담당 경찰관들도 제출자로부터 그에 관한 확인절차를 거치지 않은 이상 휴대전화에 담긴 전자정보의 제출 범위에 관한 제출자의 의사가 명확하지 않거나 이를 알 수 없는 경우에 해당하므로, 휴대전화에 담긴 전자정보 중 임의제출을 통해 적법하게 압수된 범위는 임의제출 및 압수의 동기가 된 피고인의 2014년 범행 자체와 구체적·개별적 연관관계가 있는 전자정보로 제한적으로 해석하는 것이 타당하고, 이에 비추어 볼 때 범죄발생 시점 사이에 상당한 간격이 있고 피해자 및 범행에 이용한 휴대전화도 전혀 다른 피고인의 2013년 범행에 관한 동영상은 임의제출에 따른 압수의 동기가 된 범죄혐의사실(2014년 범행)과 구체적·개별적 연관관계 있는 전자정보로 보기 어려워 수사기관이 사전영장 없이 이를 취득한 이상 증거능력이 없고, 사후에 압수·수색영장을 받아 압수절차가 진행되었더라도 달리 볼 수 없다는 이유로, 피고인의 2013년 범행을 무죄로 판단한 원심의 결론이 정당하다고 한 사례.

■ 성폭력범죄의처벌등에관한특례법위반(카메라등 이용촬영)

(대법원 2021. 3. 25. 선고 2021도749 판결)

[판시사항]

성폭력범죄의 처벌 등에 관한 특례법 위반(카메라등이용촬영)죄에서 규정한 '촬영'의 의미 / 성폭력범죄의 처벌 등에 관한 특례법 위반(카메라등이용촬영)죄에서 실행의 착수 시기

[판결요지]

「성폭력범죄의 처벌 등에 관한 특례법」(이하 '성폭력처벌법'이라고 한다) 위반(카메라등이용촬영)죄는 카메라 등을 이용하여 성적 욕망 또는 수치심을 유발할 수 있는 타인의 신체를 그 의사에 반하여 촬영함으로써 성립하는 범죄이고, 여기서 '촬영'이란 카메라나 그 밖에 이와 유사한 기능을 갖춘 기계장치 속에 들어 있는 필름이나 저장장치에 피사체에 대한 영상정보를 입력하는 행위를 의미한다(대법원 2011. 6. 9. 선고 2010도10677 판결 참조). 따라서 범인이 피해자를 촬영하기 위하여 육안 또는 캠코더의 줌 기능을 이용하여 피해자가 있는지 여부를 탐색하다가 피해자를 발견하지 못하고 촬영을 포기한 경우에는 촬영을 위한 준비행위에 불과하여 성폭력처벌법 위반(카메라등이용촬영)죄의 실행에 착수한 것으로 볼 수 없다(대법원 2011. 11. 10. 선고 2011도12415 판결 참조). 이에 반하여 범인이 카메라 기능이 설치된 휴대전화를 피해자의 치마 밑으로 들이밀거나, 피해자가 용변을 보고 있는 화장실 칸 밑 공간 사이로 집어넣는 등 카메라 등 이용 촬영 범행에 밀접한 행위를 개시한 경우에는 성폭력처벌법 위반(카메라등이용촬영)죄의 실행에 착수하였다고 볼 수 있다(대법원 2012. 6. 14. 선고 2012도4449 판결, 대법원 2014. 11. 13. 선고 2014도8385 판결 등 참조).

6. 촬영물 유포·재유포

6-1. 「성폭력범죄의 처벌 등에 관한 특례법」상 촬영물 유포·재유포의 금지

① 카메라 등 이용 촬영물 또는 복제물(복제물의 복제물을 포함함. 이하 같음)을 촬영대상자의 의사에 반해 반포·판매·임대·제공 또는 공공연하게 전시·상영(이하 "반포 등"이라 함)한 자 또는 그 촬영이 촬영 당시에는 촬영대상자의 의사에 반하지 않은 경우(자신의 신체를 직접 촬영한 경우를 포함함)에도 사후에 그 촬영물 또는 복제물을 촬영대상자의 의사에 반해 반포 등을 한 자는 7년 이하의 징역 또는 5천만원 이하의 벌금에 처해집니다(「성폭력범죄의 처벌 등에 관한 특례법」 제14조 제2항).

② 상습으로 촬영물을 반포 등을 한 때에는 형의 2분의 1까지 가중하며, 촬영물 유포의 미수범도 처벌합니다(「성폭력범죄의 처벌 등에 관한 특례법」 제14조 제5항 및 제15조).

③ 영리를 목적으로 촬영대상자의 의사에 반해 정보통신망을 이용해 촬영물을 반포 등을 한 자는 3년 이상의 유기징역에 처해집니다. 이 경우에도 상습으로 촬영물을 유포한 때에는 형의 2분의 1까지 가중하며, 미수범도 처벌합니다(「성폭력범죄의 처벌 등에 관한 특례법」 제14조 제3항, 제5항 및 제15조).

④ 촬영물의 유포행위를 한 자는 반드시 촬영물을 촬영한 자와 동일인이어야 하는 것은 아니고, 그 촬영물은 누가 촬영한 것인지를 묻지 않습니다(대법원 2016. 10. 13. 선고 2016도6172 판결 참조).

6-2. 관련판례

■ 촬영물 유포행위를 처벌하는 취지 등에 관한 판례

(대법원 2018. 8. 1. 선고 2018도1481 판결 및 대법원 2016. 12. 27.

선고 2016도16676 판결 참조)

「성폭력범죄의 처벌 등에 관한 특례법」에서 촬영행위뿐만 아니라 촬영물을 반포·판매·임대·제공 또는 공공연하게 전시·상영하는 행위까지 처벌하는 것은, 성적 욕망 또는 수치심을 유발할 수 있는 신체를 촬영한 촬영물이 인터넷 등 정보통신망을 통해 급속도로 광범위하게 유포됨으로써 피해자에게 엄청난 피해와 고통을 초래하는 사회적 문제를 감안하여, 죄책이나 비난가능성이 촬영행위 못지않게 크다고 할 수 있는 촬영물의 유포행위를 한 자를 촬영자와 동일하게 처벌하기 위함입니다.

여기에서 '반포'는 불특정 또는 다수인에게 무상으로 내주는 것을 말하고, 계속적·반복적으로 전달하여 불특정 또는 다수인에게 반포하려는 의사를 가지고 있다면 특정한 1인 또는 소수의 사람에게 내주는 것도 반포에 해당할 수 있습니다.

한편 '반포'와 별도로 열거된 '제공'은 '반포'에 이르지 않는 무상으로 내주는 행위를 말하며, '반포'할 의사 없이 특정한 1인 또는 소수의 사람에게 무상으로 내주는 것을 의미합니다.

6-3. 「정보통신망 이용촉진 및 정보보호 등에 관한 법률」상 불법정보의 유통 금지

누구든지 정보통신망을 통해 다음에 해당하는 정보를 유통해서는 안 됩니다(「정보통신망 이용촉진 및 정보보호 등에 관한 법률」 제44조의7 제1항).

① 음란물에 해당하는 정보
- 음란한 부호·문언·음향·화상 또는 영상을 배포·판매·임대하거나 공공연하게 전시하는 내용의 정보(「정보통신망 이용촉진 및 정보보호 등에 관한 법률」 제44조의7 제1항 제1호)
- 이를 위반하여 음란한 부호·문언·음향·화상 또는 영상을 배포·

판매·임대하거나 공공연하게 전시한 자는 1년 이하의 징역 또는 1천만원 이하의 벌금에 처해집니다(「정보통신망 이용촉진 및 정보보호 등에 관한 법률」 제74조 제1항 제2호).

② 사람의 명예를 훼손하는 내용의 정보
- 사람을 비방할 목적으로 공공연하게 사실이나 거짓의 사실을 드러내어 타인의 명예를 훼손하는 내용의 정보(「정보통신망 이용촉진 및 정보보호 등에 관한 법률」 제44조의7 제1항제2호)

③ 개인정보 침해에 해당하는 정보
- 「정보통신망 이용촉진 및 정보보호 등에 관한 법률」 또는 개인정보 보호에 관한 법령을 위반하여 개인정보를 거래하는 내용의 정보(「정보통신망 이용촉진 및 정보보호 등에 관한 법률」 제44조의7 제1항 제6호의2)

④ 디지털 성범죄를 목적으로 하는 등의 내용의 정보(카메라 등 이용 촬영물 등) 등
- 그 밖에 범죄를 목적으로 하거나 교사(教唆) 또는 방조하는 내용의 정보(「정보통신망 이용촉진 및 정보보호 등에 관한 법률」 제44조의7 제1항 제9호)

7. 촬영물 유포 협박·강요

7-1. 「성폭력범죄의 처벌 등에 관한 특례법」상 성적 촬영물 이용 협박·강요의 금지

① "성적 촬영물"이란 성적 욕망 또는 수치심을 유발할 수 있는 촬영물 또는 복제물(복제물의 복제물을 포함함. 이하 "성적 촬영물"이라 함)을 말합니다(「성폭력범죄의 처벌 등에 관한 특례법」 제14조의3 제1항 참조).

② 성적 촬영물을 이용해 사람을 협박한 때(이하 "촬영물 이용 협박죄"라 함)에는 1년 이상의 유기징역에 처해집니다(「성폭력범죄의 처벌 등에 관한 특례법」 제14조의3 제1항).

③ 성적 촬영물을 이용한 협박으로 사람의 권리행사를 방해하거나 의무 없는 일을 하게 한 때(이하 "촬영물 이용 강요죄"라 함)에는 3년 이상의 유기징역에 처해집니다(「성폭력범죄의 처벌 등에 관한 특례법」 제14조의3 제2항).

④ 상습으로 촬영물 이용 협박죄·강요죄를 범한 경우에는 그 죄에 정한 형의 2분의 1까지 가중합니다(「성폭력범죄의 처벌 등에 관한 특례법」 제14조의3 제3항).

⑤ 촬영물 이용 협박죄·강요죄의 미수범도 처벌합니다(「성폭력범죄의 처벌 등에 관한 특례법」 제15조).

7-2. 「형법」상 협박·강요의 금지

① 성적 촬영물을 이용해 사람을 협박한 경우, 그 협박으로 사람의 권리행사를 방해하거나 의무 없는 일을 하게 한 경우에는 「성폭력범죄의 처벌 등에 관한 특례법」 뿐만 아니라 「형법」상 금지행위에도 해당합니다.

② 사람을 협박한 때(이하 "협박죄"라 함)에는 3년 이하의 징역, 500만원 이하의 벌금, 구류 또는 과료에 처해집니다(「형법」 제283조제1항).

③ 협박죄는 피해자의 명시한 의사에 반해 공소를 제기할 수 없습니다(「형법」 제283조 제3항).

④ 상습으로 협박죄를 범한 때에는 형의 2분의 1까지 가중하며, 협박죄의 미수범도 처벌합니다(「형법」 제285조 및 제286조).

⑤ 폭행 또는 협박으로 사람의 권리행사를 방해하거나 의무 없는 일을 하게 한 때(이하 "강요죄"라 함)에는 5년 이하의 징역 또는 3천만원 이하의 벌금에 처해집니다(「형법」 제324조제1항). 강요죄의 미수범도 처벌합니다(「형법」 제324조의5).

8. 딥페이크 기술을 이용한 이미지, 영상 등 신고

① 딥페이크, 생성형 AI 등의 기술을 이용하여 글, 이미지, 동영상, 음성 등을 새로이 만들거나 기존 콘텐츠를 변형하여 게시, 유통하는 경우 법령을 위반하거나 타인의 소중한 인격과 권리를 침해할 수 있어 유의가 필요합니다.

② 타인의 콘텐츠를 단순히 가져와 게시, 유통하여도 해당 콘텐츠가 딥페이크, 생성형 AI 등을 이용한 경우 이에 해당할 수 있기 때문에 타인의 콘텐츠를 이용할 때 주의가 필요합니다.

③ 만약 딥페이크 기술 접근, 활용함에 있어 공직선거법, 성폭력처벌법 등 법령에 위반되거나 제3자의 권리를 침해하는 이미지, 영상 등을 발견할 경우 신고 채널을 통해 접수해 주세요.

제2장
디지털성범죄 피해자지원센터

Part 1. 상담신청

1. 디지털 성범죄 피해가 발생했을 때, 어떻게 해야 할까요?

① 대한민국 국민이거나, 외국인이더라도 한국 거주 중 한국인에게 피해를 입었다면 지원을 받을 수 있습니다.

② 전화 및 온라인 상담을 신청하시면 피해 상황에 따른 지원 내용을 안내해드립니다. 삭제지원 및 유포 현황 모니터링을 신청하시는 경우 아래와 같은 정보를 미리 확보해두시면 보다 신속한 접수가 가능합니다.
- 사이트 내 피해촬영물이 게시된 게시물 등의 구체적인 주소 (URL)
- 영상, 사진 형태의 피해촬영물
- 키워드(피해촬영물 특정하는 게시글 제목과 내용 등 검색이 가능한 정보)

2. 상담신청서를 접수해 주세요.

신청방법 및 접수가능 시간을 안내합니다.

① 신청방법

상담신청은 온라인 상담 게시판이나 전화 접수를 통해 신청이 가능하며, 자세한 사항은 하단을 참고해 주세요.

※ 상담 신청서는 영문 번역이 제공되지 않습니다. 필요 시 전화상담을 이용 부탁드립니다.
- 전화상담
  02-735-8994
- 온라인상담

온라인(비공개) 상담 게시판

② 상담시간
- 전화상담
365일 24시간
- 온라인상담
상시신청 가능

③ 신청시 유의사항

상담을 신청하기 전에 하단 내용을 반드시 확인해주세요.
- 게시판 상담 및 삭제 지원 접수를 원활히 진행하기 위해서 게시판 신청 시 확인한 접수번호와 비밀번호를 반드시 기억해주시기 바랍니다.
- 이전에 상담을 하신 경우나 지원을 받고 계신 경우 전화 또는 메일로 연락 주시면 담당자와 상담이 가능합니다.
- 내방 상담은 사전에 미리 신청한 경우에만 가능합니다.

Part 2. 지원내용

1. 디지털성범죄피해자지원센터에서 어떤 지원을 받을 수 있나요?

온라인상 피해촬영물이 유포되었다면 삭제지원을, 유포 여부가 불확실한 경우라면 유포 현황 모니터링을 받으실 수 있습니다. 또한, 성폭력상담소 등 피해자지원기관과 연계하여 수사·법률·의료 등 다양한 지원을 제공하고 있습니다.

① 상담지원
- 관련 문의 응대
- 지원 내용 안내
- 삭제지원 접수 및 상담

② 삭제지원
- 피해 촬영물 등 삭제 요청
- 유포현황 모니터링
- 삭제지원 결과보고서 조회

③ 연계지원
- 수사 과정 모니터링 및 채증 자료 작성 지원
- 의료 지원 및 심리 치유 지원 연계
- 무료 법률 지원 연계

④ 본 센터에서 제공하는 지원 외에도 다양한 기관의 디지털 성범죄 피해에 대한 보호 및 지원 제도가 있습니다.

2. 디지털 성범죄 피해자 보호 · 지원 제도 자세히 알아보기

※디지털 성범죄 피해자 보호·지원 제도 안내

구분	지원 내용	소관 부처
수사	• 경찰관서 방문 신고 또는 사이버경찰청을 통한 온라인 신고도 가능합니다. 　홈페이지(www.police.go.kr)접속 → 신고/지원 → 사이버범죄 신고/상담 클릭 　신고접수 시, 피해 내용을 상세히 기재하여 주시고, 필요한 경우 구체적 피해사실 확인을 위하여 경찰관이 출석을 요청할 수 있습니다. • 피해 영상물은 담당 수사관 外 제3자에게 공개되지 않습니다. • 동성 경찰관에게 조사(배석) 받으실 수 있으며, 개인정보를 보호하기 위해 피해자 실명 대신 가명을 활용, 사건서류를 작성할 수 있습니다. • 가족·상담원 등 피해자와 신뢰관계에 있는 사람이 조사과정에 참여할 수 있으며, 피해 진술 반복을 최소화하기 위하여 진술녹화 지원을 받으실 수 있습니다. • 변호사를 선임할 수 있으며, 무료 국선변호인 선임도 안내해드립니다.	경찰청
삭제 지원	• 디지털성범죄피해자지원센터(☎02-735-8994/d4u.stop.or.kr)에서 상담을 통해 피해 영상물에 대한 삭제를 지원하고, 재유포 방지를 위하여 24시간 모니터링을 실시하고 있습니다. 법률·의료·수사 지원 연계도 함께 실시하고 있습니다. • 방송통신심의위원회(☎1377)에서 피해 영상물에 대하여 심의 후, 접속을 차단하거나 정보통신사업자에게 삭제 등 시정조치를 명령합니다.	여성 가족부 방송 통신 심의 위원회

심리 지원	▪ 경찰관서별 '피해자 전담요원'을 지정, 다각적인 보호·지원을 해드립니다. ▪ 가해자의 보복이 우려되는 경우 신변보호를 요청할 수 있습니다. ▪ 해바라기센터, 여성긴급전화(☎1336), 성폭력상담소 등에서 피해자에 대한 심리상담을 지원합니다. ▪ 주민번호가 유출되어 범죄 피해를 입거나 입을 우려가 있는 경우, 주민등록번호변경위원회(각 자치단체 주민센터 소속)에 주민등록번호 변경 신청이 가능합니다.	경찰청 여성 가족부 행정 안전부
법률 지원	▪ 경찰과 디지털성범죄피해자지원센터(☎20-735-8994/ d4u.stop.kr)에서 피해 영상물에 대한 증거확보, 채증자료 작성 지원 등 법적 절차에 필요한 상담 및 도움을 받으실 수 있습니다.	경찰청 여성 가족부
경제적 지원	▪ 범죄로 인해 신체·정신적 피해를 입은 경우, 범죄피해자지원센터(☎1577-1295/www.kcva.or.kr)에서 치료비, 긴급 생계비, 학자금 등을 지원합니다. ▪ 성폭력 피해자가 가해자의 보복 우려 등으로 주거지를 옮기는 경우, 국가에서 이전비를 지원합니다.(검찰청 피해자지원실 1577-2584)	법무부
주거 지원	▪ 긴급 주거지원이 필요한 경우 여성긴급전화(☎1366)에서 긴급피난처를 제공합니다. ▪ 주거공간이 필요한 경우 여성긴급전화(☎1366), 성폭력 상담소 등을 통해 그룹홈 형태의 임대주책 입주를 지원받으실 수 있습니다.	여성 가족부

3. 삭제지원

3-1. 삭제지원이란?

① 「성폭력범죄의 처벌 등에 관한 특례법」 제14조 또는 제14조의2에 따른 불법촬영물, 합성 · 편집물, 비동의유포물 및 「아동 · 청소년의 성보호에 관한 법률」 제2조 제5호에 따른 아동 · 청소년성착취물이 온라인상에 유포되었거나 유포된 것으로 의심되는 경우 해당 피해촬영물의 유통이 이루어지지 않도록 하는 지원 조치를 의미합니다.

② 피해 확산 최소화를 위해 지속적인 모니터링, 삭제 요청 및 완료 여부 확인 등의 지원을 제공하고 있습니다.

3-2. 제가 지우고 싶은 영상 · 사진이 있는데, 이것도 삭제지원 대상이 되는지 궁금해요.

① 센터에서 삭제지원하는 피해촬영물이란 '의사에 반하여' 촬영 · 유포 · 합성 · 편집된 '성적' 촬영물 등을 뜻합니다.

삭제지원 대상 피해촬영물	예시
① 아동청소년성착취물 아동 · 청소년이 등장하여 성교 행위, 유사 성교 행위, 신체의 전부 또는 일부를 접촉 · 노출하는 행위,.. 자위 행위 등을 하거나 그 밖의 성적 행위를 하는 내용을 표현하는 것 * 제작방식에 따라 불법촬영물, 합성 · 편집물, 비동의유포물로 유형화할 수 있음	아동 · 청소년에게 요구한 성기 등 신체 촬영물

② 불법촬영물 카메라나 그 밖에 이와 유사한 기능을 갖춘 기계장치를 이용하여 성적 욕망 또는 수치심을 유발할 수 있는 사람의 신체를 촬영대상자의 의사에 반하여 촬영된 경우	몰래 촬영된 성관계 촬영물
	무단으로 녹화·캡쳐된 자위행위 촬영물
③ 합성·편집물 합성·편집물·반포·판매·임대·제공 또는 공공연하게 전시·상영(이하 "반포")할 목적으로 사람의 얼굴·신체 또는 음성을 대상으로 한 촬영물·영상물 또는 음성물(이하 "영상물등")을 영상물등의 대상자의 의사에 반하여 성적 욕망 또는 수치심을 유발할 수 있는 형태로 편집·합성·가공된 경우	얼굴과 음란물이 합성된 촬영물
	얼굴 사진에 성적 모욕글이 자막 형태로 합성된 촬영물
④ 비동의유포물 - 불법촬영물, 합성·편집물 또는 복제물(복제물의 복제물 포함)이 반포된 경우 - 촬영이나 합성·편집 등을 할 당시에는 촬영대상자나 영상물등의 대상자의 의사에 반하지 아니한 경우(자신의 신체를 직접 촬영한 경우 포함)에도 사후에 그 촬영물, 합성·편집물 또는 복제물이 촬영대상자나 영상물등의 대상자의 의사에 반하여 반포된 경우 - 영리를 목적으로 촬영대상자나 영상물등의 대상자의 의사에 반하여 정보통신망을 이용하여 불법촬영물, 합성·편집물 또는 복제물이 반포된 경우	공공장소에서 찍혀 유포된 치마 속 등 신체부위 촬영물
	합의하에 촬영하였으나 나도 모르게 유포된 유사성행위 촬영물
	직접 촬영하여 보냈으나 유포된 성기 사진 촬영물
	모르는 사람의 신체 노출 장면이 얼굴과 합성되어 유포된 촬영물

② 합법적으로 제작·배포된 촬영물, 성적 노출이 없는 기타 촬영물이라면 삭제지원 접수가 제한될 수 있습니다.

③ 지원 대상에 해당하더라도 지원을 신청한 촬영물과 관련한 법률위반행위 또는 지원 신청 후 관련 촬영물을 지속적으로 제작·유통하는 행위가 확인된다면 지원이 중단될 수 있습니다.

④ 단, 미성년 피해자의 경우 위의 제한·중단 사유가 있어도 피해정황 등을 고려하여 폭넓게 지원하고 있으며, 자세한 사항은 상담을 통해 안내받으실 수 있습니다.

3-3. 삭제지원과 유포현황 모니터링 무슨 차이인가요?

① 모니터링이란, 유포 여부를 확인하는 지원으로 삭제지원의 대상이 되는 URL을 찾기 위한 기초 단계이며 삭제지원의 한 형태입니다.

② '유포현황 모니터링'이란 구체적인 URL이 발견되지 않았지만 유포 사실이 의심될 때, 키워드 검색, 센터 내 시스템 등을 활용하여 피해촬영물 유포 여부를 확인하는 것을 의미합니다.

③ 단, '유포현황 모니터링'도 반드시 영상, 사진 형태의 피해촬영물이 확보되어야만 가능합니다.

④ 유포사실이 의심될 때 유포 여부를 확인이 되면 삭제를 진행합니다.

⑤ 모니터링 이후 삭제지원 이미지

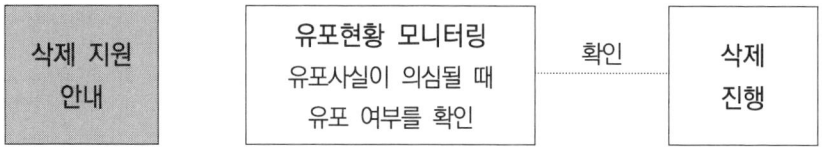

3-4. 삭제지원 흐름도

① 유포된 피해 촬영물이 확보된 경우, 삭제지원에 돌입합니다.

② 유포 현황이 발견되지 않은 경우, 유포 현황 모니터링을 통해 URL이 발견되면 삭제지원에 돌입합니다.

③ 삭제지원은 피해촬영물, 섬네일, 키워드 등 유포 관련 정보 모두를 대상으로 합니다.

④ 플랫폼별로 삭제를 요청하고, 요청이 받아들여지지 않으면 방송통신심의위원회로 차단을 요청합니다.

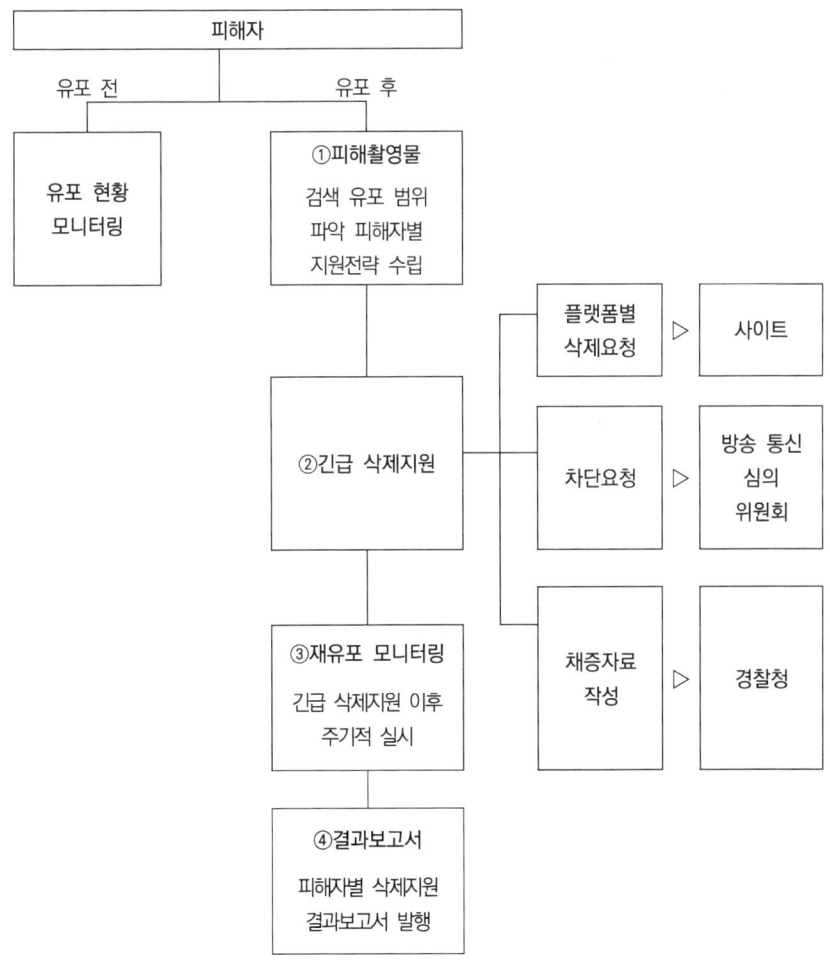

3-5. 삭제지원하는 플랫폼에 대해 알고 싶어요.

① 센터에서는 지원 대상 피해촬영물이 게시된 사이트의 특징에 따라 플랫폼을 분류하여 삭제지원하고 있습니다.

② 플랫폼별로 유포 양상, 지원 방식 등이 다르기 때문에 원활한 피해 경위 파악을 위해서는 이에 대한 이해가 필요합니다.

③ 현재 센터에서 삭제지원하고 있는 플랫폼은 성인사이트, 소셜미디어(SNS), P2P, 웹하드, 검색엔진, 아카이브, 커뮤니티, 스트리밍, 클라우드 등입니다.

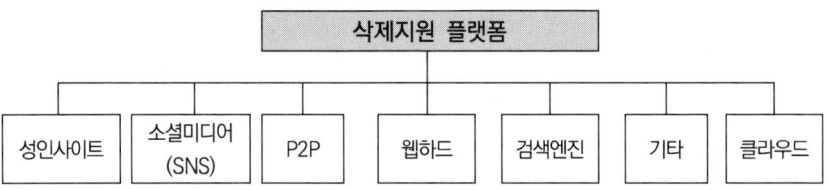

3-6. 디지털 성범죄에 대해 알고 싶어요.

① 디지털성범죄피해자지원센터로 삭제지원 신청을 요청하고 싶은 경우, 먼저 상담을 접수하여 상담원과의 충분한 소통을 통해 삭제지원 접수 가능 여부를 확인해야 합니다.

② 미성년 피해자의 경우 법정대리인(부모)의 동의 없이도 직접 삭제지원 신청이 가능합니다.

③ 이후 온라인 게시판을 통하여 신청 서류 및 피해자료 접수, 결과보고서 조회 기능을 이용하실 수 있습니다. (PC, 모바일 모두 가능)

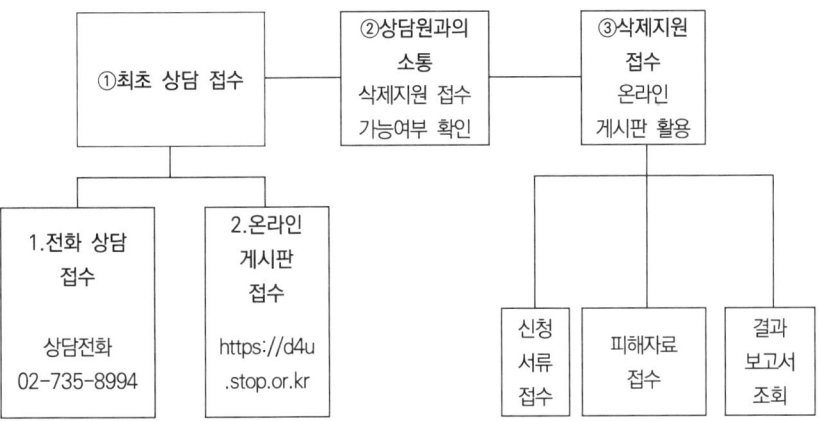

Part 3. 디지털 성범죄에 대한 Q&A

Q. 디지털 성폭력·성범죄란?

A. 디지털 성폭력은 디지털 기기 및 정보통신기술을 매개로 온·오프라인 상에서 발생하는 젠더기반폭력을 폭넓게 지칭하며, 그 중에서도 불법촬영, 비동의유포, 유포협박, 불법합성 등이 현행법상 성범죄로 인정되고 있습니다. 모든 디지털 성폭력이 성범죄로 포괄되어 있지는 않지만, 지속된 법률 제·개정을 통해 점차 사각지대를 줄여가고 있습니다.

Q. 디지털 성범죄 매개물(동의 없이 찍은 사진, 동의 없이 유포한 영상 등)을 다운로드하거나 보는 것도 죄가 되나요?

A. 성폭력처벌법 제14조 제4항에 의거 디지털 성범죄 촬영물 또는 복제물을 소지·구입·저장 또는 시청한 자는 3년 이하의 징역 또는 3천만원 이하의 벌금에 처할 수 있습니다. 다운로드하거나 보는 것 역시 불법촬영, 유포와 마찬가지로 명백한 가해 행위입니다. 피해촬영물 소지·구입·저장·시청이 만연하다면 디지털 성범죄 피해자가 가장 원치 않는 '유포'는 근절될 수 없기 때문입니다.

■ 디지털 성범죄의 유형과 적용 법률은?

Q. 촬영에 합의한 성관계 동영상이 유포되었어요, 디지털 성범죄 피해자인가요?

A. 동의 없이 성적 촬영물이 유포되었다면 디지털 성범죄입니다. 촬영에 대한 동의는 결코 유포에 대한 동의를 포함하지 않기 때문입니다. 촬영 당시에 동의하였더라도 사후에 의사에 반하여 유포한 경우 성폭력처벌법 제14조에 의거하여 처벌할 수 있습니다.

Q. 디지털 성범죄 피해를 입었어요. 어떻게 해야 하나요?

A.

디지털성범죄피해자 지원센터	전화 접수 및 온라인 게시판을 통해 상담 신청 전화 접수 ※상담가능시간: 365일 24시간 디지털성범죄피해자지원센터 ▪ 상담전화 (☎ 02-735-8994) 온라인 상담 게시판 상담 신청 안내 상담 신청
민간기관	한국사이버성폭력대응센터
경찰서 등 수사기관	피해 사실을 입증할 증거를 수집해 신고
방송통신심의위원회	삭제 요청하는 자료를 방송통신심의위원회에 심의요청

Q. 디지털 장의사와 어떻게 다른가요?

A. 여성가족부 산하기관인 디지털성범죄피해자지원센터의 경우 삭제지원 비용이 무료이며, 삭제지원 외의 상담, 성폭력 피해자 지원제도 연계(수사·법률·의료) 등 다양한 지원을 받을 수 있습니다. 또한 경찰청, 방송통신심의위원회 등 유관기관과의 협력, 개인정보·신고 내용의 비밀 보장 및 자료의 보안의 차원에서도 신뢰성을 바탕으로 지원하고 있습니다.

Q. 디지털성범죄피해자지원센터에서 어떤 지원을 받을 수 있나요?

A.

상담지원	관련 문의 응대 / 지원 내용 안내 / 삭제지원 접수 및 상담

삭제지원	피해 촬영물 등 삭제지원 / 유포현황 모니터링 / 삭제지원 결과보고서 조회
연계지원	수사 과정 모니터링 및 채증 자료 작성 지원 / 의료 지원 및 심리 치유 지원 연계 / 무료법률지원 연계

Q. 모든 지원은 무료로 받을 수 있나요?

A. 상담과 삭제지원은 모두 무료로 진행되므로 별도의 비용 지불 절차는 없습니다.

Q. 모든 지원은 비밀이 보장되나요?

A. 상담 및 삭제, 기타 연계 지원 내용에 대한 비밀이 보장됩니다. 상담을 신청할 때 가명을 사용할 수도 있습니다. 단, 추후 가해자 고소 등 법적 절차를 진행할 경우 실명이 필요할 수 있으며, 이는 상황에 따라 안내해 드리겠습니다.

Q. 삭제 지원을 받으려면 무엇이 필요한가요?

A. 전화 접수 또는 온라인 상담 게시판을 통해 상담을 신청하신 뒤 필요한 자료를 제출해주시면 됩니다. 우선 삭제 대상을 파악할 수 있는 정보가 필요합니다. 예를 들면, URL(사이트 내 피해촬영물이 게시된 게시물 등의 구체적인 주소), 영상, 사진 형태의 피해촬영물, 키워드(피해촬영물 특정하는 게시글 제목과 내용 등 검색이 가능한 정보) 등이 있습니다. 이후 신분증과 대리 삭제 동의서 등 기타 구비서류를 작성하여주시면 접수가 완료됩니다.

Q. 삭제 지원을 요청하면 바로 삭제가 되나요?

A. 삭제지원에 필요한 자료를 제출하고 접수가 완료된 시점부터 삭제지원이 가능합니다. 게시글 등이 완전히 삭제될 때까지 소요되는 기

간은 각 플랫폼별로 크게 상이하나, 신속히 삭제될 수 있도록 다양한 지원기관과의 연계를 지속하고 있습니다.

Q. 삭제의 진행 상황을 어떻게 알 수 있나요?
A. 디지털성범죄피해자지원센터에서는 지원 시작 후 한 달 주기로 3개월간 삭제지원 결과보고서 조회가 가능하며 이를 통해 삭제 현황을 확인할 수 있습니다. 3개월 이후에는 1년 주기로 연간결과보고서, 최종결과보고서 조회가 가능합니다.

Q. 지속적으로 지원을 받을 수 있나요?
A. 지원기간에 제한을 두고 있지 않습니다. 삭제지원의 경우 기본적으로 3년 간 지원을 받으실 수 있지만 이후 연장할 수 있습니다.

Q. 가해자가 누군지 모르는데 신고할 수 있나요?
A. 가해자를 특정할 수 없는 경우, 가해자를 유추할 수 있는 최소한의 정보(유포 시기, 유포 ID 등) 확보가 필요합니다. 가해자의 신원을 파악하기 어렵더라도 삭제지원에 필요한 근거자료가 수집된 경우 디지털성범죄피해자지원센터에서 상담 및 삭제지원을 받을 수 있습니다.

Q. 꼭 가해자를 신고해야 하나요?
A. 가해자 신고는 필수사항이 아니며, 피해자의 상황과 사정에 따라 가해자 신고 없이도 상담 및 삭제지원을 받을 수 있습니다. 다만 가해자 신고가 이루어질 경우, 각종 지원 과정에서 보다 원활한 지원이 가능합니다.

Q. 완벽한 삭제가 가능한가요?
A. 촬영물 및 게시글 내용, 플랫폼의 성격에 따라 완전한 삭제지원이 어려운 경우가 발생할 수 있습니다. 완전히 삭제되었더라도 언제든

지 다시 유포될 수 있는 것이 디지털 성폭력의 특성인 만큼 지속적인 모니터링이 필요합니다.

Q. 아주 오래전에 피해를 입었어요. 그래도 신고가 될까요?

A. 디지털 성범죄의 특성상 피해 발생 시점이 명확하지 않은 경우가 많습니다. 우선 피해 유형 및 발생 시점에 따른 공소시효를 확인해보아야 하며, 피해 발생 장소나 가해자를 특정할 수 있는지 여부도 중요할 수 있습니다. 만일 공소시효가 지나 신고가 불가능하더라도 디지털성범죄피해자지원센터에서 상담 및 삭제지원을 받을 수 있습니다.

Q. 신고하면 유포하겠다고 협박하는데 어떡하죠?

A. 성폭력처벌법 제14조의3에 의거 디지털 성범죄 촬영물 또는 복제물을 이용하여 사람을 협박한 자는 1년 이상의 유기징역에 처할 수 있습니다. 유포협박은 제2, 제3의 가해로 이어질 가능성이 높으므로 즉각적인 조치가 필요합니다. 디지털성범죄피해자지원센터, 성폭력상담소 등 관련 기관의 조력을 받아 경찰 신고를 하되, 가해자와 직접 만나거나 신고 사실을 알리는 것은 지양해야 합니다.

Q. 가해자가 가족이어서 집을 나왔는데 당장 갈 곳이 없어요, 어떡하죠?

A. 여성 긴급전화 1366, 피해자지원기관 연계를 통하여 보호시설에서 생활할 수 있습니다. 이외에도 무료 법률·의료지원 등을 받을 수 있습니다.

Q. 과거에 유포한 가해자를 신고하고 영상(사진)을 삭제했는데, 또 유포되었어요.

A. 디지털 성범죄는 사이버 공간을 매개로 하기 때문에 피해가 재발생, 재확산되는 경우가 많습니다. 디지털성범죄피해자지원센터는 재유포 피해 또한 지원하고 있으며, 최초유포와 동일한 지원을 받을 수 있습니다.

Part 4. 피해유형별 정보 제공

1. 아동·청소년성착취 대응

1-1. 자녀소통

① 청소년기에는 친밀감을 추구하고 호기심이 왕성한 시기임을 이해해주세요.

② 아이는 자책감과 불안이 높아도 겉으로는 무덤덤하게 행동 할 수 있어요.
 - 말할 수 있는 부드러운 환경, 부모님의 공감과 경청이 필요합니다.

③ 아이에게 왜 그랬냐며 책망하지 마세요! 앞으로 어려운 일이 생길 때 입을 닫을 수 있습니다.

④ 사람을 믿은 네가 나쁜 것이 아니라 그 마음을 이용한 가해자가 나쁜 것이라고 분명히 말해주세요.

⑤ 아이가 부모에게 사실대로 털어놓으면 말해 준 것에 고마움을 표현하고 안아주세요.

⑥ 이제부터 우리(부모)가 알아서 할 테니 넌 걱정하지 말라고 이야기해주세요.

⑦ 일을 처리하는 과정에서 힘들다는 표현을 하지 마세요. 아이의 죄책감이 커질 수 있습니다.

⑧ 협박에 시달렸을 아이를 위해 전문 상담이 필요한지 아이와 상의해주세요.
 - 피해자인 아이가 스스로 결정할 수 있도록 배려가 필요합니다.

⑨ 디지털 매체를 금지하는 것은 아이가 살아갈 세상과 적합하지 않아요.

⑩ 디지털 성범죄와 관련한 다양한 정보를 통해 부모와 자녀가 함께

대비하시길 권해드립니다.

1-2. 신고안내

① SNS로 보낸 신체 사진을 유포하겠다는 협박 : 협박 내용 캡처 후 수사기관 신고(ecrm.police.go.kr)

② SNS에서 성적인 영상을 봤을 때 : '신고', '스팸' 누르기, 다른 곳에 게시하지 않기

③ 내 얼굴에 다른 사람의 몸을 합성한 음란물을 올렸을 때 : 수사기관 신고

④ 단톡방에 원하지 않는 야한 사진을 자꾸 올리는 친구 : 학교폭력 신고 가능

⑤ 성적인 욕설, 몸 사진 영상을 받았을 때 : 대화 중단하고 차단 및 수사기관 신고(ecrm.police.go.kr)

⑥ 몸 사진 전송을 요구받았을 때 : 대화 중단하고 차단

⑦ 피해촬영물 유포 모니터링 및 삭제 지원 : 디지털성범죄피해자지원센터(d4u.stop.or.kr)

2. 유포 불안

2-1. 마음 챙김 및 대처방법

① 과도한 불안에는 즉각 호흡법으로 이완하세요. 천천히 깊이 호흡합니다.
   - 특히, 숨을 내쉴 때 마지막까지 집중해서 내뱉고, 잠시 기다렸다가 다시 숨을 들이쉬면 더 효과적입니다.

② 길고 어려운 싸움을 시작했습니다. 이 시기에 스스로를 향한 비난은 어떤 도움도 되지 않아요.
   - 나를 소진시켜 견딜 수 없게 만들 뿐입니다. 외로운 싸움에 자신의 편이 되어주세요. 자기자비가 필요합니다.

③ 자기자비란 자신에게 친절하게 대하며, 스스로의 고통을 이해하고 안아주는 것입니다.
   - 사건 이후로 나 자신에게 실망하여 나를 비난하는 말이 있지 않나요?

④ 자기비난의 목소리가 있었다면 이제 자기자비의 말로 바꿔주세요.
   - "나는 너를 사랑하고 네가 괴롭지 않기를 바라."

⑤ 디지털성범죄 이후 자신을 드러내는 것에 공포가 있을 수 있어요. 자칫 혼자 고립될 수 있습니다.
   - 위안이 되는 물건을 찾아 옆에 두세요. 인형, 사진, 사랑하는 사람이나 동물 모두 좋아요.
   - 그래도 힘들 때는 상담사, 정신건강 전문가도 좋은 조력자가 될 수 있습니다.

⑥ 잘 못 먹고 못 자거나, 죽고 싶은 생각이 든다던가, 갑자기 숨을 쉬기 어렵고, 죽을 것 같은 느낌이 드는 등 혼자 대처하기 버거운 어려움이 있다면 언제든 연락해주세요(02-735-8994).

⑦ 혼자서 따라 해보면 심리안정에 도움이 됩니다.
  디지털 성폭력 피해 치유·회복 프로그램
  (https://d4u.stop.or.kr/healing_program)

2-2. 신고안내

가해자가 협박하는 문자 메시지, 통화 내용 녹취 등 증거를 모아 경찰서에 신고(국번없이 182)

상대방이 협박하는 피해촬영물 원본이 있다면 디지털성범죄피해자지원센터(02-735-8994)로 연락해 유포 모니터링 및 삭제 지원 접수

2-3. 피해 지원

- 디지털성범죄피해자지원센터(d4u.stop.or.kr)

- 방송통신심의위원회-디지털성범죄신고(www.kocsc.or.kr)

- 디지털성범죄 특화상담소(전국 14개소) : 심층 상담, 수사기관·법원 동행, 법률·의료 연계 등 맞춤형지원

3. 비동의 유포

3-1. 마음 챙김 및 대처방법

① 과도한 불안에는 즉각 호흡법으로 이완하세요. 천천히 깊이 호흡합니다.
   - 특히, 숨을 내쉴 때 마지막까지 집중해서 내뱉고, 잠시 기다렸다가 다시 숨을 들이쉬면 더 효과적입니다.

② 걱정이 꼬리를 물 땐 멈추고 싶어도 통제가 되지 않죠? 생각은 통제할 수 없어요.
   - 그저 '아! 내가 또 그 생각을 하고 있구나'라고 알아차려 봅니다. '나는 왜 이러지?' 비난이 따라붙으면 '아! 내가 나를 비난하고 있네'라고 알아차립니다.
   - 그저 내 생각을 알아차리는 것, 그것이면 됩니다.

③ 생각을 알아차렸다면 다른 활동으로 넘어가세요. 가볍게 몸을 움직이는 것, 그 자리를 잠시 떠나는 것, 주변을 정리하는 것도 좋습니다.
   - 그러다 또 생각으로 빠지면 '내가 또 그 생각을 하고 있구나'를 알아차리고 다시 다른 활동을 하면 됩니다.

④ 길고 어려운 싸움을 시작했습니다. 이 시기에 스스로를 향한 비난은 어떤 도움도 되지 않아요.
   - 나를 소진시켜 견딜 수 없게 만들 뿐입니다. 외로운 싸움에 자신의 편이 되어주세요.
   - '네가 괴롭지 않기를 바라', '나는 언제나 네 곁에 있어!' 이렇게 자신에게 말해주세요.

⑤ 피해촬영물을 찾아보지는 않으시나요? 나에게 어떤 도움이 되고 있나요?
   - STOP! 스스로 들어가지 마세요. 조회수만 올라갈 뿐 어떠한

도움도 되지 않습니다.

⑥ 지인이 알아보고 연락이 오면 꼭 반응할 필요는 없습니다. 진심으로 나에 대한 염려로 묻는 것인지, 단지 그의 궁금함으로 묻는 것인지 곰곰이 생각해 보세요.

⑦ 잘 못 먹고 못 자거나, 죽고 싶은 생각이 든다던가, 갑자기 숨을 쉬기 어렵고, 죽을 것 같은 느낌이 드는 등 혼자 대처하기 버거운 어려움이 있다면 언제든 연락해주세요(02-735-8994).

⑧ 혼자서 따라 해보면 심리안정에 도움이 됩니다.
디지털 성폭력 피해 치유·회복 프로그램
(https://d4u.stop.or.kr/healing_program)

3-2. 피해 지원

① 유포 모니터링 및 삭제 지원 : 디지털성범죄피해자지원센터
(https://d4u.stop.or.kr, 02-735-8994)

② 피해촬영물이 불법 포르노사이트에 유포 : 방송통신심의위원회
(www.kocsc.or.kr)

③ 피해촬영물이 SNS에 유포 : 해당 SNS의 신고 창구를 통해 삭제 요청

④ 디지털성범죄 특화상담소(전국 14개소) : 심층 상담, 수사기관·법원 동행, 법률·의료 연계 등 맞춤형지원

4. 몸캠피싱

4-1. 합리적 판단

① 여러분은 모르는 사람에게 문자를 받으면 링크를 확인하시나요?

② 대부분의 사람들은 모르는 문자는 잘 보지도 않거나 봤더라도 링크에 접속하지 않습니다.

③ 가해자가 '분'단위로 해오는 협박! 모든 사람이 내 영상을 보게 될 것이라는 수치심!

④ STOP! 휘둘리지 마세요.

⑤ 돈을 보내서 상황을 끝내고 싶은 생각, 문자를 확인하고 싶은 마음, 모두 심호흡으로 가라앉히세요.

⑥ 가해자와 차단하고 무대응하면 상황은 커지지 않아요.

⑦ 협박은 가해자의 요구를 들어줄 때 더 강하게 가해질 수 있습니다. 삭제해준다는 말에 그들의 지시를 따르게 되면 당신도 곧 가해자가 될 수 있습니다.

⑧ 피해가 발생한 것은 되돌릴 수 없는 일임을 인정하세요.

⑨ 마음을 굳게 먹고 앞으로 대응 및 사태 수습에만 집중하세요.

⑩ 며칠 내로 상황이 끝날 수 있음을 믿고 반복해서 크게 심호흡하세요!

4-2. 대처 안내

① 가장 중요한 원칙은 절대 송금하지 말고 무대응하는 것입니다.
  - 가해자에게 송금하면 유포협박이 끝나는 것이 아닌 더 큰 돈을 요구할 수 있습니다. 피해를 최소화하기 위해 절대 송금하지 마세요.

② 가해자가 피해자분께 더 이상 연락을 취할 수 없도록 조치합니다.

- 대화에 사용한 어플의 계정 차단 및 삭제, 전화번호 변경, 휴대전화 공장초기화 등
③ 상대방의 협박 증거를 캡처하여 가까운 경찰서에 신고하세요.
  - 증거자료를 확보하지 못하여도 당장 경찰서에 방문하거나 사이버수사팀(182)에 도움을 요청할 수 있습니다.
  - 가해자에게 송금했다면 송금한 은행에서 상대방 계좌번호가 찍힌 이체결과확인서를 지참하여 신고하세요.
④ 지인들에게 유포될까 걱정이시라면 휴대폰을 해킹당해 협박받고 있으니 모르는 사람이 보낸 메시지나 파일을 열어보지 말라는 문자를 보내시는 것도 도움이 됩니다.

4-3. 신고 안내

- 경찰청 사이버 수사국 안전Dream 성범죄 신고 : 국번없이 182 or www.safe182.go.kr
- 사이버범죄 신고시스템(ECRM) : ecrm.police.go.kr
- 금융감독원 (국번없이 1332→ 3번(불법사금융피해신고))

제3장
디지털 성범죄 알아보기

Part 1. 디지털 성범죄의 뜻과 현황

1. "디지털 성범죄"란?

1-1. 디지털 성범죄의 뜻

카메라 등 디지털 기기를 이용해 상대방의 동의 없이 신체 일부나 성적인 장면을 불법 촬영하거나, 불법촬영물 등을 유포·유포 협박·저장·전시 또는 유통·소비하는 행위 및 사이버 공간에서 타인의 성적 자율권과 인격권을 침해하는 행위를 모두 포괄하는 성범죄를 의미합니다 [〈대한민국 정책브리핑 정책위키 디지털 성범죄〉 및 「아동·청소년의 성보호에 관한 법률」 제25조의2 제1항 참조].

① (불법 촬영) 치마 속, 뒷모습, 전신, 얼굴, 나체 등, 용변보는 행위, 성행위

② (비동의 유포, 재유포) 웹하드, 포르노 사이트, SNS 등에 업로드, 단톡방에 유포

③ (유통, 공유) 웹하드, 포르노 사이트, SNS 등의 사업자 및 이용자

④ (유포 협박) 가족, 지인에게 유포하겠다는 협박, 이별 후 재회를 요구하며 협박, 유포 협박으로 금전 요구 등

⑤ (사진합성) 피해자의 일상적 사진을 성적인 사진과 합성 후 유포 (지인능욕)

⑥ (성적 괴롭힘) 사이버 공간 내에서 성적 내용을 포함한 명예훼손이나 모욕 등의 행위

1-2. "디지털 성범죄물"의 범위

① 변형카메라 이용 불법촬영물, ② 합성·편집물(딥페이크 등), ③ 아동·청소년이용음란물(협박, 강요, 그루밍 등에 의한 촬영물 포함), ④

당사자 동의 없이 유포한 영상물 등 포괄

1-3. 디지털 성범죄의 유형

구 분	예 시
불법 촬영	▪ 신체의 일부(치마 속, 뒷모습, 전신, 얼굴, 나체 등)나 특정 행위(용변 보는 행위, 성행위 등)를 촬영 - 공공 화장실에 이상한 휴지뭉치가 있길래 확인해보니 카메라가 설치되어 있었어요. - 애인과 숙박업소에서 자고 있는데 무언가 반짝여서 보니 카메라였어요.
유포·재유포	▪ 동의하에 촬영한 성적인 촬영물, 동의 없이 촬영한 성적인 촬영물을 단체대화방, SNS, 성인사이트, 커뮤니티 등에 동의 없이 유포 - 인터넷 커뮤니티에 저 모르게 촬영된 제 사진이 올라왔어요. - 헤어진 연인과 찍었던 성적 촬영물이 성인사이트에 올라간 것을 알게 됐어요. - 모델 아르바이트를 하며 찍은 노출사진이 계약서와 다르게 외부에 유출 되었어요.
유포 협박	▪ 성적 촬영물을 유포하겠다는 협박 - 헤어진 남자친구가 재회를 요구하며 성관계 동영상을 저의 가족, 지인들에게 유포하겠다고 말해요. - 저의 사진을 유포하겠다며 금전, 또 다른 촬영물을 요구해요.
허위 영상물 제작 및 유포·재유포	▪ 음란물에 유명인이나 일반인의 얼굴을 합성·편집 ▪ 피해자의 일상적 사진을 성적인 사진과 합성 후 유포
소지·구입· 저장·시청	▪ 불법촬영·유포물을 다운로드하거나 시청함
유통·소비	▪ 성인 사이트 등 플랫폼 사업자 및 이용자, 피해를 확산시키는 재유포자 ▪ 영리 목적으로 불법촬영물의 유포 방조·협력 및 공유 등의 방식으로 소비

아동·청소년 대상 성착취·그루밍	▪ 미성년 피해자가 스스로 촬영하여 전송해 준 촬영물 유포를 협박의 수단으로 삼아 좀 더 높은 수위의 촬영물을 요구 ▪ 취약한 상황에 처한 피해자에게 접근해 성적 대화를 반복하거나 친밀감을 쌓은 뒤 성적 행위를 하도록 유인
성적 괴롭힘	▪ 사이버 공간 내에서 성적 내용을 포함한 명예훼손 또는 모욕 ▪ 원치 않는 성적 이미지나 영상(링크) 제공 ▪ SNS, 단톡방 등에서 성희롱(성적인 내용의 글을 담아 피해자의 일상 사진을 게시)

1-4. 『디지털 성범죄』 용어의 사용 및 범위〕

① 디지털 성범죄는 '사이버 성범죄', '온라인 성폭력' 및 '디지털 성폭력'과 혼용되어 사용되기도 하고, 특정 행위를 일컫는 '불법촬영', '리벤지 포르노' 등과 혼용되어 사용되고 있습니다.

② 한편 디지털 성범죄는 '데이트 폭력', '스토킹' 등 오프라인 공간에서 발생하는 성적 폭력과 연속선상에 있기도 합니다.

③ 이 파트에서는 디지털 기기 및 정보통신기술을 매개로 온·오프라인상에서 발생하는 젠더 기반 폭력을 폭넓게 지칭하여 "디지털 성범죄"로 용어를 통일하여 사용합니다.

④ 이 파트는 현재 범죄로 규정된 디지털 성범죄의 유형, 적용 법률 및 처벌규정 등 법령정보를 제공합니다.

2. 디지털 성범죄의 특징 및 현황

2-1. 디지털 성범죄의 특징

① 불법정보의 확장성
　디지털 기술은 이미지의 유포·합성·소비의 가능성을 무한대로 확장시키기 때문에 디지털 성범죄는 피해와 가해의 구도가 1대 다수를 이루고, 생산자와 소비자의 경계가 불분명해진 특징이 있습니다.

② 범죄의 지속성·반복성
　전통적 유형의 성범죄들과 결합해 범죄가 지속되거나 반복·확대되고, 아래와 같은 특징으로 인해 피해·가해의 규모가 증가하고 있습니다.
- 행위자들의 불법성 인식이 낮아 위법행위가 널리 발생함
- 항상성, 복제가능성, 변형가능성, 확산성 등 디지털 콘텐츠의 특성으로 인해 디지털 이미지를 이용한 피해는 무한히 확대될 위험이 있음
- 공간의 익명성, 플랫폼의 보안성 등으로 증거 수집이 어렵고 은폐가 용이함
- 아동·청소년, 지적장애인 등 피해자의 취약성을 이용한 범죄가 수월하게 발생하지만 그 발견이 어렵고, 성인 여성의 피해는 상대적으로 사소화됨

2-2. 디지털 성범죄 피해 현황

① 디지털 기술이 발전함에 따라 온라인 공간을 매개로 하여 디지털 콘텐츠를 이용하는 디지털 성범죄는 그 피해·가해 규모가 점차 확장되고 있습니다.

② 또한 사진이나 영상의 가공·합성 프로그램 보급이 확산하고 그 영상물의 유포·재유포 등을 용이하게 실행할 수 있는 온라인 환경이 조성되면서 카메라 등 이용촬영, 영상물 합성 및 유포 등의 성범죄가 급격히 증가하고 있습니다.

③ 피해 유형별 현황
디지털 성범죄 피해자 지원센터에 접수되는 디지털 성범죄 피해 발생 건수는 매년 늘어나고 있으며, 지난 2023년 피해 유형 중에는 유포불안이 4,566건(31.3%)으로 가장 많았고, 다음으로 불법촬영 2,927건(20.1%), 유포 2,717건(18.7%), 유포협박 2,664건(18.3%) 순으로 나타났습니다.

2-3. 피해 유형별 예시

피해 유형별 예시는 다음과 같습니다.

① 유포 : 상대방의 동의하에/동의없이 촬영된 성적 촬영물을 상대방의 동의 없이 유포한 경우 등

② 불법촬영 : 화장실, 탈의실 등에 초소형 카메라를 설치하여 상대방의 가슴, 성기 부위 등의 신체를 몰래 촬영한 경우 등

③ 유포협박 : 동의/비동의 성적 촬영물을 상대방의 의사에 반해 유포하겠다고 협박한 경우 등

④ 유포불안 : 불법촬영 피해 또는 성적 촬영물 유포에 대한 불안을 겪는 경우 등

⑤ 편집·합성 : 상대방의 일상 사진 등 일반 촬영물을 성적 불쾌감을 유발할 수 있는 형태로 합성, 편집한 경우 등

⑥ 사이버 괴롭힘 : 휴대폰 등 통신매체를 통해 상대방이 원치 않는 성희롱을 하거나 성적 촬영물을 일방적으로 전송한 경우 등

Part 2. 디지털 성범죄의 유형 및 가해자 처벌

1. 촬영물 이용

1-1. 카메라 등 이용 불법촬영의 금지

① "카메라 등 이용 불법촬영"이란 카메라나 그 밖에 이와 유사한 기능을 갖춘 기계장치를 이용해 성적 욕망 또는 수치심을 유발할 수 있는 사람의 신체를 촬영대상자의 의사에 반해 촬영(이하 "불법촬영"이라 함)하는 행위(이하 "카메라 등 이용 촬영죄"라 함)를 말합니다(「성폭력범죄의 처벌 등에 관한 특례법」 제14조 제1항 참조).

② 불법촬영한 부위가 "성적 욕망 또는 수치심을 유발할 수 있는 사람의 신체"에 해당하는지 여부는 객관적으로 피해자와 같은 성별, 연령대의 일반적이고도 평균적인 사람들의 입장에서 성적 욕망 또는 수치심을 유발할 수 있는 신체에 해당되는지 여부를 고려함과 아울러, 해당 피해자의 옷차림, 노출의 정도 등은 물론, 촬영자의 의도와 촬영에 이르게 된 경위, 촬영장소와 촬영 각도 및 촬영 거리, 촬영된 원판의 이미지, 특정 신체부위의 부각 여부 등을 종합적으로 고려해 구체적·개별적·상대적으로 판단합니다(대법원 2014. 7. 24. 선고 2014도6309 판결 참조).

③ 이를 위반하여 카메라 등을 이용해 불법촬영을 한 자는 7년 이하의 징역 또는 5천만원 이하의 벌금에 처해집니다(「성폭력범죄의 처벌 등에 관한 특례법」 제14조 제1항).

④ 상습으로 카메라 등 이용 촬영죄를 범한 때에는 형의 2분의 1까지 가중하며, 카메라 등 이용 촬영죄의 미수범도 처벌합니다(「성폭력범죄의 처벌 등에 관한 특례법」 제14조 제5항 및 제15조).

■ **관련판례 「성폭력범죄의 처벌 등에 관한 특례법」상 촬영의 의미와 실행의 착수 시기**

(대법원 2021. 8. 12. 선고 2021도7035 판결)

「성폭력범죄의 처벌 등에 관한 특례법」 위반(카메라등이용촬영)죄는 카메라 등을 이용해 성적 욕망 또는 수치심을 유발할 수 있는 타인의 신체를 그 의사에 반해 촬영함으로써 성립하는 범죄이고, 여기서 '촬영'이란 카메라나 그 밖에 이와 유사한 기능을 갖춘 기계장치 속에 들어 있는 필름이나 저장장치에 피사체에 대한 영상정보를 입력하는 행위를 의미합니다.

카메라 기능이 설치된 휴대전화를 피해자의 치마 밑으로 들이밀거나, 피해자가 용변을 보고 있는 화장실 칸 밑 공간 사이로 집어넣는 등 카메라 등 이용 촬영 범행에 밀접한 행위를 개시한 경우에는 카메라 등 이용 촬영죄의 실행에 착수했다고 볼 수 있습니다.

따라서 대법원은 편의점에서 카메라 기능이 설치된 휴대전화를 손에 쥔 채 치마를 입은 피해자들을 향해 쪼그려 앉아 피해자의 치마 안쪽을 비추는 등의 행위에 대해 카메라 등 이용 촬영죄의 실행의 착수를 인정하였습니다.

1-2. 촬영물 유포·재유포

1-2-1. 「성폭력범죄의 처벌 등에 관한 특례법」상 촬영물 유포·재유포의 금지

① 카메라 등 이용 촬영물 또는 복제물(복제물의 복제물을 포함함. 이하 같음)을 촬영대상자의 의사에 반해 반포·판매·임대·제공 또는 공공연하게 전시·상영(이하 "반포 등"이라 함)한 자 또는 그 촬영이 촬영 당시에는 촬영대상자의 의사에 반하지 않은 경우(자신의 신체를 직접 촬영한 경우를 포함함)에도 사후에 그 촬영물

또는 복제물을 촬영대상자의 의사에 반해 반포 등을 한 자는 7년 이하의 징역 또는 5천만원 이하의 벌금에 처해집니다(「성폭력범죄의 처벌 등에 관한 특례법」 제14조 제2항).

② 상습으로 촬영물을 반포 등을 한 때에는 형의 2분의 1까지 가중하며, 촬영물 유포의 미수범도 처벌합니다(「성폭력범죄의 처벌 등에 관한 특례법」 제14조 제5항 및 제15조).

③ 영리를 목적으로 촬영대상자의 의사에 반해 정보통신망을 이용해 촬영물을 반포 등을 한 자는 3년 이상의 유기징역에 처해집니다. 이 경우에도 상습으로 촬영물을 유포한 때에는 형의 2분의 1까지 가중하며, 미수범도 처벌합니다(「성폭력범죄의 처벌 등에 관한 특례법」 제14조 제3항, 제5항 및 제15조).

④ 촬영물의 유포행위를 한 자는 반드시 촬영물을 촬영한 자와 동일인이어야 하는 것은 아니고, 그 촬영물은 누가 촬영한 것인지를 묻지 않습니다(대법원 2016. 10. 13. 선고 2016도6172 판결 참조).

■ **관련판례 촬영물 유포행위를 처벌하는 취지 등에 관한 판례**

(대법원 2018. 8. 1. 선고 2018도1481 판결 및 대법원 2016. 12. 27. 선고 2016도16676 판결 참조)

「성폭력범죄의 처벌 등에 관한 특례법」에서 촬영행위뿐만 아니라 촬영물을 반포·판매·임대·제공 또는 공공연하게 전시·상영하는 행위까지 처벌하는 것은, 성적 욕망 또는 수치심을 유발할 수 있는 신체를 촬영한 촬영물이 인터넷 등 정보통신망을 통해 급속도로 광범위하게 유포됨으로써 피해자에게 엄청난 피해와 고통을 초래하는 사회적 문제를 감안하여, 죄책이나 비난가능성이 촬영행위 못지않게 크다고 할 수 있는 촬영물의 유포행위를 한 자를 촬영자와 동일하게 처벌하기 위함입니다.

여기에서 '반포'는 불특정 또는 다수인에게 무상으로 내주는 것을 말하고, 계속적·반복적으로 전달하여 불특정 또는 다수인에게 반포하려는 의사를 가지고 있다면 특정한 1인 또는 소수의 사람에게 내주는 것도 반포에 해당할 수 있습니다.

한편 '반포'와 별도로 열거된 '제공'은 '반포'에 이르지 않는 무상으로 내주는 행위를 말하며, '반포'할 의사 없이 특정한 1인 또는 소수의 사람에게 무상으로 내주는 것을 의미합니다.

1-2-2. 「정보통신망 이용촉진 및 정보보호 등에 관한 법률」상 불법 정보의 유통 금지

누구든지 정보통신망을 통해 다음에 해당하는 정보를 유통해서는 안 됩니다(「정보통신망 이용촉진 및 정보보호 등에 관한 법률」 제44조의7 제1항).

① 음란물에 해당하는 정보
- 음란한 부호·문언·음향·화상 또는 영상을 배포·판매·임대하거나 공공연하게 전시하는 내용의 정보(규제「정보통신망 이용촉진 및 정보보호 등에 관한 법률」 제44조의7 제1항 제1호)
- 이를 위반하여 음란한 부호·문언·음향·화상 또는 영상을 배포·판매·임대하거나 공공연하게 전시한 자는 1년 이하의 징역 또는 1천만원 이하의 벌금에 처해집니다(「정보통신망 이용촉진 및 정보보호 등에 관한 법률」 제74조제1항 제2호).

② 사람의 명예를 훼손하는 내용의 정보
- 사람을 비방할 목적으로 공공연하게 사실이나 거짓의 사실을 드러내어 타인의 명예를 훼손하는 내용의 정보(규제「정보통신망 이용촉진 및 정보보호 등에 관한 법률」 제44조의7 제1항 제2호)

③ 개인정보 침해에 해당하는 정보
- 「정보통신망 이용촉진 및 정보보호 등에 관한 법률」 또는 개인정보 보호에 관한 법령을 위반하여 개인정보를 거래하는 내용의 정보(「정보통신망 이용촉진 및 정보보호 등에 관한 법률」 제44조의7 제1항 제6호의2)

④ 디지털 성범죄를 목적으로 하는 등의 내용의 정보(카메라 등 이용 촬영물 등) 등
- 그 밖에 범죄를 목적으로 하거나 교사(敎唆) 또는 방조하는 내용의 정보(규제「정보통신망 이용촉진 및 정보보호 등에 관한 법률」제44조의7제1항제9호)

1-3. 촬영물 유포 협박·강요

1-3-1. 「성폭력범죄의 처벌 등에 관한 특례법」상 성적 촬영물 이용 협박·강요의 금지

① "성적 촬영물"이란 성적 욕망 또는 수치심을 유발할 수 있는 촬영물 또는 복제물(복제물의 복제물을 포함함. 이하 "성적 촬영물"이라 함)을 말합니다(「성폭력범죄의 처벌 등에 관한 특례법」제14조의3 제1항 참조).

② 성적 촬영물을 이용해 사람을 협박한 때(이하 "촬영물 이용 협박죄"라 함)에는 1년 이상의 유기징역에 처해집니다(「성폭력범죄의 처벌 등에 관한 특례법」제14조의3 제1항).

③ 성적 촬영물을 이용한 협박으로 사람의 권리행사를 방해하거나 의무 없는 일을 하게 한 때(이하 "촬영물 이용 강요죄"라 함)에는 3년 이상의 유기징역에 처해집니다(「성폭력범죄의 처벌 등에 관한 특례법」제14조의3 제2항).

④ 상습으로 촬영물 이용 협박죄·강요죄를 범한 경우에는 그 죄에 정한 형의 2분의 1까지 가중합니다(「성폭력범죄의 처벌 등에 관한 특례법」제14조의3 제3항).

⑤ 촬영물 이용 협박죄·강요죄의 미수범도 처벌합니다(「성폭력범죄의 처벌 등에 관한 특례법」제15조).

1-3-2. 「형법」상 협박·강요의 금지

① 성적 촬영물을 이용해 사람을 협박한 경우, 그 협박으로 사람의 권리행사를 방해하거나 의무 없는 일을 하게 한 경우에는 「성폭력범죄의 처벌 등에 관한 특례법」뿐만 아니라 「형법」상 금지행위에도 해당합니다.

② 사람을 협박한 때(이하 "협박죄"라 함)에는 3년 이하의 징역, 500만원 이하의 벌금, 구류 또는 과료에 처해집니다(「형법」 제283조 제1항).

③ 협박죄는 피해자의 명시한 의사에 반해 공소를 제기할 수 없습니다(「형법」 제283조 제3항).

④ 상습으로 협박죄를 범한 때에는 형의 2분의 1까지 가중하며, 협박죄의 미수범도 처벌합니다(「형법」 제285조 및 제286조).

⑤ 폭행 또는 협박으로 사람의 권리행사를 방해하거나 의무 없는 일을 하게 한 때(이하 "강요죄"라 함)에는 5년 이하의 징역 또는 3천만원 이하의 벌금에 처해집니다(「형법」 제324조 제1항).

⑥ 강요죄의 미수범도 처벌합니다(「형법」 제324조의5).

1-3-3. Q&A

■ 헤어진 남자친구와 함께 찍은 성관계 동영상이 저도 모르게 유포되었을 경우에, 촬영 시 동의했으니 저의 잘못인가요?

Q. 헤어진 남자친구와 함께 찍은 성관계 동영상이 저도 모르게 유포되었어요. 디지털 성범죄 피해가 맞나요? 제가 당시에 촬영 사실에 동의했으니 저의 잘못인가요?

A. 동의 없이 성적 촬영물이 유포되었다면 디지털 성범죄에 해당합니다. '촬영'에 대해 동의했더라도 '유포'에 대한 동의를 포함하지 않으므로, 처벌할 수 있습니다.

◇ **디지털성범죄의 개념**

카메라 등 디지털 기기를 이용해 상대방의 동의 없이 신체 일부나 성적인 장면을 불법 촬영하거나, 불법촬영물 등을 유포·유포 협박·저장·전시 또는 유통·소비하는 행위 등은 디지털 성범죄에 해당합니다.

◇ **카메라 등을 이용한 촬영 및 유포행위 처벌**

① 카메라나 그 밖에 이와 유사한 기능을 갖춘 기계장치를 이용하여 성적 욕망 또는 수치심을 유발할 수 있는 사람의 신체를 촬영대상자의 의사에 반해 촬영한 자는 7년 이하의 징역 또는 5천만원 이하의 벌금에 처해집니다.

② 이러한 촬영물 또는 복제물(복제물의 복제물을 포함함. 이하 같음)을 촬영대상자의 의사에 반해 반포·판매·임대·제공 또는 공공연하게 전시·상영(이하 "반포 등"이라 함) 한 자 또는 위의 촬영이 촬영 당시에는 촬영대상자의 의사에 반하지 않은 경우(자신의 신체를 직접 촬영한 경우를 포함)에도 사후에 그 촬영물 또는 복제물을 촬영대상자의 의사에 반하여 반포 등을 한 자는 7년 이하의 징역 또는 5천만원 이하의 벌금에 처해집니다.

■ **관련판례**

① **대법원 2016. 12. 27. 선고 2016도16676 판결**

[판시사항]

성폭력범죄의 처벌 등에 관한 특례법 제14조 제2항에서 정한 '반포'와 '제공'의 의미 및 반포할 의사 없이 특정한 1인 또는 소수의 사람에게 무상으로 교부하는 것이 '제공'에 해당하는지 여부(적극)

[판결요지]

성폭력범죄의 처벌 등에 관한 특례법 제14조 제2항은 카메라나 그 밖에 이와 유사한 기능을 갖춘 기계장치를 이용하여 성적 욕망 또는 수치심을 유발할 수 있는 다른 사람의 신체를 촬영한 촬영물이 촬영 당시에는 촬영대상자의 의사에 반하지 아니하는 경우에도 사후에 의사에 반하여 촬영물을 반포·판매·임대·제공 또는 공공연하게 전시·상영한 사람을 처벌하도록 규정하고 있다. 여기에서 '반포'는 불특정 또는 다수인에게 무상으로 교부하는 것을 말하고, 계속적·반복적으로 전달하여 불특정 또는 다수인에게 반포하려는 의사를 가지고 있다면 특정한 1인 또는 소수의 사람에게 교부하는 것도 반포에 해당할 수 있다. 한편 '반포'와 별도로 열거된 '제공'은 '반포'에 이르지 아니하는 무상 교부 행위를 말하며, '반포'할 의사 없이 특정한 1인 또는 소수의 사람에게 무상으로 교부하는 것은 '제공'에 해당한다.

② 대법원 2016. 10. 13. 선고 2016도6172 판결

[판시사항]

성폭력범죄의 처벌 등에 관한 특례법 제14조 제1항 후단의 입법 취지 및 위 조항에서 '타인의 신체를 그 의사에 반하여 촬영한 촬영물'을 반포·판매·임대 또는 공연히 전시·상영한 자가 반드시 촬영물을 촬영한 자와 동일인이어야 하는지 여부(소극)

[판결요지]

성폭력범죄의 처벌 등에 관한 특례법 제14조 제1항 후단의 문언 자체가 "촬영하거나 그 촬영물을 반포·판매·임대 또는 공연히 전시·상영한 자"라고 함으로써 촬영행위 또는 반포 등 유통행위를 선택적으로 규정하고 있을 뿐 아니라, 위 조항의 입법 취지는, 개정 전에는 카메라 등을 이용하여 성적 욕망 또는 수치심을 유발할 수 있는 타인의 신체를

그 의사에 반하여 촬영한 자만을 처벌하였으나, '타인의 신체를 그 의사에 반하여 촬영한 촬영물'(이하 '촬영물'이라 한다)이 인터넷 등 정보통신망을 통하여 급속도로 광범위하게 유포됨으로써 피해자에게 엄청난 피해와 고통을 초래하는 사회적 문제를 감안하여, 죄책이나 비난가능성이 촬영행위 못지않게 크다고 할 수 있는 촬영물의 시중 유포 행위를 한 자에 대해서도 촬영자와 동일하게 처벌하기 위한 것인 점을 고려하면, 위 조항에서 촬영물을 반포·판매·임대 또는 공연히 전시·상영한 자는 반드시 촬영물을 촬영한 자와 동일인이어야 하는 것은 아니고, 행위의 대상이 되는 촬영물은 누가 촬영한 것인지를 묻지 아니한다.

③ 대법원 2014. 7. 24. 선고 2014도6309 판결

[판시사항]

성폭력범죄의 처벌 등에 관한 특례법 제14조 제1항의 보호법익 및 촬영한 부위가 위 조항에서 정한 '성적 욕망 또는 수치심을 유발할 수 있는 다른 사람의 신체'에 해당하는지 판단하는 기준

[판결요지]

카메라 기타 이와 유사한 기능을 갖춘 기계장치를 이용하여 성적 욕망 또는 수치심을 유발할 수 있는 타인의 신체를 그 의사에 반하여 촬영하는 행위를 처벌하는 성폭력범죄의 처벌 등에 관한 특례법 제14조 제1항은 인격체인 피해자의 성적 자유 및 함부로 촬영당하지 않을 자유를 보호하기 위한 것이므로, 촬영한 부위가 '성적 욕망 또는 수치심을 유발할 수 있는 다른 사람의 신체'에 해당하는지 여부는, 객관적으로 피해자와 같은 성별, 연령대의 일반적이고도 평균적인 사람들의 입장에서 성적 욕망 또는 수치심을 유발할 수 있는 신체에 해당되는지 여부를 고려함과 아울러, 당해 피해자의 옷차림, 노출의 정도 등은 물론, 촬영자의 의도와 촬영에 이르게 된 경위, 촬영장소와 촬영 각도 및 촬영 거리, 촬영된 원판의 이미지, 특정 신체부위의

부각 여부 등을 종합적으로 고려하여 구체적·개별적·상대적으로 결정하여야 한다(대법원 2008. 9. 25. 선고 2008도7007 판결 참조).

1-4. 허위영상물 제작 및 유포·재유포

1-4-1. 허위영상물 등 제작의 금지

① "허위영상물 등"이란 사람의 얼굴·신체 또는 음성을 대상으로 한 촬영물·영상물 또는 음성물(이하 "영상물 등"이라 함)을 영상물 등의 대상자의 의사에 반해 성적 욕망 또는 수치심을 유발할 수 있는 형태로 편집·합성 또는 가공(이하 "편집 등"이라 함)한 편집물·합성물·가공물(이하 "편집물 등"이라 함)을 말합니다(「성폭력범죄의 처벌 등에 관한 특례법」 제14조의2 제1항 참조).

② 반포·판매·임대·제공 또는 공공연하게 전시·상영(이하 "반포 등"이라 함)할 목적으로 영상물 등을 영상물 등의 대상자의 의사에 반해 성적 욕망 또는 수치심을 유발할 수 있는 형태로 편집 등을 한 자는 7년 이하의 징역 또는 5천만원 이하의 벌금에 처해집니다(「성폭력범죄의 처벌 등에 관한 특례법」 제14조의2 제1항).

③ 편집물 등 또는 복제물을 소지·구입·저장 또는 시청한 자는 3년 이하의 징역 또는 3천만원 이하의 벌금에 처해집니다(「성폭력범죄의 처벌 등에 관한 특례법」 제14조의2 제4항).

④ 상습으로 반포 등을 할 목적의 허위영상물 등을 제작한 때에는 형의 2분의 1까지 가중합니다(「성폭력범죄의 처벌 등에 관한 특례법」 제14조의2 제5항).

⑤ 허위영상물 제작의 미수범도 처벌합니다(「성폭력범죄의 처벌 등에 관한 특례법」 제15조).

1-4-2. 허위영상물 등 또는 복제물 유포·재유포 금지

① 편집물 등 또는 복제물(복제물의 복제물을 포함함. 이하 같음)을

반포 등을 한 자 또는 편집 등을 할 당시에는 영상물 등의 대상자의 의사에 반하지 않은 경우에도 사후에 그 편집물 등 또는 복제물을 영상물 등의 대상자의 의사에 반해 반포 등을 한 자는 7년 이하의 징역 또는 5천만원 이하의 벌금에 처해집니다(「성폭력범죄의 처벌 등에 관한 특례법」 제14조의2제2항).

② 상습으로 허위영상물 또는 복제물을 반포 등을 한 때에는 형의 2분의 1까지 가중하며, 허위영상물 또는 복제물 반포 등의 미수범도 처벌합니다(「성폭력범죄의 처벌 등에 관한 특례법」 제14조의2 제5항 및 제15조).

③ 영리를 목적으로 영상물 등의 대상자의 의사에 반해 정보통신망을 이용해 허위영상물 등 또는 복제물을 반포 등을 한 자는 3년 이상의 유기징역에 처해집니다. 이 경우 상습으로 허위영상물 등 또는 복제물을 반포 등을 한 때에는 형의 2분의 1까지 가중하며, 그 미수범도 처벌합니다(「성폭력범죄의 처벌 등에 관한 특례법」 제14조의2 제3항, 제5항 및 제15조).

1-4-3. Q&A

■ 좋아하는 아이돌 가수의 얼굴을 합성해서 인터넷 게시판에 올렸어요. 이런 것도 처벌을 받나요?

Q. 음란물 동영상에 제가 좋아하는 아이돌 가수의 얼굴을 합성해서 인터넷 게시판에 올렸어요. 이런 것도 처벌을 받나요?

A. 음란물에 유명인의 얼굴을 합성해 유포했다면 허위영상 편집물을 제작하여 유포한 죄에 해당하므로, 5년 이하의 징역 또는 5천만원 이하의 벌금에 처해집니다.

◇ 허위영상물 등 제작 및 유포행위 처벌

① "허위영상물 등"이란 사람의 얼굴·신체 또는 음성을 대상으로 한

촬영물·영상물 또는 음성물(이하 "영상물 등"이라 함)을 영상물 등의 대상자의 의사에 반하여 성적 욕망 또는 수치심을 유발할 수 있는 형태로 편집·합성 또는 가공(이하 "편집 등"이라 함)한 편집물·합성물·가공물(이하 "편집물 등"이라 함)을 말합니다.

② 반포·판매·임대·제공 또는 공공연하게 전시·상영(이하 "반포 등"이라 함)할 목적으로 영상물 등을 영상물 등의 대상자의 의사에 반해 성적 욕망 또는 수치심을 유발할 수 있는 형태로 편집 등을 한 자는 5년 이하의 징역 또는 5천만원 이하의 벌금에 처해집니다.

③ 이러한 편집물 등 또는 복제물(복제물의 복제물을 포함함. 이하 같음)을 반포 등을 한 자 또는 편집 등을 할 당시에는 영상물 등의 대상자의 의사에 반하지 않은 경우에도 사후에 그 편집물 등 또는 복제물을 영상물 등의 대상자의 의사에 반해 반포 등을 한 자는 5년 이하의 징역 또는 5천만원 이하의 벌금에 처해집니다.

◇ 허위영상물의 예

허위영상물의 대표적인 예로 ① 딥페이크 및 ② 성적 사진 합성을 들 수 있습니다.

① "딥페이크(Deepfake)"란 딥러닝(Deep Learning)과 페이크(Fake)의 합성어로 인공지능을 사용해 사람의 이미지를 합성하는 기술을 말합니다. 이 기술을 이용해 특히 연예인, 인플루언서, 운동선수 등 유명인의 얼굴을 포르노나 AV 등 성적 촬영물에 합성하여 피해촬영물을 만들어 내는 사례가 많습니다.

② "성적 사진 합성"이란 소셜미디어나 메신저 프로필 등에서 무단으로 피해자의 사진을 가져와 성적 이미지로 편집·합성·가공하는 행위를 말합니다. 딥페이크와 달리 고도의 디지털 기술이 필요

없어 다양한 방식의 가해가 일어나고 있습니다.

1-5. 소지·구입·저장 또는 시청

1-5-1. 촬영물 또는 복제물 소지·구입·저장 또는 시청 금지

카메라나 그 밖에 이와 유사한 기능을 갖춘 기계장치를 이용해 성적 욕망 또는 수치심을 유발할 수 있는 사람의 신체를 촬영대상자의 의사에 반해 촬영한 촬영물 또는 복제물(복제물의 복제물을 포함함. 이하 같음) 또는 그 촬영이 촬영 당시에는 촬영대상자의 의사에 반하지 않은 경우(자신의 신체를 직접 촬영한 경우를 포함함)에도 사후에 그 촬영대상자의 의사에 반해 반포·판매·임대·제공 또는 공공연하게 전시·상영한 촬영물 또는 복제물을 소지·구입·저장 또는 시청한 자는 3년 이하의 징역 또는 3천만원 이하의 벌금에 처해집니다(「성폭력범죄의 처벌 등에 관한 특례법」 제14조 제4항).

1-5-2. Q&A

■ 몰래 찍힌 사진, 몰래 유포한 영상 등을 다운로드하거나 보기만 해도 죄가 되나요?

Q. 몰래 찍힌 사진, 몰래 유포한 영상 등을 다운로드하거나 보기만 해도 죄가 되나요?

A. 디지털 성범죄 촬영물 또는 복제물을 소지·구입·저장 또는 시청한 자는 3년 이하의 징역 또는 3천만원 이하의 벌금에 처해질 수 있습니다(「성폭력범죄의 처벌 등에 관한 특례법」 제14조제4항). 다운로드하거나 보는 것 역시 불법촬영, 유포와 마찬가지로 명백한 가해 행위입니다. 피해촬영물 소지·구입·저장·시청이 만연하다면 디지털 성범죄 피해자가 가장 원치 않는 '유포'는 근절될 수 없기 때문입니다.

2. 아동·청소년 대상

2-1. 성착취물의 제작·배포 등

2-1-1. "아동·청소년 성착취물"이란?

① "아동·청소년"이란 19세 미만의 사람을 말합니다. 다만, 19세에 도달하는 연도의 1월 1일을 맞이한 사람은 제외합니다(「아동·청소년의 성보호에 관한 법률」 제2조 제1호).

② "아동·청소년 성착취물"이란 아동·청소년 또는 아동·청소년으로 명백하게 인식될 수 있는 사람이나 표현물이 등장해 다음의 어느 하나에 해당하는 행위를 하거나 그 밖의 성적 행위를 하는 내용을 표현하는 것으로서 필름·비디오물·게임물 또는 컴퓨터 그 밖의 통신매체를 통한 화상·영상 등의 형태로 된 것을 말합니다(「아동·청소년의 성보호에 관한 법률」 제2조제4호가목부터 라목까지 및 제5호).

- 성교 행위
- 구강·항문 등 신체의 일부나 도구를 이용한 유사 성교 행위
- 신체의 전부 또는 일부를 접촉·노출하는 행위로서 일반인의 성적 수치심이나 혐오감을 일으키는 행위
- 자위 행위

2-1-2. 아동·청소년 성착취물의 제작 및 배포 등의 금지

① 아동·청소년 성착취물을 제작·수입 또는 수출한 자는 무기 또는 5년 이상의 징역에 처해집니다(「아동·청소년의 성보호에 관한 법률」 제11조 제1항).

② 상습적으로 아동·청소년 성착취물을 제작·수입 또는 수출한 자는

형의 2분의 1까지 가중합니다(「아동·청소년의 성보호에 관한 법률」 제11조 제7항).

③ 아동·청소년 성착취물 제작·수입 또는 수출 행위의 미수범도 처벌합니다(「아동·청소년의 성보호에 관한 법률」 제11조 제6항).

④ 영리를 목적으로 아동·청소년성 착취물을 판매·대여·배포·제공하거나, 이를 목적으로 소지·운반·광고·소개하거나 공연히 전시 또는 상영한 자는 5년 이상의 유기징역에 처해집니다(「아동·청소년의 성보호에 관한 법률」 제11조 제2항).

⑤ 아동·청소년 성착취물을 배포·제공하거나, 이를 목적으로 광고·소개하거나 공연히 전시 또는 상영한 자는 3년 이상의 유기징역에 처해집니다(「아동·청소년의 성보호에 관한 법률」 제11조 제3항).

⑥ 아동·청소년 성착취물을 제작할 것이라는 정황을 알면서 아동·청소년을 아동·청소년 성착취물의 제작자에게 알선한 자는 3년 이상의 유기징역에 처해집니다(「아동·청소년의 성보호에 관한 법률」 제11조 제4항).

⑦ 아동·청소년 성착취물을 구입하거나, 아동·청소년 성착취물임을 알면서 소지·시청한 자는 1년 이상의 유기징역에 처해집니다(「아동·청소년의 성보호에 관한 법률」 제11조 제5항).

2-1-3. 아동 · 청소년성착취물을 이용한 협박 · 강요 금지 「아동·청소년의 성보호에 관한 법률」 제11조의 2)

① 아동 · 청소년성착취물을 이용하여 그 아동 · 청소년을 협박한 자는 3년 이상의 유기징역에 처해집니다

② 제1항에 따른 협박으로 그 아동 · 청소년의 권리행사를 방해하거나 의무 없는 일을 하게 한 자는 5년 이상의 유기징역에 처해집니다.

③ ①과 ②의 미수범은 처벌합니다.

④ 상습적으로 ① 및 ②의 죄를 범한 자는 그 죄에 대하여 정하는 형의 2분의 1까지 가중합니다.

2-1-4. "아동·청소년 성착취물"이라는 용어의 취지

지난 2020년 6월 2일 개정된 「아동·청소년의 성보호에 관한 법률」은 '아동·청소년 이용음란물'을 '아동·청소년 성착취물'로 변경하였습니다. 이는 아동·청소년을 대상으로 하는 음란물은 그 자체로 아동·청소년에 대한 성착취 및 성학대를 의미한다는 점을 명확히 한 것입니다(대법원 2021. 3. 25. 선고 2020도18285 판결).

2-1-5. 아동·청소년 성착취물의 제작에 관한 판례 및 헌재결정례 등

① 아동·청소년 성착취물을 제작하는 데에 아동·청소년의 동의가 있거나, 개인적인 소지·보관을 1차적 목적으로 제작하더라도 아동·청소년 성착취물의 '제작'에 해당합니다(대법원 2018. 9. 13. 선고 2018도9340 판결 참조).

② 아동·청소년에게 스스로 자신을 대상으로 하는 성착취물을 촬영하게 한 경우 피고인이 직접 촬영행위를 하지 않았더라도 그 영상을 만드는 것을 기획하고 촬영행위를 하게 하거나 만드는 과정에서 구체적인 지시를 하였다면, 특별한 사정이 없는 한 아동·청소년 성착취물 '제작'에 해당합니다. 또한 이러한 촬영을 마쳐 재생이 가능한 형태로 저장이 된 때에 제작은 기수(旣遂)에 이릅니다(대법원 2021. 3. 25. 선고 2020도18285 판결 참조).

③ 위와 같이 아동·청소년 성착취물의 제작에 있어서는 피고인이 해당 영상을 직접 촬영할 필요가 없는 것으로 해석됩니다. 그 취지는 ⓐ 모바일기기의 보급이 일반화됨에 따라 아동·청소년 성착취물의 제작은 매우 용이한 현실, ⓑ 현재 정보통신매체의 기술 수준에서는 단순히 촬영한 영상물이 존재한다는 것만으로도 즉시 대량 유포 및 대량 복제가 가능하고, 제작에 관여한 사람의 의도

와 관계없이 무차별적으로 유통에 제공될 가능성이 있으며, 성착취물의 제작행위 자체에 그 유통의 위험성까지도 상당부분 내재되어 있는 점, ⓒ 「아동·청소년의 성보호에 관한 법률」의 입법 목적, 아동·청소년 성착취물이 미치는 사회적 영향력이 크고 성에 대한 왜곡된 인식과 비정상적 가치관을 심어줄 수 있는 점, 아동·청소년이 사회공동체 내에서 책임 있는 인격체로 성장할 때까지 사회로부터 보호되어야 할 필요성과 아동·청소년의 '인간으로서의 존엄성' 역시 온전히 보호되어야 할 필요성이 있는 점, 제작행위에 관여된 피해 아동·청소년에게 영구히 씻을 수 없는 기록을 남기고 그러한 피해는 쉽사리 해결되기 어려운 점 등을 고려하면 아동·청소년 성착취물 제작행위는 인간의 존엄과 가치에 정면으로 반하는 범죄로서 죄질과 범정이 매우 무겁고 비난가능성 또한 대단히 높다는 점에서 찾을 수 있습니다(헌법재판소 2019.12.27. 선고 2018헌바46 전원재판부 결정 참조).

④ 아동·청소년 성착취물 제작행위는 간접정범의 형태로도 성립할 수 있습니다. 즉, 대법원은 아동·청소년인 피해자를 협박하여 스스로 자신의 행위를 내용으로 하는 성착취물을 생성하게 하고, 이를 인터넷 사이트 운영자의 서버에 저장시켜 피고인의 휴대전화기에서 재생할 수 있도록 한 경우, 간접정범의 형태로 아동·청소년 성착취물을 제작하는 행위라고 보아야 한다고 판단한 바 있습니다(대법원 2018. 1. 25. 선고 2017도18443 판결 참조).

- "간접정범"이란 어느 행위로 인하여 처벌되지 않는 사람 또는 과실범으로 처벌되는 사람을 교사 또는 방조하여 범죄행위의 결과를 발생하게 한 경우를 말합니다(「형법」 제34조제1항).
- 여기서 "교사"란 다른 사람에게 범죄 실행의 결의를 생기게 하는 것을 말하고, "방조"란 정범(피방조자)의 실행행위를 용이하게 하는 것을 말합니다(국가법령정보센터 『법령용어사전』 참조).

2-2. Q&A

■ 제가 직접 그 학생의 신체를 촬영한 것도 아닌데, 범죄가 되나요?

Q. 채팅앱을 통해 알고 지내는 여중생에게 카카오톡 메신저를 이용해 돈을 주겠다고 말한 다음, 그 학생의 스마트폰에 부착된 카메라로 음란행위 장면을 촬영하도록 시켰습니다. 하지만 저는 그 학생으로부터 동영상 파일을 전송받기만 했고, 그것을 저장하거나 유포하지는 않았습니다. 제가 직접 그 학생의 신체를 촬영한 것도 아닌데, 범죄가 되나요?

A. 아동·청소년 성착취물을 제작한 자는 무기 또는 5년 이상의 징역에 처해집니다. 이러한 죄가 성립하였는지에 대해 대법원은 ① 행위자가 아동·청소년 성착취물을 직접 촬영했을 것은 요구되지 않으며, ② 그 학생이 자신의 몸을 스스로 촬영하여 그 학생의 스마트폰 주기억장치에 입력되는 순간 아동·청소년 성착취물의 제작을 마쳤다고 판단하므로, 범죄가 성립합니다.

◇ 아동·청소년 성착취물 제작의 판단기준

① 「아동·청소년의 성보호에 관한 법률」에 따라 아동·청소년 성착취물을 제작·수입 또는 수출한 자는 무기 또는 5년 이상의 징역에 처해집니다.

② 대법원은 행위자가 직접 아동·청소년의 면전에서 촬영행위를 하지 않았더라도 아동·청소년 성착취물을 만드는 것을 기획하고 타인에게 촬영행위를 하게 하거나 만드는 과정에서 구체적인 지시를 하였다면, 특별한 사정이 없는 한 아동·청소년 성착취물 '제작'에 해당한다고 판단하였습니다.

③ 또한 '촬영을 마쳐 재생이 가능한 형태로 저장이 된 때'에 제작은 기수(旣遂)에 이릅니다. 반드시 행위자가 그와 같이 제작된 아동·청소년 성착취물을 재생하거나, 행위자의 기기로 재생할 수 있는 상태에 이르러야만 하는 것은 아닙니다. 이러한 법리는 행위자가 아동·청소년에게 스스로 자신을 대상으로 하는 영상물 등을 촬영하게 한 경우에도 마찬가지입니다.

2-3. 관련판례

① 대법원 2021. 3. 25. 선고 2020도18285 판결

[판시사항]

[1] 아동·청소년으로 하여금 스스로 자신을 대상으로 하는 음란물을 촬영하게 하고 직접 촬영행위를 하지 않았더라도 구 아동·청소년의 성보호에 관한 법률 제11조 제1항의 처벌 대상인 아동·청소년이용음란물 '제작'에 해당하는 경우 및 그 기수 시기(=촬영을 마쳐 재생이 가능한 형태로 저장된 때)

[2] 구 아동·청소년의 성보호에 관한 법률 제11조 제1항의 처벌 대상인 '아동·청소년이용음란물 제작'에서 해당 영상을 직접 촬영할 것을 요하지 아니하는 취지

[3] 공동정범의 성립 요건 및 주관적 요건으로서 '공동가공의 의사'의 내용 / 피고인이 주관적 요소인 공동가공의 의사를 부인하는 경우, 그 증명 방법

[판결요지]

가. 아동·청소년이용음란물 제작행위에 대한 처벌규정의 입법 경위
2000. 2. 3. 제정된 구「청소년의 성보호에 관한 법률」제2조 제1호는 청소년의 정의를 19세 미만의 남녀로 규정하면서 제8조 제1항에

서 청소년이용음란물을 제작·수입·수출한 자를 5년 이상의 유기징역으로 처벌하도록 규정하였다. 구「청소년의 성보호에 관한 법률」은 2009. 6. 9. 「아동·청소년의 성보호에 관한 법률」(이하 '청소년성보호법'이라고 한다)로 제명이 개정되었고, 2012. 12. 18. 전부 개정된 청소년성보호법 제11조 제1항에서 위 구법 제8조 제1항의 처벌규정이 유지되었는데, 다만 그 법정형이 무기징역 또는 5년 이상의 유기징역으로 상향되었다(이 사건 이후 2020. 6. 2. 개정된 청소년성보호법은 '아동·청소년이용음란물'을 '아동·청소년성착취물'로 변경함으로써 아동·청소년을 대상으로 하는 음란물은 그 자체로 아동·청소년에 대한 성착취 및 성학대를 의미한다는 점을 명확히 하였다).

나. 아동·청소년으로 하여금 스스로 자신을 대상으로 한 음란물을 촬영하게 한 경우 청소년성보호법 위반(음란물제작·배포등)죄의 성립 여부

1) 피고인이 아동·청소년으로 하여금 스스로 자신을 대상으로 하는 음란물을 촬영하게 한 경우 피고인이 직접 촬영행위를 하지 않았더라도 그 영상을 만드는 것을 기획하고 촬영행위를 하게 하거나 만드는 과정에서 구체적인 지시를 하였다면, 특별한 사정이 없는 한 아동·청소년이용음란물 '제작'에 해당하고, 이러한 촬영을 마쳐 재생이 가능한 형태로 저장이 된 때에 제작은 기수에 이른다(대법원 2018. 1.25. 선고 2017도18443 판결, 대법원 2018. 9.13. 선고 2018도9340판결 참조).

2) 위에서 본 바와 같이 아동·청소년이용음란물의 제작에 있어서는 피고인이 해당 영상을 직접 촬영할 것을 요하지 않는 것으로 해석되는바, 그 취지는 ① 모바일기기의 보급이 일반화됨에 따라 아동·청소년이용음란물의 제작은 매우 용이한 현실, ② 현재 정보통신매체의 기술 수준에서는 단순히 촬영한 영상물이 존재한다는 것만으로도 즉시 대량 유포 및 대량 복제가 가능하고, 제작에 관여한 사람의 의도와 관계없이 무차별적으로 유통에 제공될 가능성이 있고, 음란물의 제작행위 자체에 그 유통의 위험성까지도

상당부분 내재되어 있는 점, ③ 청소년성보호법의 입법 목적, 아동·청소년이용음란물이 미치는 사회적 영향력이 크고 성에 대한 왜곡된 인식과 비정상적 가치관을 심어줄 수 있는 점, 아동·청소년이 사회공동체 내에서 책임 있는 인격체로 성장할 때까지 사회로부터 보호되어야 할 필요성과 아동·청소년의 '인간으로서의 존엄성' 역시 온전히 보호되어야 할 필요성이 있는 점, 제작행위에 관여된 피해 아동·청소년에게 영구히 씻을 수 없는 기록을 남기고 그러한 피해는 쉽사리 해결되기 어려운 점 등을 고려하면 아동·청소년이용음란물 제작행위는 인간의 존엄과 가치에 정면으로 반하는 범죄로서 죄질과 범정이 매우 무겁고 비난가능성 또한 대단히 높다는 점에서 찾을 수 있다(헌법재판소 2019. 12. 27. 선고 2018헌바46 전원재판부 결정 참조).

② 대법원 2018. 9. 13. 선고 2018도9340 판결

[판시사항]

아동·청소년을 이용한 음란물 제작을 처벌하는 이유 및 아동·청소년의 동의가 있다거나 개인적인 소지·보관을 1차적 목적으로 제작하더라도 아동·청소년의 성보호에 관한 법률 제11조 제1항의 '아동·청소년이용음란물의 제작'에 해당하는지 여부(적극) / 직접 아동·청소년의 면전에서 촬영행위를 하지 않았더라도 아동·청소년이용음란물을 만드는 것을 기획하고 타인으로 하여금 촬영행위를 하게 하거나 만드는 과정에서 구체적인 지시를 한 경우, 아동·청소년이용음란물 '제작'에 해당하는지 여부(원칙적 적극)와 그 기수 시기(=촬영을 마쳐 재생이 가능한 형태로 저장된 때) 및 이러한 법리는 아동·청소년으로 하여금 스스로 자신을 대상으로 하는 음란물을 촬영하게 한 경우에도 마찬가지인지 여부(적극)

[판결요지]

아동·청소년의 성보호에 관한 법률(이하 '청소년성보호법'이라 한다)의 입법목적은 아동·청소년을 대상으로 성적 행위를 한 자를 엄중하게 처벌함으로써 성적 학대나 착취로부터 아동·청소년을 보호하고 아동·청소년이 책임 있고 건강한 사회구성원으로 성장할 수 있도록 하려는 데 있다. 아동·청소년이용음란물은 직접 피해자인 아동·청소년에게는 치유하기 어려운 정신적 상처를 안겨줄 뿐만 아니라, 이를 시청하는 사람들에게까지 성에 대한 왜곡된 인식과 비정상적 가치관을 조장한다. 따라서 아동·청소년을 이용한 음란물 '제작'을 원천적으로 봉쇄하여 아동·청소년을 성적 대상으로 보는 데서 비롯되는 잠재적 성범죄로부터 아동·청소년을 보호할 필요가 있다. 특히 인터넷 등 정보통신매체의 발달로 음란물이 일단 제작되면 제작 후 제작자의 의도와 관계없이 언제라도 무분별하고 무차별적으로 유통에 제공될 가능성이 있다. 이러한 점에 아동·청소년을 이용한 음란물 제작을 처벌하는 이유가 있다. 그러므로 아동·청소년의 동의가 있다거나 개인적인 소지·보관을 1차적 목적으로 제작하더라도 청소년성보호법 제11조 제1항의 '아동·청소년이용음란물의 제작'에 해당한다고 보아야 한다.

피고인이 직접 아동·청소년의 면전에서 촬영행위를 하지 않았더라도 아동·청소년이용음란물을 만드는 것을 기획하고 타인으로 하여금 촬영행위를 하게 하거나 만드는 과정에서 구체적인 지시를 하였다면, 특별한 사정이 없는 한 아동·청소년이용음란물 '제작'에 해당한다. 이러한 촬영을 마쳐 재생이 가능한 형태로 저장이 된 때에 제작은 기수에 이르고 반드시 피고인이 그와 같이 제작된 아동·청소년이용음란물을 재생하거나 피고인의 기기로 재생할 수 있는 상태에 이르러야만 하는 것은 아니다. 이러한 법리는 피고인이 아동·청소년으로 하여금 스스로 자신을 대상으로 하는 음란물을 촬영하게 한 경우에도 마찬가지이다.

③ 대법원 2018. 1. 25. 선고 2017도18443 판결

[판시사항]

피고인이 아동·청소년인 피해자를 협박하여 스스로 아동·청소년의 성보호에 관한 법률 제2조 제4호의 어느 하나에 해당하는 행위 또는 그 밖의 성적 행위에 해당하는 아동·청소년 자신의 행위를 내용으로 하는 화상·영상 등을 생성하게 하고 이를 인터넷 사이트 운영자의 서버에 저장시켜 피고인의 휴대전화기에서 재생할 수 있도록 한 경우, 간접정범의 형태로 같은 법 제11조 제1항에서 정한 아동·청소년이용음란물을 제작하는 행위에 해당하는지 여부(적극)

[판결요지]

형법 제34조 제1항은 "어느 행위로 인하여 처벌되지 아니하는 자 또는 과실범으로 처벌되는 자를 교사 또는 방조하여 범죄행위의 결과를 발생하게 한 자는 교사 또는 방조의 예에 의하여 처벌한다."라고 규정하고 있다. 따라서 피고인이 아동·청소년인 피해자를 협박하여 스스로 아동·청소년의 성보호에 관한 법률(이하 '청소년성보호법'이라고 한다) 제2조 제4호의 어느 하나에 해당하는 행위 또는 그 밖의 성적 행위에 해당하는 아동·청소년 자신의 행위를 내용으로 하는 화상·영상 등을 생성하게 하고 이를 인터넷 사이트 운영자의 서버에 저장시켜 피고인의 휴대전화기에서 재생할 수 있도록 하였다면, 간접정범의 형태로 청소년성보호법 제11조 제1항에서 정한 아동·청소년이용음란물을 제작하는 행위라고 보아야 한다.

3. 성을 사는 행위, 매매행위, 강요행위 등

3-1. 아동·청소년의 성을 사는 행위 등

3-1-1. "아동·청소년의 성을 사는 행위"란?

"아동·청소년의 성을 사는 행위"란 아동·청소년, 아동·청소년의 성(性)을 사는 행위를 알선한 자 또는 아동·청소년을 실질적으로 보호·감독하는 자 등에게 금품이나 그 밖의 재산상 이익, 직무·편의제공 등 대가를 제공하거나 약속하고 다음의 어느 하나에 해당하는 행위를 아동·청소년을 대상으로 하거나 아동·청소년에게 하게 하는 것을 말합니다(「아동·청소년의 성보호에 관한 법률」 제2조 제4호).

- 성교 행위
- 구강·항문 등 신체의 일부나 도구를 이용한 유사 성교 행위
- 신체의 전부 또는 일부를 접촉·노출하는 행위로서 일반인의 성적 수치심이나 혐오감을 일으키는 행위
- 자위 행위

3-1-2. 아동·청소년의 성을 사는 행위 등의 금지

① 아동·청소년의 성을 사는 행위를 한 자는 1년 이상 10년 이하의 징역 또는 2천만원 이상 5천만원 이하의 벌금에 처해집니다(「아동·청소년의 성보호에 관한 법률」 제13조 제1항).

② 아동·청소년의 성을 사기 위해 아동·청소년을 유인하거나 성을 팔도록 권유한 자는 3년 이하의 징역 또는 3천만원 이하의 벌금에 처해집니다(「아동·청소년의 성보호에 관한 법률」 제13조 제2항).

③ 16세 미만의 아동·청소년 및 장애 아동·청소년을 대상으로 다음 어느 하나에 해당하는 위반행위를 범한 경우 그 죄에 정한 형의 2분

의 1까지 가중처벌합니다(「아동·청소년의 성보호에 관한 법률」 제13조 제3항).
- 아동·청소년의 성을 사는 행위
- 아동·청소년의 성을 사기 위해 아동·청소년을 유인하거나 성을 팔도록 권유한 행위

④ 아동·청소년에 대해 아동·청소년의 성을 사는 행위의 상대방이 되도록 유인·권유한 자는 7년 이하의 징역 또는 5천만원 이하의 벌금에 처해집니다(「아동·청소년의 성보호에 관한 법률」 제14조 제3항).

3-1-3. "아동·청소년의 성을 사는 행위"라는 용어의 취지 등에 관한 판례(대법원 2016. 2. 18. 선고 2015도15664 판결)

① 「아동·청소년의 성보호에 관한 법률」은 성매매의 대상이 된 아동·청소년을 보호·구제하려는 데 입법 취지가 있습니다.

② 「아동·청소년의 성보호에 관한 법률」에서 '아동·청소년의 성매매 행위'가 아닌 '아동·청소년의 성을 사는 행위'라는 용어를 사용한 것은 아동·청소년은 보호대상에 해당하고 성매매의 주체가 될 수 없어, 아동·청소년의 성을 사는 사람을 주체로 표현한 것입니다.

3-2. 아동·청소년 매매행위의 금지

① 아동·청소년의 성을 사는 행위 또는 아동·청소년 성착취물을 제작하는 행위의 대상이 될 것을 알면서 아동·청소년을 매매 또는 국외에 이송하거나 국외에 거주하는 아동·청소년을 국내에 이송한 자는 무기 또는 5년 이상의 징역에 처해집니다(「아동·청소년의 성보호에 관한 법률」 제12조 제1항).

② 아동·청소년 매매행위의 미수범도 처벌합니다(「아동·청소년의 성보호에 관한 법률」 제12조 제2항).

3-3. 아동·청소년에 대한 강요행위 등

3-3-1. 아동·청소년에 대한 강요행위 등의 금지

① 아동·청소년에 대해 다음의 어느 하나에 해당하는 행위를 한 자는 5년 이상의 유기징역에 처해집니다(「아동·청소년의 성보호에 관한 법률」 제14조 제1항).

1. 폭행이나 협박으로 아동·청소년에게 아동·청소년의 성을 사는 행위의 상대방이 되게 한 경우
2. 선불금(先拂金), 그 밖의 채무를 이용하는 등의 방법으로 아동·청소년을 곤경에 빠뜨리거나 위계 또는 위력으로 아동·청소년에게 아동·청소년의 성을 사는 행위의 상대방이 되게 한 경우
3. 업무·고용이나 그 밖의 관계로 자신의 보호 또는 감독을 받는 것을 이용해 아동·청소년에게 아동·청소년의 성을 사는 행위의 상대방이 되게 한 경우
4. 영업으로 아동·청소년을 아동·청소년의 성을 사는 행위의 상대방이 되도록 유인·권유한 경우

② 위의 1.부터 3.까지의 행위를 범한 자가 그 대가의 전부 또는 일부를 받거나 이를 요구 또는 약속한 때에는 7년 이상의 유기징역에 처하며, 그 미수범도 처벌합니다(「아동·청소년의 성보호에 관한 법률」 제14조 제2항 및 제4항).

③ 위의 1.부터 4.까지의 행위의 미수범도 처벌합니다(「아동·청소년의 성보호에 관한 법률」 제14조 제4항).

3-3-2. 아동·청소년 대상 디지털 성범죄에 대한 양벌규정 (「아동·청소년의 성보호에 관한 법률」 제32조)

① 법인의 대표자나 법인 또는 개인의 대리인, 사용인, 그 밖의 종업

원이 그 법인 또는 개인의 업무에 관해 다음의 어느 하나에 해당하는 위반행위를 하면 그 행위자를 벌하는 외에 그 법인 또는 개인에게도 해당 조문의 벌금형을 과(科)합니다. 다만, 법인 또는 개인이 그 위반행위를 방지하기 위해 해당 업무에 관해 상당한 주의와 감독을 게을리하지 않은 경우는 제외합니다(「아동·청소년의 성보호에 관한 법률」 제32조 전단, 단서, 제14조 제3항, 제15조 제2항·제3항 및 제31조 제3항).

1. 아동·청소년의 성을 사는 행위의 상대방이 되도록 유인·권유하는 행위
2. 영업으로 아동·청소년의 성을 사는 행위를 하도록 유인·권유 또는 강요하는 행위
3. 아동·청소년의 성을 사는 행위의 장소를 제공하는 행위
4. 아동·청소년의 성을 사는 행위를 알선하거나 정보통신망에서 알선정보를 제공하는 행위
5. 영업으로 3. 또는 4.의 행위를 약속하는 행위
6. 아동·청소년의 성을 사는 행위를 하도록 유인·권유 또는 강요하는 행위
7. 피해아동·청소년의 주소·성명·연령·학교 또는 직업·용모 등 그 아동·청소년을 특정하여 파악할 수 있는 인적사항이나 사진 등을 신문 등 인쇄물에 싣거나 방송 또는 정보통신망을 통하여 공개하는 행위

② 법인의 대표자나 법인 또는 개인의 대리인, 사용인, 그 밖의 종업원이 그 법인 또는 개인의 업무에 관해 다음의 어느 하나에 해당하는 위반행위를 하면 그 행위자를 벌하는 외에 그 법인 또는 개인을 5천만원 이하의 벌금에 처해집니다. 다만, 법인 또는 개인이 그 위반행위를 방지하기 위해 해당 업무에 관해 상당한 주의와 감독을 게을리하지 않은 경우는 제외합니다(「아동·청소년의 성보호에 관한 법률」 제32조 후단, 단서, 제11조 제1항부터 제6항까지, 제12조, 제14조 제1항·제2항·제4항 및 제15조 제1항).

1. 아동·청소년 성착취물을 제작·수입 또는 수출한 행위

2. 영리를 목적으로 아동·청소년 성착취물을 판매·대여·배포·제공하거나, 이를 목적으로 소지·운반·광고·소개하거나 공연히 전시 또는 상영한 행위
3. 아동·청소년성착취물을 배포·제공하거나 이를 목적으로 광고·소개하거나 공연히 전시 또는 상영하는 행위
4. 아동·청소년 성착취물을 제작할 것이라는 정황을 알면서 아동·청소년을 아동·청소년 성착취물의 제작자에게 알선한 행위
5. 아동·청소년성착취물을 구입하거나 아동·청소년성착취물임을 알면서 이를 소지·시청하는 행위
6. 아동·청소년 성착취물 제작·수입 또는 수출행위의 미수범
7. 아동·청소년의 성을 사는 행위 또는 아동·청소년 성착취물을 제작하는 행위의 대상이 될 것을 알면서 아동·청소년을 매매 또는 국외에 이송하거나 국외에 거주하는 아동·청소년을 국내에 이송한 행위
8. 폭행이나 협박으로 아동·청소년에게 아동·청소년의 성을 사는 행위의 상대방이 되게 한 행위
9. 선불금(先拂金), 그 밖의 채무를 이용하는 등의 방법으로 아동·청소년을 곤경에 빠뜨리거나 위계 또는 위력으로 아동·청소년에게 아동·청소년의 성을 사는 행위의 상대방이 되게 한 행위
10. 업무·고용이나 그 밖의 관계로 자신의 보호 또는 감독을 받는 것을 이용해 아동·청소년에게 아동·청소년의 성을 사는 행위의 상대방이 되게 한 행위
11. 영업으로 아동·청소년을 아동·청소년의 성을 사는 행위의 상대방이 되도록 유인·권유한 행위
12. 위의 8.부터 10.까지의 위반행위를 하고, 그 대가의 전부 또는 일부를 받거나 이를 요구 또는 약속한 행위
13. 위의 8.부터 12.까지의 미수범

3-4. 관련판례

대법원 2016. 2. 18. 선고 2015도15664 판결

[판시사항]

아동·청소년의 성을 사는 행위를 알선하는 행위를 업으로 하여 아동·청소년의 성보호에 관한 법률 제15조 제1항 제2호의 위반죄가 성립하기 위하여, 알선행위로 아동·청소년의 성을 사는 행위를 한 사람이 행위의 상대방이 아동·청소년임을 인식하여야 하는지 여부(소극)

[판결요지]

아동·청소년의 성보호에 관한 법률(이하 '청소년성보호법'이라고 한다)은 성매매의 대상이 된 아동·청소년을 보호·구제하려는 데 입법 취지가 있고, 청소년성보호법에서 '아동·청소년의 성매매 행위'가 아닌 '아동·청소년의 성을 사는 행위'라는 용어를 사용한 것은 아동·청소년은 보호대상에 해당하고 성매매의 주체가 될 수 없어 아동·청소년의 성을 사는 사람을 주체로 표현한 것이다. 그리고 아동·청소년의 성을 사는 행위를 알선하는 행위를 업으로 하는 사람이 알선의 대상이 아동·청소년임을 인식하면서 알선행위를 하였다면, 알선행위로 아동·청소년의 성을 사는 행위를 한 사람이 행위의 상대방이 아동·청소년임을 인식하고 있었는지는 알선행위를 한 사람의 책임에 영향을 미칠 이유가 없다.

따라서 아동·청소년의 성을 사는 행위를 알선하는 행위를 업으로 하여 청소년성보호법 제15조 제1항 제2호의 위반죄가 성립하기 위해서는 알선행위를 업으로 하는 사람이 아동·청소년을 알선의 대상으로 삼아 그 성을 사는 행위를 알선한다는 것을 인식하여야 하지만, 이에 더하여 알선행위로 아동·청소년의 성을 사는 행위를 한 사람이 행위의 상대방이 아동·청소년임을 인식하여야 한다고 볼 수는 없다.

4. 성착취 목적의 대화 등

4-1. 아동·청소년에 대한 성착취 목적의 대화, 성적 행위 유인·권유의 금지

① 19세 이상의 사람이 성적 착취를 목적으로 정보통신망을 통해 아동·청소년에게 다음의 어느 하나에 해당하는 행위를 한 경우에는 3년 이하의 징역 또는 3천만원 이하의 벌금에 처해집니다(「아동·청소년의 성보호에 관한 법률」 제15조의2 제1항).

   1. 성적 욕망이나 수치심 또는 혐오감을 유발할 수 있는 대화를 지속적 또는 반복적으로 하거나, 그러한 대화에 지속적 또는 반복적으로 참여시키는 행위

   2. 다음 어느 하나에 해당하는 행위를 하도록 유인·권유하는 행위
      - 성교 행위
      - 구강·항문 등 신체의 일부나 도구를 이용한 유사 성교 행위
      - 신체의 전부 또는 일부를 접촉·노출하는 행위로서 일반인의 성적 수치심이나 혐오감을 일으키는 행위
      - 자위 행위

② 19세 이상의 사람이 정보통신망을 통해 16세 미만인 아동·청소년에게 다음의 어느 하나에 해당하는 행위를 한 경우에는 3년 이하의 징역 또는 3천만원 이하의 벌금에 처해집니다(「아동·청소년의 성보호에 관한 법률」 제15조의2 제2항).

   1. 성적 욕망이나 수치심 또는 혐오감을 유발할 수 있는 대화를 지속적 또는 반복적으로 하거나, 그러한 대화에 지속적 또는 반복적으로 참여시키는 행위

   2. 다음 어느 하나에 해당하는 행위를 하도록 유인·권유하는 행위
      - 성교 행위

- 구강·항문 등 신체의 일부나 도구를 이용한 유사 성교 행위
- 신체의 전부 또는 일부를 접촉·노출하는 행위로서 일반인의 성적 수치심이나 혐오감을 일으키는 행위
- 자위 행위

4-2. Q&A

■ "온라인 그루밍"이란 무엇인가요?

Q. "온라인 그루밍"이란 무엇인가요?

A. "그루밍 성폭력"은 피해자와 친밀한 관계를 형성한 뒤 이를 이용해 성적으로 학대 및 착취하는 것을 말합니다. 그 중 "온라인 그루밍"이란 그루밍의 과정이 실제 만남 없이 디지털 기술과 온라인 공간을 활용해 이루어지는 것을 말합니다. 기존의 관련 법령에서는 그루밍 자체를 처벌하는 규정이 없었던 데다, 성착취와는 달리 협박이 동원되지 않는 경우가 많고, 아동·청소년이 자발적인 행동을 보인다는 점에서 보호자나 수사기관이 인지하기 어려운 측면이 컸습니다. 이에 2021년 개정된 「아동·청소년의 성보호에 관한 법률」[법률 제17972호(2021. 3. 23. 일부개정, 2021. 9. 24. 시행)] 제15조의2에서는 온라인 그루밍의 구성요건이 신설되었습니다. 즉 현행법상 온라인에서 아동·청소년을 성적으로 착취하기 위한 목적으로 '성적 욕망이나 수치심 또는 혐오감을 유발할 수 있는 대화'를 지속적·반복적으로 하거나, '성적 행위를 하도록 유인·권유'하는 행위는 처벌이 가능합니다.

※ **온라인 그루밍 처벌에 대한 가상의 사례**

> 중학생 딸을 둔 학부모 박ㅇㅇ씨는 얼마 전 딸의 SNS를 보고 경악을 금치 못했습니다. 중학생 딸이 성인으로 추정되는 남성과 성인들 간에서나 나눌 수 있는 수준의 성적 대화를 나누고 있었던 것이었습니다. 이뿐만이 아니라 해당 남성은 딸에게 성적 행위를 실시간 영상 등으로 보여 달라고 요구하는 내용까지 담겨 있었습니다.
> 온라인 그루밍 처벌 근거가 생기기 전에는, 해당 대화 내용을 기반으로 해당 남성을 경찰에 신고하더라도 이를 제재·처벌할 수 있는 근거가 명확하지 않아 경찰의 적극적인 수사를 기대하기 어려웠습니다. 이 상황에서는 친근한 관계를 기반으로 이러한 성적 요구들이 일어났고, 강간 등 성폭력이나 성매매, 성착취물 제작 등이 발생되기 전이었기 때문입니다.
> 그러나 '온라인 그루밍' 처벌 근거가 이번 개정을 통해 마련됨으로써 이제는 상황이 달라졌습니다. 온라인상에서의 성착취 목적의 대화나 성적 행위 유인·권유만으로도 처벌이 가능하게 된 것입니다. 이로써 아동·청소년 본인이나 아동·청소년 보호자들은 온라인상에서의 이러한 대화를 근거로 범죄를 보다 적극적으로 신고할 수 있고, 법의 예방적 기능이 강화되었음을 실감할 수 있을 것입니다.
> 〈출처 : 여성가족부 공식 블로그 정책뉴스 『위장수사로 아동·청소년 디지털 성범죄 막는다』(2021. 9. 23.)〉

■ 대학생이 딸에게 "교복을 입고 찍은 다리 사진을 보내달라"고 요구하는 대화내용을 봤습니다. 다행히 사진을 보내지는 않았지만 그 대학생을 처벌할 수 있을까요?

Q. 중학교 2학년 딸을 둔 부모입니다. 아이가 요즘 '자신을 예뻐해 주는 대학생 오빠'가 생겼다며 기뻐하길래 혹시나 하고 아이의 랜덤채팅앱에 들어가 보았습니다. 그런데 해당 대학생으로 추정되는 남성은 평소 아이에게 친절한 말투로 대하다가, 한 번은 "교복을 입고 찍은 다리 사진을 보내달라"고 요구하는 대화내용을 봤습니다. 다행

히 사진을 보내지는 않았지만 그 대학생을 처벌할 수 있을까요?

A. 피해자와 친밀한 관계를 형성한 뒤 이를 이용해 성적으로 학대 및 착취하는 이른바 '온라인 그루밍' 유형의 디지털 성범죄에 해당하므로, 처벌할 수 있습니다.

◇ 온라인 그루밍의 개념

"그루밍 성폭력"은 피해자와 친밀한 관계를 형성한 뒤 이를 이용해 성적으로 학대 및 착취하는 것을 말합니다. 그 중 "온라인 그루밍"이란 그루밍의 과정이 실제 만남 없이 디지털 기술과 온라인 공간을 활용해 이루어지는 것을 말합니다.

◇ 아동·청소년에 대한 온라인 그루밍의 처벌

① 최근 발생한 텔레그램 n번방 사건과 같이 아동·청소년대상 '온라인 그루밍'의 경우 성착취물의 제작 및 유포에 따른 파급효과가 극심하고 피해의 회복이 어려우므로 이를 범죄행위로 규정하여 처벌합니다.

② 19세 이상의 사람이 성적 착취를 목적으로 아동·청소년에게 '성적 욕망이나 수치심 또는 혐오감을 유발할 수 있는 대화를 지속적 또는 반복적으로 하거나, 그러한 대화에 지속적 또는 반복적으로 참여시키는 행위'를 한 경우에는 3년 이하의 징역 또는 3천만원 이하의 벌금에 처해집니다.

③ 19세 이상의 사람이 성적 착취를 목적으로 아동·청소년에게 '성적 행위를 하도록 유인·권유하는 행위'를 한 경우에도 3년 이하의 징역 또는 3천만원 이하의 벌금에 처해집니다.

5. 성적 학대행위 등의 금지

5-1. 「아동복지법」상 금지행위

① "아동"이란 18세 미만인 사람을 말하고(「아동복지법」 제3조 제1호), 아동에 대한 성적 침해 또는 착취행위는 「아동·청소년의 성보호에 관한 법률」뿐만 아니라 「아동복지법」상 금지행위에도 해당합니다.

② 누구든지 다음의 어느 하나에 해당하는 행위를 해서는 안 됩니다 (「아동복지법」 제17조 제2호).
   - 아동에게 음란한 행위를 시키거나 이를 매개하는 행위
   - 아동을 대상으로 하는 성희롱 등의 성적 학대행위

③ 이를 위반한 자는 10년 이하의 징역 또는 1억원 이하의 벌금에 처해집니다(「아동복지법」 제71조 제1항 제1호의2).

5-2. 관련판례

① **아동·청소년을 성적 침해 또는 착취행위로부터 보호하는 이유 대법원 2020. 10. 29. 선고 2018도16466 판결)**

대법원은 「아동복지법」상 아동에 대한 성적 학대행위 해당 여부를 판단함에 있어 아동이 명시적인 반대 의사를 표시하지 않았더라도 성적 자기결정권을 행사하여 자신을 보호할 능력이 부족한 상황에 기인한 것인지 가려보아야 한다는 취지로 판시한 바 있습니다.

이와 같이 아동·청소년을 보호하고자 하는 이유는, 아동·청소년은 사회적·문화적 제약 등으로 아직 온전한 자기결정권을 행사하기 어려울 뿐만 아니라, 인지적·심리적·관계적 자원의 부족으로 타인의 성적 침해 또는 착취행위로부터 자신을 방어하기 어려운 처지에 있기 때문입니다. 또한 아동·청소년은 성적 가치관을 형성하고 성 건강을 완성해

가는 과정에 있으므로 아동·청소년에 대한 성적 침해 또는 착취행위는 아동·청소년이 성과 관련한 정신적·신체적 건강을 추구하고 자율적 인격을 형성·발전시키는 데에 심각하고 지속적인 부정적 영향을 미칠 수 있습니다. 따라서 아동·청소년이 외관상 성적 결정 또는 동의로 보이는 언동을 하였더라도, 그것이 타인의 기망이나 왜곡된 신뢰관계의 이용에 의한 것이라면, 이를 아동·청소년의 온전한 성적 자기결정권의 행사에 의한 것이라고 평가하기 어렵습니다.

② 「아동복지법」상 금지되는 "성적 학대행위"의 의미(대법원 2017. 6. 15. 선고 2017도3448 판결 참조)

「아동복지법」의 입법목적과 기본이념, '아동에게 음란한 행위를 시키는 행위'와 '성적 학대행위'를 금지하는 규정의 개정 경과 등을 종합하면, 「아동복지법」상 금지되는 '성적 학대행위'는 아동에게 성적 수치심을 주는 성희롱 등의 행위로서 아동의 건강·복지를 해치거나 정상적 발달을 저해할 수 있는 성적 폭력 또는 가혹행위를 의미하고, 이는 '음란한 행위를 시키는 행위'와는 별개의 행위입니다.

성폭행의 정도에 이르지 않은 성적 행위도 그것이 성적 도의관념에 어긋나고 아동의 건전한 성적 가치관의 형성 등 완전하고 조화로운 인격발달을 현저하게 저해할 우려가 있는 행위이면 '성적 학대행위'에 포함됩니다.

③ 대법원 2020. 10. 29. 선고 2018도16466 판결

[판시사항]

[1] 아동·청소년을 타인의 성적 침해 또는 착취행위로부터 보호하고자 하는 이유 / 아동·청소년이 타인의 기망이나 왜곡된 신뢰관계의 이용에 의하여 외관상 성적 결정 또는 동의로 보이는 언동을 한 경우 이를 아동·청소년의 온전한 성적 자기결정권의 행사에 의한 것이라고 평가할 수 있는지 여부(소극)

[2] '성적 자기결정권'의 의미와 내용 / 위계에 의한 간음죄를 비롯한 강간과 추행의 죄의 보호법익(=소극적인 성적 자기결정권)

[3] 피고인이 아동인 甲(여, 15세)과 성관계를 하던 중 甲이 중단을 요구하는데도 계속하여 甲을 간음함으로써 '성적 학대행위'를 하였다고 하여 아동복지법 위반으로 기소된 사안에서, 甲이 성적 자기결정권을 제대로 행사할 수 있을 정도의 성적 가치관과 판단능력을 갖추었는지 여부 등을 신중하게 판단하였어야 한다는 이유로, 이와 달리 만 15세인 甲의 경우 일반적으로 미숙하나마 자발적인 성적 자기결정권을 행사할 수 있는 연령대로 보이는 점 등을 들어 성적 학대행위에 해당하지 않는다고 본 원심판단에 법리오해의 잘못이 있다고 한 사례

[판결요지]

[1] 국가와 사회는 아동·청소년에 대하여 다양한 보호의무를 부담한다. 국가는 청소년의 복지향상을 위한 정책을 실시하고(헌법 제34조 제4항), 초·중등교육을 실시할 의무(교육기본법 제8조)를 부담한다. 사법 영역에서도 마찬가지여서 친권자는 미성년자를 보호하고 양육하여야 하고(민법 제913조), 미성년자가 법정대리인의 동의 없이 한 법률행위는 원칙적으로 그 사유에 제한 없이 취소할 수 있다(민법 제5조). 법원도 아동·청소년이 피해자인 사건에서 아동·청소년이 특별히 보호되어야 할 대상임을 전제로 판단해 왔다. 대법원은 아동복지법상 아동에 대한 성적 학대행위 해당 여부를 판단함에 있어 아동이 명시적인 반대 의사를 표시하지 아니하였더라도 성적 자기결정권을 행사하여 자신을 보호할 능력이 부족한 상황에 기인한 것인지 가려보아야 한다는 취지로 판시하였고, 아동복지법상 아동매매죄에 있어서 설령 아동 자신이 동의하였더라도 유죄가 인정된다고 판시하였다. 아동·청소년이 자신을 대상으로 음란물을 제작하는 데에 동의하였더라도 원칙적으로 아동·청소년의 성보호에 관한 법률상 아동·청소년

이용 음란물 제작죄를 구성한다는 판시도 같은 취지이다.

이와 같이 아동·청소년을 보호하고자 하는 이유는, 아동·청소년은 사회적·문화적 제약 등으로 아직 온전한 자기결정권을 행사하기 어려울 뿐만 아니라, 인지적·심리적·관계적 자원의 부족으로 타인의 성적 침해 또는 착취행위로부터 자신을 방어하기 어려운 처지에 있기 때문이다. 또한 아동·청소년은 성적 가치관을 형성하고 성 건강을 완성해 가는 과정에 있으므로 아동·청소년에 대한 성적 침해 또는 착취행위는 아동·청소년이 성과 관련한 정신적·신체적 건강을 추구하고 자율적 인격을 형성·발전시키는 데에 심각하고 지속적인 부정적 영향을 미칠 수 있다. 따라서 아동·청소년이 외관상 성적 결정 또는 동의로 보이는 언동을 하였더라도, 그것이 타인의 기망이나 왜곡된 신뢰관계의 이용에 의한 것이라면, 이를 아동·청소년의 온전한 성적 자기결정권의 행사에 의한 것이라고 평가하기 어렵다.

[2] 성적 자기결정권은 스스로 선택한 인생관 등을 바탕으로 사회공동체 안에서 각자가 독자적으로 성적 관념을 확립하고 이에 따라 사생활의 영역에서 자기 스스로 내린 성적 결정에 따라 자기책임하에 상대방을 선택하고 성관계를 가질 권리로 이해된다. 여기에는 자신이 하고자 하는 성행위를 결정할 권리라는 적극적 측면과 함께 원치 않는 성행위를 거부할 권리라는 소극적 측면이 함께 존재하는데, 위계에 의한 간음죄를 비롯한 강간과 추행의 죄는 소극적 성적 자기결정권을 침해하는 것을 내용으로 한다.

[3] 피고인이 아동인 甲(여, 15세)과 성관계를 하던 중 甲이 "그만하면 안 되냐. 힘들다. 그만하자."라고 하였음에도 계속하여 甲을 간음함으로써 '성적 학대행위'를 하였다고 하여 아동복지법 위반으로 기소된 사안에서, 甲이 성적 자기결정권을 제대로 행사할 수 있을 정도의 성적 가치관과 판단능력을 갖추었는지 여부 등을 신중하게 판단하였어야 한다는 이유로, 이와 달리 만 15세인 甲의 경우 일반적으로 미숙하나마 자발적인 성적 자기결정권을 행사할 수 있는 연령대

로 보이는 점, 군검사 역시 피고인이 甲과 성관계를 가진 자체에 대하여는 학대행위로 기소하지 아니한 점 등을 들어 성적 학대행위에 해당하지 않는다고 본 원심의 판단에 아동복지법 제17조 제2호에서 정한 '성적 학대행위'에 관한 법리오해의 잘못이 있다고 한 사례.

④ **대법원 2017. 6. 15. 선고 2017도3448 판결**

[판시사항]

[1] 아동복지법상 금지되는 '성적 학대행위'의 의미 및 성폭행의 정도에 이르지 아니한 성적 행위로서 성적 도의관념에 어긋나고 아동의 건전한 성적 가치관의 형성 등 완전하고 조화로운 인격발달을 현저하게 저해할 우려가 있는 행위가 이에 포함되는지 여부(적극)

[2] 불고불리의 원칙과 법원의 심판 범위 / 검사가 어떠한 행위를 기소한 것인지 판단하는 기준 및 공소제기의 취지가 오해를 불러일으키거나 명료하지 못한 경우, 법원이 검사에 대하여 석명권을 행사하여 취지를 명확하게 하여야 하는지 여부(적극)

[판결요지]

[1] 아동복지법 제1조는 "이 법은 아동이 건강하게 출생하여 행복하고 안전하게 자랄 수 있도록 아동의 복지를 보장하는 것을 목적으로 한다."라고 규정하고 있고, 제2조는 "아동은 완전하고 조화로운 인격발달을 위하여 안정된 가정환경에서 행복하게 자라나야 한다(제2항). 아동에 관한 모든 활동에 있어서 아동의 이익이 최우선적으로 고려되어야 한다(제3항)."라고 규정하고 있다. 그리고 제3조 제7호에서는 아동학대를 "보호자를 포함한 성인이 아동의 건강 또는 복지를 해치거나 정상적 발달을 저해할 수 있는 신체적·정신적·성적 폭력이나 가혹행위를 하는 것과 아동의 보호자가 아동을 유기하거나 방임하는 것"이라고 정의하면서, 제17조 제2호에서 "누구든지 아동에게 음란한 행위를 시키거나 이를 매개하는 행위 또는 아동에게 성적 수치심

을 주는 성희롱 등의 성적 학대행위를 하여서는 아니 된다."라고 하고 있다.

'아동에게 음란한 행위를 시키는 행위'는 아동복지법 제정 당시부터 금지행위의 유형에 포함되어 있었으나, '성적 학대행위'는 2000. 1. 12. 법률 제6151호로 아동복지법이 전부 개정되면서 처음으로 금지행위의 유형에 포함되었고, 그 문언도 처음에는 "아동에게 성적 수치심을 주는 성희롱, 성폭행 등의 학대행위"였다가 2011. 8. 4. 법률 제11002호로 전부 개정 시 "아동에게 성적 수치심을 주는 성희롱·성폭력 등의 학대행위"로, 2014. 1. 28. 법률 제12361호로 개정 시 "아동에게 성적 수치심을 주는 성희롱 등의 성적 학대행위"로 각 변경됨으로써 현재는 성적 학대행위의 예로 '성폭행'이나 '성폭력'은 삭제되고 '성희롱'만을 규정하고 있다. 그리고 '성적 학대행위'가 위와 같이 금지행위의 유형에 포함된 이후부터 아동복지법이 2014. 1. 28. 법률 제12361호로 개정되기 전까지 아동복지법은 '아동에게 음행을 시키는 행위'와 '성적 학대행위'를 각각 다른 호에서 금지행위로 규정하면서 전자는 10년 이하의 징역 또는 5천만 원 이하의 벌금으로, 후자는 5년 이하의 징역 또는 3천만 원 이하의 벌금으로 처벌하는 등 법정형을 달리하였으나, 아동복지법이 2014. 1. 28. 개정되면서 같은 호에서 같은 법정형(10년 이하의 징역 또는 5천만 원 이하의 벌금)으로 처벌하게 되었다(제17조 제2호, 제71조 제1항 제1호의2 참조).

이러한 아동복지법의 입법목적과 기본이념, '아동에게 음란한 행위를 시키는 행위'와 '성적 학대행위'를 금지하는 규정의 개정 경과 등을 종합하면, 아동복지법상 금지되는 '성적 학대행위'는 아동에게 성적 수치심을 주는 성희롱 등의 행위로서 아동의 건강·복지를 해치거나 정상적 발달을 저해할 수 있는 성적 폭력 또는 가혹행위를 의미하고, 이는 '음란한 행위를 시키는 행위'와는 별개의 행위로서, 성폭행의 정도에 이르지 아니한 성적 행위도 그것이 성적 도의관념에 어긋나고 아동의 건전한 성적 가치관의 형성 등 완전하고 조화로운 인격 발달을 현저하게 저해할 우려가 있는 행위이면 이에 포함된다.

[2] 불고불리의 원칙상 검사의 공소제기가 없으면 법원이 심판할 수 없고, 법원은 검사가 공소제기한 사건에 한하여 심판을 하여야 하므로, 검사는 공소장의 공소사실과 적용법조 등을 명백히 함으로써 공소제기의 취지를 명확히 하여야 하는데, 검사가 어떠한 행위를 기소한 것인지는 기본적으로 공소장의 기재 자체를 기준으로 하되, 심리의 경과 및 검사의 주장내용 등도 고려하여 판단하여야 한다. 공소제기의 취지가 명료할 경우 법원이 이에 대하여 석명권을 행사할 필요는 없으나, 공소제기의 취지가 오해를 불러일으키거나 명료하지 못한 경우라면 법원은 형사소송규칙 제141조에 의하여 검사에 대하여 석명권을 행사하여 그 취지를 명확하게 하여야 한다.

Part 3. 사이버 공간 내 성적 괴롭힘

1. 온라인을 통한 성적 괴롭힘

■ 사이버 공간 내 성적 괴롭힘의 뜻

① "사이버 공간 내 성적 괴롭힘"이란 온라인을 통해 상대방에게 성적 수치심을 일으키는 그림을 전송하거나, 디지털 성범죄 피해자의 신상정보 등을 공개적으로 유포하거나, 성적으로 명예훼손 또는 모욕하는 행위를 모두 포괄하는 개념입니다.

② 동의 없이 상대의 신체, 사생활, 성행위를 촬영하거나 유포·유포협박·저장·전시하는 행위뿐 아니라 사이버 공간에서 이루어지는 성적 괴롭힘도 디지털 성범죄입니다. 휴대폰, 컴퓨터, 인터넷 등 디지털 기술을 매개로 타인의 성적 자율권과 인격권을 침해하는 행위라면 어디에서 누구에 의해 발생한 것이든 모두 디지털 성범죄가 될 수 있습니다.

2. 금지행위의 유형

2-1. 통신매체를 이용한 음란행위

① 자기 또는 다른 사람의 성적 욕망을 유발하거나 만족시킬 목적으로 전화, 우편, 컴퓨터, 그 밖의 통신매체를 통해 성적 수치심이나 혐오감을 일으키는 말, 음향, 글, 그림, 영상 또는 물건을 상대방에게 도달하게 한 사람은 2년 이하의 징역 또는 2천만원 이하의 벌금에 처해집니다(「성폭력범죄의 처벌 등에 관한 특례법」 제13조).

② 법인의 대표자나 법인 또는 개인의 대리인, 사용인, 그 밖의 종업원이 그 법인 또는 개인의 업무에 관해 이를 위반하면 그 행위자를 벌하는 외에 그 법인 또는 개인에게도 벌금형을 과(科)합니다. 다만, 법인 또는 개인이 그 위반행위를 방지하기 위해 해당 업무에 관해 상당한 주의와 감독을 게을리하지 않은 경우는 제외합니다(「성폭력범죄의 처벌 등에 관한 특례법」 제51조).

2-2. 디지털 성범죄 피해자의 신상정보 등을 유포

① 피해자의 주소, 성명, 나이, 직업, 학교, 용모, 그 밖에 피해자를 특정해 파악할 수 있는 인적사항이나 사진 등을 피해자의 동의를 받지 않고 신문 등 인쇄물에 싣거나, 「방송법」에 따른 텔레비전·라디오·데이터 및 이동멀티미디어 방송(이하 "방송"이라 함) 또는 정보통신망을 통해 공개한 자는 3년 이하의 징역 또는 3천만원 이하의 벌금에 처해집니다(「성폭력범죄의 처벌 등에 관한 특례법」 제24조 제2항, 제50조 제2항 제2호 및 「방송법」 제2조 제1호).

② 피해자가 아동·청소년인 경우, 해당 아동·청소년의 주소·성명·연령·학교 또는 직업·용모 등 그 아동·청소년을 특정해 파악할 수 있는 인적사항이나 사진 등을 신문 등 인쇄물에 싣거나, 방송 또는 정보통신망을 통해 공개한 자는 7년 이하의 징역 또는 5천만원 이

하의 벌금에 처해집니다. 이 경우 징역형과 벌금형은 병과할 수 있습니다(「아동·청소년의 성보호에 관한 법률」 제31조 제3항, 제4항 및 「방송법」 제2조 제1호).

③ 법인의 대표자나 법인 또는 개인의 대리인, 사용인, 그 밖의 종업원이 그 법인 또는 개인의 업무에 관해 이를 위반하여 피해아동·청소년의 인적사항과 사진 등을 공개한 때에는 그 행위자를 벌하는 외에 그 법인 또는 개인에게도 벌금형을 과(科)합니다. 다만, 법인 또는 개인이 그 위반행위를 방지하기 위해 해당 업무에 관해 상당한 주의와 감독을 게을리하지 않은 경우는 제외합니다(「아동·청소년의 성보호에 관한 법률」 제32조).

2-3. 「정보통신망 이용촉진 및 정보보호 등에 관한 법률」상 명예 훼손

① 사람을 비방할 목적으로 정보통신망을 통해 공공연하게 사실을 드러내어 다른 사람의 명예를 훼손한 자는 3년 이하의 징역 또는 3천만원 이하의 벌금에 처해집니다(「정보통신망 이용촉진 및 정보보호 등에 관한 법률」 제70조 제1항).

② 사람을 비방할 목적으로 정보통신망을 통해 공공연하게 거짓의 사실을 드러내어 다른 사람의 명예를 훼손한 자는 7년 이하의 징역, 10년 이하의 자격정지 또는 5천만원 이하의 벌금에 처해집니다(「정보통신망 이용촉진 및 정보보호 등에 관한 법률」 제70조 제2항).

③ 이 죄는 피해자가 구체적으로 밝힌 의사에 반해 공소를 제기할 수 없습니다(「정보통신망 이용촉진 및 정보보호 등에 관한 법률」 제70조 제3항).

2-4. 「형법」상 명예훼손·모욕

① 정보통신망을 통해 다른 사람의 명예를 훼손한 경우 「정보통신망 이용촉진 및 정보보호 등에 관한 법률」뿐만 아니라 「형법」상 금지행위에도 해당합니다.

② 공연히 사실을 적시해 사람의 명예를 훼손한 자는 2년 이하의 징역이나 금고 또는 500만원 이하의 벌금에 처해집니다(「형법」 제307조 제1항).

③ 공연히 허위의 사실을 적시해 사람의 명예를 훼손한 자는 5년 이하의 징역, 10년 이하의 자격정지 또는 1천만원 이하의 벌금에 처해집니다(「형법」 제307조 제2항).

④ 「형법」 제307조의 죄는 피해자의 명시한 의사에 반해 공소를 제기할 수 없습니다(「형법」 제312조 제2항).

⑤ 공연히 사람을 모욕한 자는 1년 이하의 징역이나 금고 또는 200만원 이하의 벌금에 처해집니다(「형법」 제311조).

⑥ 「형법」 제311조의 죄는 고소가 있어야 공소를 제기할 수 있습니다(「형법」 제312조 제1항).

2-5. Q&A

■ 여성의 나체 사진을 바로 보여준 것이 아니라 인터넷 링크를 적어 전송했을 뿐인데, 이런 경우에도 법적으로 문제가 되나요?

Q. 예전에 저와 사귀었던 여성에게 그 여성의 나체 사진이 저장된 인터넷 링크를 휴대전화 메시지로 보냈습니다. 저는 해당 사진을 바로 보여준 것이 아니라 인터넷 링크를 적어 전송했을 뿐인데, 이런 경우에도 법적으로 문제가 되나요?

A. 행위자의 의사와 그 내용, 웹페이지의 성격과 사용된 링크기술의 구

체적인 방식 등 모든 사정을 종합하여 볼 때 그 나체 사진이 상대방에 의해 인식될 수 있는 상태에 놓이고 실질적으로 그것을 직접 전달하는 것과 다를 바 없다고 평가된다면, 그리고 이에 따라 상대방이 해당 링크를 이용해 별다른 제한 없이 그 사진에 바로 접할 수 있는 상태가 실제로 조성되었다면, 통신매체이용 음란죄로 처벌받을 수 있습니다.

◇ 통신매체이용음란죄의 처벌

「성폭력범죄의 처벌 등에 관한 특례법」에 따라 자기 또는 다른 사람의 성적 욕망을 유발하거나 만족시킬 목적으로 전화, 우편, 컴퓨터, 그 밖의 통신매체를 통하여 성적 수치심이나 혐오감을 일으키는 말, 음향, 글, 그림, 영상 또는 물건을 상대방에게 "도달"하게 한 사람은 2년 이하의 징역 또는 2천만원 이하의 벌금에 처해집니다.

◇ 통신매체이용음란죄의 "도달하게 한다"의 의미

① 대법원은, 여기서 "도달"이란 상대방이 성적 수치심을 일으키는 그림 등을 직접 접하는 경우뿐만 아니라 상대방이 실제로 이것을 인식할 수 있는 상태에 두는 것을 의미한다고 판단하였습니다.

② 따라서 상대방에게 성적 수치심을 일으키는 그림 등이 담겨 있는 웹페이지 등에 대한 인터넷 링크(internet link)를 보내는 행위를 통해 그와 같은 그림 등이 상대방에 의해 인식될 수 있는 상태에 놓이고 실질에 있어서 이를 직접 전달하는 것과 다를 바 없다고 평가되고, 이에 따라 상대방이 이러한 링크를 이용해 별다른 제한 없이 성적 수치심을 일으키는 그림 등에 바로 접할 수 있는 상태가 실제로 조성되었다면, 그러한 행위는 전체로 보아 성적 수치심을 일으키는 그림 등을 상대방에게 도달하게 한다는 구성요건을 충족합니다.

Part 4. 가해자에 대한 처벌

1.디지털 성범죄 유형 및 처벌

① 디지털 성범죄 유형별 적용 법률 및 처벌규정(한국여성인권진흥원, 여성폭력 Zoom-in 디지털 성범죄 참조)

구분		적용 법률	법정형
촬영물 이용	불법촬영	「성폭력범죄의 처벌 등에 관한 특례법」 제14조제1항	7년 이하의 징역 또는 5천만원 이하의 벌금
	유포·재유포	「성폭력범죄의 처벌 등에 관한 특례법」 제14조제2항	7년 이하의 징역 또는 5천만원 이하의 벌금
		「성폭력범죄의 처벌 등에 관한 특례법」 제14조제3항	3년 이상의 유기징역
		「정보통신망 이용촉진 및 정보보호 등에 관한 법률」 제44조의7(제1항제1호 위반)	1년 이하의 징역 또는 1천만원 이하의 벌금
	유포 협박	「성폭력범죄의 처벌 등에 관한 특례법」 제14조의3제1항	1년 이상의 유기징역
		「성폭력범죄의 처벌 등에 관한 특례법」 제14조의3제2항	3년 이상의 유기징역
		「형법」 제283조제1항	3년 이하의 징역, 500만원 이하의 벌금, 구류 또는 과료
		「형법」 제324조제1항	5년 이하의 징역 또는 3천만원 이하의 벌금
	허위영상물 제작 및 유포·재유포	「성폭력범죄의 처벌 등에 관한 특례법」 제14조의2제1항	7년 이하의 징역 또는 5천만원 이하의 벌금
		「성폭력범죄의 처벌 등에 관한 특례법」 제14조의2제2항	7년 이하의 징역 또는 5천만원 이하의 벌금

		「성폭력범죄의 처벌 등에 관한 특례법」 제14조의2제3항	3년 이상의 유기징역
	소지·구입·저장·시청	「성폭력범죄의 처벌 등에 관한 특례법」 제14조제4항	3년 이하의 징역 또는 3천만원 이하의 벌금
아동·청소년대상	성착취물의 제작·배포 등	「아동·청소년의 성보호에 관한 법률」 제11조제1항	무기 또는 5년 이상의 징역
		「아동·청소년의 성보호에 관한 법률」 제11조제2항	5년 이상의 유기징역
		「아동·청소년의 성보호에 관한 법률」 제11조제3항	3년 이상의 유기징역
		「아동·청소년의 성보호에 관한 법률」 제11조제4항	3년 이상의 유기징역
		「아동·청소년의 성보호에 관한 법률」 제11조제5항	1년 이상의 유기징역
	매매행위	「아동·청소년의 성보호에 관한 법률」 제12조제1항	무기징역 또는 5년 이상의 징역
	성을 사는 행위 등	「아동·청소년의 성보호에 관한 법률」 제13조제1항	1년 이상 10년 이하의 징역 또는 2천만원 이상 5천만원 이하의 벌금
		「아동·청소년의 성보호에 관한 법률」 제13조제2항	3년 이하의 징역 또는 3천만원 이하의 벌금
	강요행위 등	「아동·청소년의 성보호에 관한 법률」 제14조제1항	5년 이상의 유기징역
		「아동·청소년의 성보호에 관한 법률」 제14조제2항	7년 이상의 유기징역
		「아동·청소년의 성보호에 관한 법률」 제14조제3항	7년 이하의 징역 또는 5천만원 이하의 벌금
	성착취 목적	「아동·청소년의 성보호에 관한	3년 이하의 징역 또는 3천

	대화 등	법률」 제15조의2	만원 이하의 벌금
	성적 학대행위 등	「아동복지법」 제17조제2호 및 제71조제1항제1호의2	10년 이하의 징역 또는 1억원 이하의 벌금
사이버 공간 내 성적 괴롭힘		「성폭력범죄의 처벌 등에 관한 특례법」 제13조	2년 이하의 징역 또는 2천만원 이하의 벌금
		「성폭력범죄의 처벌 등에 관한 특례법」 제24조제2항 및 제50조제2항	3년 이하의 징역 또는 3천만원 이하의 벌금
		「아동·청소년의 성보호에 관한 법률」 제31조제3항 및 제4항	7년 이하의 징역 또는 5천만원 이하의 벌금
		「정보통신망 이용촉진 및 정보보호 등에 관한 법률」 제70조제1항	3년 이하의 징역 또는 3천만원 이하의 벌금
		「정보통신망 이용촉진 및 정보보호 등에 관한 법률」 제70조제2항	7년 이하의 징역, 10년 이하의 자격정지 또는 5천만원 이하의 벌금
		「형법」 제307조제1항	2년 이하의 징역이나 금고 또는 500만원 이하의 벌금
		「형법」 제307조제2항	5년 이하의 징역, 10년 이하의 자격정지 또는 1천만원 이하의 벌금
		「형법」 제311조(모욕)	1년 이하의 징역이나 금고 또는 200만원 이하의 벌금

② 어떠한 법률을 적용해 어떠한 처벌을 할 것인지는 구체적 사안에 따라 정해집니다.

2. 신상정보의 등록

위의 처벌규정 중 다음의 범죄는 신상정보 등록대상 성범죄에 해당합니다(「성폭력범죄의 처벌 등에 관한 특례법」 제42조 제1항).

- 통신매체를 이용한 음란행위(「성폭력범죄의 처벌 등에 관한 특례법」 제13조)
- 카메라 등을 이용한 촬영(「성폭력범죄의 처벌 등에 관한 특례법」 제14조)
- 허위영상물 등의 반포 등(「성폭력범죄의 처벌 등에 관한 특례법」 제14조의2)
- 촬영물 등을 이용한 협박·강요(「성폭력범죄의 처벌 등에 관한 특례법」 제14조의3)
- 아동·청소년성 착취물의 제작·배포 등(「아동·청소년의 성보호에 관한 법률」 제11조)
- 아동·청소년 매매행위(「아동·청소년의 성보호에 관한 법률」 제12조)
- 아동·청소년의 성을 사는 행위 등(「아동·청소년의 성보호에 관한 법률」 제13조)
- 아동·청소년에 대한 강요행위 등(「아동·청소년의 성보호에 관한 법률」 제14조)
- 아동·청소년에 대한 성착취 목적 대화 등(「아동·청소년의 성보호에 관한 법률」 제15조의2)
- 아동·청소년에 대한 성적 학대행위 등(「아동복지법」 제7조 제2호)

Part 5. 디지털 성범죄 발생 시 대처방법 및 피해예방

1. 대처방법 및 피해예방

1-1. 신고, 상담 및 삭제요청

■ 피해 신고·상담 전문기관

구분	바로가기 및 연락처
한국여성인권진흥원 디지털 성범죄 피해자 지원센터	▪ 상담 신청 (전화 02-735-8994, 365일 24시간 상담)
불법촬영물등 신고·삭제 요청 기관	▪ 전국 불법촬영물등 신고·삭제 요청 기관·단체
여성폭력 사이버 상담소	▪ 채팅 상담실 ▪ 게시판 상담실 (여성긴급전화 1366, 365일 24시간 상담)
성폭력피해상담소	▪ 전국 성폭력피해상담소 연락처
해바라기센터	▪ 전국 해바라기센터 연락처
경찰청 사이버수사국	▪ 사이버범죄 신고시스템(신고·상담·제보) (긴급신고 112, 365일 24시간 상담)
청소년사이버상담센터	▪ 온라인(채팅/게시판 등)·카카오톡 및 문자 상담 (청소년전화 1388, 365일 24시간 상담)

1-2. 증거 수집

① 피해 사실을 알게 된 경우 가장 중요한 것은 증거 수집입니다!

② 대응을 결심했다면 이것부터 합니다.
- 디지털 성범죄를 인지한 경로와 사건의 정황을 정리하고 증거를 최대한 수집합니다.
- 상대방에 대한 정보, 피해촬영물 등 채증과 스크린샷, 게시물 링크 등의 증거를 수집합니다.
- 시간 순서에 따라 사건에 대해 기록합니다.

③ 삭제지원 사설(영리)업체를 이용할 때에는 주의해야 합니다. 이후 가해자 처벌 및 배상 등에 관한 문제 해결 절차에서 증거 확보가 어려울 수도 있습니다.

1-3. 피해자 신상정보 및 불법촬영물 등

1-3-1. 정보통신망을 통한 피해자 신상정보 등 삭제요청

① 정보통신망을 통해 일반에게 공개를 목적으로 제공된 정보로 사생활 침해나 명예훼손 등 타인의 권리가 침해된 경우, 그 침해를 받은 자는 해당 정보를 처리한 전기통신사업자와 영리를 목적으로 전기통신사업자의 전기통신역무를 이용해 정보를 제공하거나 정보의 제공을 매개하는 자(이하 "정보통신서비스 제공자"라 함)에게 침해사실을 소명해 그 정보의 삭제를 요청(이하 "삭제요청"이라 함)할 수 있습니다(「정보통신망 이용촉진 및 정보보호 등에 관한 법률」 제2조 제1항 제3호, 제44조의2 제1항).

② 정보통신서비스 제공자는 삭제요청을 받으면 지체 없이 삭제·임시조치 등의 필요한 조치를 하고 즉시 신청인 및 정보게재자에게 알려야 합니다. 이 경우 정보통신서비스 제공자는 필요한 조치를

한 사실을 해당 게시판에 공시하는 등의 방법으로 이용자가 알 수 있도록 해야 합니다(「정보통신망 이용촉진 및 정보보호 등에 관한 법률」 제44조의2 제2항).

1-3-2. 전기통신사업자의 불법촬영물 등 삭제·접속차단 조치

① 부가통신사업을 신고한 자(「전기통신사업법」 제22조 제4항 각 호의 어느 하나에 해당하는 자를 포함함) 및 특수유형부가통신사업자 중 「저작권법」에 따라 다른 사람들 상호 간에 컴퓨터를 이용해 저작물 등을 전송하도록 하는 것을 주된 목적으로 하는 온라인서비스제공자(이하 "조치의무사업자"라 함)는 자신이 운영·관리하는 정보통신망을 통해 일반에게 공개되어 유통되는 정보 중 다음의 정보(이하 "불법촬영물 등"이라 함)가 유통되는 사정을 신고, 삭제요청 또는 한국여성인권진흥원, 방송통신위원회가 고시한 기관·단체 등의 요청 등을 통해 인식한 경우에는 지체 없이 해당 정보의 삭제·접속차단 등 유통방지에 필요한 조치를 취해야 합니다(「전기통신사업법」 제2조 제14호 가목, 제22조의5 제1항, 「전기통신사업법 시행령」 제30조의5 제1항 및 「저작권법」 제104조 제1항).

② 카메라나 그 밖에 이와 유사한 기능을 갖춘 기계장치를 이용해 성적 욕망 또는 수치심을 유발할 수 있는 사람의 신체를 촬영대상자의 의사에 반해 촬영한 촬영물 또는 복제물 또는 그 촬영이 촬영 당시에는 촬영대상자의 의사에 반하지 않은 경우(자신의 신체를 직접 촬영한 경우를 포함함)에도 사후에 그 촬영대상자의 의사에 반해 반포·판매·임대·제공 또는 공공연하게 전시·상영한 촬영물 또는 복제물(복제물의 복제물을 포함함. 이하 같음)(「성폭력범죄의 처벌 등에 관한 특례법」 제14조)

③ 사람의 얼굴·신체 또는 음성을 대상으로 한 촬영물·영상물 또는 음성물을 그 대상자의 의사에 반해 성적 욕망 또는 수치심을 유발할

수 있는 형태로 편집·합성 또는 가공한 편집물·합성물·가공물 또는 복제물(「성폭력범죄의 처벌 등에 관한 특례법」 제14조의2)

④ 아동·청소년 또는 아동·청소년으로 명백하게 인식될 수 있는 사람이나 표현물이 등장해 다음의 어느 하나에 해당하는 행위를 하거나 그 밖의 성적 행위를 하는 내용을 표현하는 것으로서 필름·비디오물·게임물 또는 컴퓨터나 그 밖의 통신매체를 통한 화상·영상 등의 형태로 된 아동·청소년 성착취물(「아동·청소년의 성보호에 관한 법률」 제2조 제5호)

 - 성교 행위
 - 구강·항문 등 신체의 일부나 도구를 이용한 유사 성교 행위
 - 신체의 전부 또는 일부를 접촉·노출하는 행위로서 일반인의 성적 수치심이나 혐오감을 일으키는 행위
 - 자위 행위

⑤ 불법촬영물 등의 신고 또는 삭제요청을 하려는 자는 「전기통신사업법 시행령」 별지 서식의 불법촬영물등 유통 신고·삭제요청서 또는 같은 서식의 내용이 포함되도록 작성한 문서를 조치의무사업자에게 제출해야 합니다(「전기통신사업법 시행령」 제30조의5 제2항).

1-3-3. 누군가의 피해 사실을 알게 되었다면 이렇게!

① 피해자가 그 사실을 모르고 있다면 피해자에게 피해 사실을 알립니다.

② 디지털 성범죄 피해는 피해자가 스스로 인지하지 못하고 있는 경우가 많습니다. 피해 사실을 알게 되면 피해자가 힘들어질 수 있겠지만, 시간이 흐르고 피해가 더 커진 후 알게 되었을 때에는 대응이 더욱 어려워질 수 있습니다.
피해자의 이야기를 경청하면서 피해자가 느끼는 감정에 공감합니다. 섣부르게 위로하거나 해결방법을 제시하기보다는 충분히 듣고 피해자의 잘못이 아니라는 점을 알려주세요.

③ 피해 회복의 조력자가 되어주세요. 피해자가 유포 등의 피해로 인해 느끼는 고통과 공포의 감정을 표출할 수 있도록 용기를 주고, 문제 해결을 위해 필요한 지원을 받을 수 있도록 함께 알아보고 격려합니다.

1-4. Q&A

■ 성폭력상담소로부터 제가 운영하는 홈페이지에 불법촬영물이 게시되었다는 연락을 받은 경우, 당사자가 아닌 사람의 요청에도 따라야 하는 건가요?

Q. 저는 온라인서비스제공자로 사업자 등록을 한 사람입니다. 갑자기 지방의 어느 성폭력상담소로부터 제가 운영하는 홈페이지에 불법촬영물이 게시되었다는 연락을 받았습니다. 그 촬영물의 당사자가 아닌 사람의 요청에도 따라야 하는 건가요?

A. 네, 온라인서비스제공자는 해당 불법촬영물을 삭제하는 등 불법촬영물의 유통을 방지하기 위한 조치를 취해야 할 의무가 있습니다.

◇ 조치의무사업자의 불법촬영물 등 삭제·접속차단 조치
「전기통신사업법」에 따라 부가통신사업을 신고한 자 및 특수유형부가통신사업자 중 다른 사람들 상호 간에 컴퓨터를 이용하여 저작물 등을 전송하도록 하는 것을 주된 목적으로 하는 온라인서비스제공자 (이하 "조치의무사업자"라 함)는 자신이 운영·관리하는 정보통신망을 통해 일반에게 공개되어 유통되는 정보 중 불법촬영물 등이 유통되는 사정을 ① 신고, ② 삭제요청 또는 ③ 관련 기관·단체 등의 요청 등을 통해 인식한 경우, 지체 없이 해당 정보의 삭제·접속차단 등 유통방지에 필요한 조치를 취해야 합니다.
이러한 ③ 불법촬영물 등에 대한 신고·삭제 요청기관은 한국여성인권진흥원 및 다음의 기관·단체를 말합니다.

소재지	기관·단체명
서울	서울시여성가족재단
부산	부산광역시 여성폭력방지종합지원센터(이젠센터)
대구	대구여성의전화 부설 여성인권상담소 피어라
인천	인천여성가족재단 (인천 디지털성범죄 예방대응센터)
	인천 행복한 가정폭력·성폭력 통합상담소
	인천 우리 가정폭력·성폭력 통합상담소
광주	광주YWCA 통합상담지원센터
대전	대전YWCA 성폭력·가정폭력상담소
울산	동구 가정·성폭력통합상담소
세종	종촌종합복지센터 가정·성폭력통합상담소
경기	경기도여성가족재단(경기도 디지털 성범죄피해자 원스톱 지원센터)
강원	여성긴급전화 1366 강원센터
충남	해뜰통합상담소
충북	청주YWCA 여성종합상담소
전남	(사)행복누리 부설 목포여성상담센터
전북	(사)성폭력예방치료센터 부설 전주성폭력상담소
	군산성폭력상담소
경북	(사)포항여성회 부설 경북여성통합상담소
	로뎀성폭력상담소
경남	(사)경남여성회 부설 성폭력상담소
	창원 성폭력상담소
제주	제주YWCA 통합상담소
	서귀포가정폭력·성폭력 통합상담소

2. 예방 및 대응

2-1. 디지털 성범죄 등 성폭력 예방교육 의무

다음의 기관 또는 단체는 해당 기관·단체에 소속된 사람 및 학생 등을 대상으로 매년 1회 이상, 1시간 이상의 성교육 및 성폭력 예방교육 실시, 기관 내 피해자 보호와 피해 예방을 위한 자체 예방지침 마련, 사건발생 시 재발방지대책 수립·시행 등 필요한 조치를 하고, 그 결과를 여성가족부장관에게 제출해야 합니다. 이 경우 기관·단체에 신규임용된 사람에 대해서는 임용된 날부터 2개월 이내에 교육을 실시해야 합니다(「성폭력방지 및 피해자보호 등에 관한 법률」 제5조 제1항, 「성폭력방지 및 피해자보호 등에 관한 법률 시행령」 제2조 제1항 및 제2항 제1호).

- 국가기관 및 지방자치단체의 장
- 유치원의 장
- 어린이집의 원장
- 각급 학교의 장
- 학교 및 그 밖에 다른 법령에 따라 설립·운영되는 학교
- 인사혁신처장이 관보에 공직유관단체로 고시한 기관·단체

2-2. 불법촬영물 등 유통방지를 위한 전기통신사업자 교육

「정보통신망 이용촉진 및 정보보호 등에 관한 법률 시행령」에 따른 일정 규모 이상의 사업자는 자신이 운영·관리하는 정보통신망을 통해 일반에게 공개되어 유통되는 정보 중 불법촬영물 등의 유통을 방지하기 위한 책임자(이하 "불법촬영물 등 유통방지 책임자"라 함)를 지정해야 하며, 불법촬영물 등 유통방지 책임자는 방송통신위원회가 관련 기관·단체와 협력해 실시하는 다음의 내용을 포함한 2시간 이상의 교

육(정보통신망을 이용한 원격교육을 포함함)을 매년 받아야 합니다 (「정보통신망 이용촉진 및 정보보호 등에 관한 법률」제44조의9 제1항 및 「정보통신망 이용촉진 및 정보보호 등에 관한 법률 시행령」제35조의2 제4항).

- 불법촬영물 등의 유통방지 관련 제도 및 법령에 관한 사항
- 불법촬영물 등의 삭제·접속차단 등 유통방지에 필요한 조치에 관한 사항
- 불법촬영물 등에 대한 방송통신심의위원회의 심의 기준에 관한 사항
- 그 밖에 불법촬영물 등의 유통방지를 위해 방송통신위원회가 필요하다고 인정하는 사항

2-3. 공동체에서 디지털 성범죄에 대응하는 방법

① 내가 학생이라면
- 가해 사실에 동참하지 않고 가해자를 무색하기 만들기
- 피해 사실을 피해자나 신고센터에 알려주기
- 예방 활동이나 캠페인을 만들거나 참여, 기부를 통해 힘을 실어주기
- 디지털 매체를 활용해 피해 상황에 참여한 이들의 속마음을 드러내는 영상이나, 문제의식을 나눌 수 있는 플랫폼 만들기
- 학내 사건처리 한계를 점검하고 학교에 필요한 지원과 시정을 요구하기
- 학교 내 성폭력처리절차를 통한 결과가 부당한 경우에는 다른 학교 내 다른 학생소모임, 다른 학교의 학생자치단체와 연계하여 피해자를 지지할 수 있습니다.

② 직장에서는
- 디지털 성범죄는 모르는 사이에서도 많이 발생하지만, 직장 내 아는 관계에서도 다양한 형태로 나타납니다. 직장 내부공간에

서 발생하는 불법촬영을 비롯해 직장 내부 게시판 및 소통, 단톡방에서의 이미지·영상물 유포, 악플, 성적 희롱 등이 발생하는 경우도 많아지고 있습니다.
- 직장 내에서 디지털 성범죄의 발생이 확인된 경우 사업주는 관련 법률에 따라 지체 없이 해당 행위자에 대해 징계를 내리거나 이에 준하는 조치를 시행해야 합니다.
- 직장 등 고용관계에서의 성희롱을 비롯한 디지털 성범죄 발생 시 그 피해자 등에게 해고나 그 밖의 불리한 조치를 해서는 안 되며, 사업주가 이를 위반한 경우에는 3년 이하의 징역 또는 3천만원 이하의 벌금에 처해집니다(「남녀고용평등과 일·가정 양립 지원에 관한 법률」 제14조 제6항 및 제37조제2항 제2호).

③ 교수 및 상담소 관련 종사자의 역할
- 교수자로서의 책무를 자각하고, 수업이나 면담을 통해 학생들이 디지털 정보나 여성의 섹슈얼리티를 왜곡되게 인식하거나 확증 편향된 정보를 맹신하는 경향을 지적합니다.
- 사건 발생에 필요한 조치를 시행합니다. 디지털 성범죄를 포함한 성폭력 발생 사실을 인지한 경우 피해자와 가해자 분리, 응급 및 안전조치 등 필요한 조치를 시행해야 합니다.
- 피해 사실을 알게 되었을 때 유의하세요. 피해자가 신속하게 대응할 수 있도록 디지털 성범죄 피해자 지원센터 또는 성폭력 피해상담소 등에 도움을 요청할 수 있도록 안내합니다.
- 사건 처리 과정에서 취득한 개인정보도 조심히 다뤄주세요

Part 6. 디지털 성범죄 피해자 보호 및 지원

1. 피해자에 대한 보호제도

1-1. 전기통신사업자 등의 의무 및 제재

1-1-1. 청소년 유해매체물의 표시의무 및 표시방법

① 전기통신사업자의 전기통신역무를 이용해 일반에게 공개를 목적으로 정보를 제공하는 자(이하 "정보제공자"라 함) 중 청소년 유해매체물을 제공하려는 자는 다음의 표시방법에 따라 그 정보가 청소년 유해매체물임을 표시해야 합니다(「정보통신망 이용촉진 및 정보보호 등에 관한 법률」 제42조 및 「정보통신망 이용촉진 및 정보보호 등에 관한 법률 시행령」 제24조).

- 19세 미만의 사람은 이용할 수 없다는 취지의 내용을 누구나 쉽게 확인할 수 있도록 음성·문자 또는 영상으로 표시해야 함

- 청소년 유해매체물 표시를 해야 하는 자 중 인터넷을 이용해 정보를 제공하는 자의 경우에는 기호·부호·문자 또는 숫자를 사용해 청소년 유해매체물임을 나타낼 수 있는 전자적 표시도 함께 해야 함

- 그 밖에 정보의 유형 등을 고려한 표시의 구체적 방법에 따름 [「청소년 유해매체물의 표시방법」(방송통신위원회고시 제2015-17호, 2015. 7. 31. 발령, 2015. 8. 1. 시행)]

② 청소년 유해매체물임을 표시하지 않고 영리를 목적으로 제공한 자는 2년 이하의 징역 또는 2천만원 이하의 벌금에 처해집니다(「정보통신망 이용촉진 및 정보보호 등에 관한 법률」 제73조 제2호).

1-1-2. 표시방법을 지키지 않은 청소년 유해매체물의 삭제의무

전기통신사업자와 영리를 목적으로 전기통신사업자의 전기통신역무를 이용해 정보를 제공하거나 정보의 제공을 매개하는 자(이하 "정보통신서비스 제공자"라 함)는 자신이 운영·관리하는 정보통신망에 청소년 유해매체물의 표시방법을 지키지 않은 매체물이 게재되어 있는 경우에는 지체 없이 그 내용을 삭제해야 합니다(「정보통신망 이용촉진 및 정보보호 등에 관한 법률」 제2조 제1항 제3호 및 제44조의2 제3항).

1-1-3. 청소년 유해매체물 표시를 위한 기술적 조치의무

① 특수한 유형의 부가통신사업을 등록한 자(이하 "특수유형부가통신사업자"라 함) 중 「저작권법」에 따라 다른 사람들 상호 간에 컴퓨터를 이용해 저작물 등을 전송하도록 하는 것을 주된 목적으로 하는 온라인서비스제공자(이하 "특수한 유형의 온라인서비스제공자"라 함)에 해당하는 자는 청소년 유해매체물 표시의 이행을 위한 기술적 조치를 해야 합니다(「전기통신사업법」 제2조 제14호 가목, 제22조의3 제1항 제1호 및 「저작권법」 제104조 제1항).

② 이를 위반하여 기술적 조치를 하지 않은 자는 5천만원 이하의 과태료를 부과받습니다(「전기통신사업법」 제104조 제1항 제1호).

③ 청소년 유해매체물 표시를 위한 기술적 조치를 하지 않아 방송통신위원회가 요청한 경우 과학기술정보통신부장관은 특수한 유형의 부가통신사업 등록의 전부 또는 일부의 취소를 명하거나 1년 이내의 기간을 정해 사업의 전부 또는 일부의 정지를 명할 수 있습니다(「전기통신사업법」 제27조 제1항 제3호의2 본문).

1-2. 불법음란정보의 유통 방지를 위한 기술적 조치의무

1-2-1. 정보통신망을 통한 불법음란정보의 유통금지

① 누구든지 정보통신망을 통해 음란한 부호·문언·음향·화상 또는 영상을 배포·판매·임대하거나 공공연하게 전시하는 내용의 정보(이하 "불법음란정보"라 함)를 유통해서는 안 됩니다(「정보통신망 이용촉진 및 정보보호 등에 관한 법률」 제44조의7 제1항 제1호).

② 이를 위반하여 음란한 부호·문언·음향·화상 또는 영상을 배포·판매·임대하거나 공공연하게 전시한 자는 1년 이하의 징역 또는 1천만원 이하의 벌금에 처해집니다(「정보통신망 이용촉진 및 정보보호 등에 관한 법률」 제74조 제1항 제2호).

1-2-2. 불법음란정보 유통 방지를 위한 기술적 조치의무

① 「전기통신사업법」에 따른 특수유형부가통신사업자 중 「저작권법」에 따른 특수한 유형의 온라인서비스제공자에 해당하는 자는 불법음란정보의 유통 방지를 위해 다음의 모든 기술적 조치를 취해야 합니다(「전기통신사업법」 제2조 제14호 가목, 제22조의3 제1항 제2호, 「저작권법」 제104조 제1항 및 「전기통신사업법 시행령」 제30조의3 제1항).

1. 「전기통신사업법」에 따른 특수유형부가통신사업자 중 「저작권법」에 따른 특수한 유형의 온라인서비스제공자의 부가통신역무를 제공하는 자(이하 "사업자"라 함)가 정보의 제목, 특징 등을 비교해 해당 정보가 불법음란정보임을 인식할 수 있는 조치

2. 사업자가 위 1.에 따라 인식한 불법음란정보의 유통을 방지하기 위해 해당 정보를 이용자가 검색하거나 송수신하는 것을 제한하는 조치

3. 사업자가 위 1.의 조치에도 불구하고 불법음란정보를 인식하지 못해 해당 정보가 유통되는 것을 발견하는 경우 해당 정보를 이용자가 검색하거나 송수신하는 것을 제한하는 조치

4. 사업자가 불법음란정보 전송자에게 불법음란정보의 유통 금지 등에 관한 경고문구를 발송하는 조치

② 이를 위반하여 기술적 조치를 하지 않은 자는 5천만원 이하의 과태료를 부과받습니다(「전기통신사업법」 제104조 제1항 제1호).

③ 불법음란정보 유통 방지를 위한 기술적 조치를 하지 않아 방송통신위원회가 요청한 경우 과학기술정보통신부장관은 특수한 유형의 부가통신사업 등록의 전부 또는 일부의 취소를 명하거나 1년 이내의 기간을 정해 사업의 전부 또는 일부의 정지를 명할 수 있습니다(「전기통신사업법」 제27조 제1항 제3호의2).

1-3. 불법촬영물 등 유통방지 책임자 지정의무

1-3-1. 불법촬영물 등 유통방지 책임자의 지정

① 정보통신서비스 제공자 중 다음 어느 하나에 해당하는 자(이하 "불법촬영물 등 유통방지 책임자 지정의무자"라 함)는 자신이 운영·관리하는 정보통신망을 통해 일반에게 공개되어 유통되는 정보 중 불법촬영물 등의 유통을 방지하기 위한 책임자(이하 "불법촬영물 등 유통방지 책임자"라 함)를 지정해야 합니다(「정보통신망 이용촉진 및 정보보호 등에 관한 법률」 제44조의9 제1항).

- 「전기통신사업법」에 따른 특수유형부가통신사업자 중 「저작권법」에 따른 특수한 유형의 온라인서비스제공자의 부가통신역무를 제공하는 자(「정보통신망 이용촉진 및 정보보호 등에 관한 법률 시행령」 제35조의2 제1항 제1호, 「전기통신사업법」 제2조 제14호 가목, 제22조의3 제1항 및 「저작권법」 제104조 제1항)

- 「전기통신사업법」에 따라 부가통신사업을 신고한 자(자본금이 1억 이하인 소규모 부가통신사업을 경영하려는 자, 부가통신사업을 경영하려는 기간통신사업자를 포함함)로서 정보통신서비스 부문 전년도(법인인 경우에는 전 사업연도를 말함) 매출액이 10억원 이상이고, 「정보통신망 이용촉진 및 정보보호 등에 관한 법률 시행령」 별표 1의2에 해당하는 정보통신서비

스를 제공하는 자(「정보통신망 이용촉진 및 정보보호 등에 관한 법률 시행령」 제35조의2 제1항 제2호 가목, 별표 1의2, 「전기통신사업법」 제22조 제1항, 제4항 및 「전기통신사업법 시행령」 제30조 제1항)

- 「전기통신사업법」에 따라 부가통신사업을 신고한 자(자본금이 1억 이하인 소규모 부가통신사업을 경영하려는 자, 부가통신사업을 경영하려는 기간통신사업자를 포함함)로서 전년도 말 기준 직전 3개월간의 하루 평균 이용자 수가 10만명 이상이고, 「정보통신망 이용촉진 및 정보보호 등에 관한 법률 시행령」 별표 1의2에 해당하는 정보통신서비스를 제공하는 자(「정보통신망 이용촉진 및 정보보호 등에 관한 법률 시행령」 제35조의2 제1항 제2호 나목, 별표 1의2, 「전기통신사업법」 제22조 제1항, 제4항 및 「전기통신사업법 시행령」 제30조 제1항)

■ (「정보통신망 이용촉진 및 정보보호 등에 관한 법률 시행령」)
[별표 1의2]

불법촬영물등 유통방지 책임자 지정의무자의 제공 정보통신서비스(제35조의2제1항제2호 관련)

"불법촬영물등 유통방지 책임자 지정의무자가 제공하는 정보통신서비스"란 이용자가 정보통신망을 통하여 일반에게 공개되어 유통되는 정보(이하 이 표에서 "정보"라 한다)를 게재·공유 또는 검색할 수 있도록 제공하는 정보통신서비스로서 다음 각 호의 어느 하나에 해당하는 서비스를 말한다.

1. 사회관계망서비스, 온라인 커뮤니티, 대화방 등 불특정 다수의 이용자가 부호·문자·음성·음향·화상·영상 등의 정보를 게재하여 이를 서로 공유하는 것을 목적으로 하는 기술적 수단을 제공하는 서비스
2. 진행자가 출연하여 제작한 부호·문자·음성·음향·화상·영상 및 이들의 조합으로 이루어진 콘텐츠를 게재하여 불특정 다수의 이용자에게 실시간으로 공유할 수 있도록 하는 것을 목적으로 하는 기술적 수단을 제공하는 서비스
3. 불특정 다수의 이용자가 정보를 검색했을 때 그 정보 및 부호·문자·음성·음향·화상·영상 등의 검색 결과 정보를 송출[링크(link) 등 정보통신망 상에 있는 해당 정보의 위치를 송출하는 것을 포함한다]하는 것을 목적으로 하는 기술적 수단을 제공하는 서비스

※ 비고: 다음 각 호의 정보통신서비스는 불법촬영물등 유통방지 책임자 지정의무자가 제공하는 정보통신서비스에서 제외한다.
  1. 재화의 판매 또는 금융, 의료, 교육, 신문·잡지 등 정기간행물, 뉴스통신, 음악, 방송프로그램, 게임, 만화 등 서비스의 제공(판매를 포함한다)을 주된 목적으로 하는 정보통신서비스
  2. 국가, 지방자치단체 또는 「공공기관의 운영에 관한 법률」에 따른 공공기관이 제공하는 정보통신서비스
  3. 다음 각 목의 법률을 제외한 법률에 따라 설립된 법인이 제공하는 정보통신서비스
     가. 「민법」
     나. 「상법」

② 이를 위반하여 불법촬영물 등 유통방지 책임자를 지정하지 않은 자는 2천만원 이하의 과태료를 부과받습니다(「정보통신망 이용촉진 및 정보보호 등에 관한 법률」 제76조 제2항 제4호의4).

③ "「정보통신망 이용촉진 및 정보보호 등에 관한 법률 시행령」 별표 1의2에 해당하는 정보통신서비스"는 이용자가 정보통신망을 통해 일반에게 공개되어 유통되는 정보(이하 이 표에서 "정보"라 함)를 게재·공유 또는 검색할 수 있도록 제공하는 정보통신서비스로서 다음의 어느 하나에 해당하는 서비스를 말합니다.

- 사회관계망서비스, 온라인 커뮤니티, 대화방 등 불특정 다수의 이용자가 부호·문자·음성·음향·화상·영상 등의 정보를 게재해 이를 서로 공유하는 것을 목적으로 하는 기술적 수단을 제공하는 서비스

- 진행자가 출연해 제작한 부호·문자·음성·음향·화상·영상 및 이들의 조합으로 이루어진 콘텐츠를 게재해 불특정 다수의 이용자에게 실시간으로 공유할 수 있도록 하는 것을 목적으로 하는 기술적 수단을 제공하는 서비스

- 불특정 다수의 이용자가 정보를 검색했을 때 그 정보 및 부호·문자·음성·음향·화상·영상 등의 검색 결과 정보를 송출[링크(link) 등 정보통신망 상에 있는 해당 정보의 위치를 송출하는 것을 포함함]하는 것을 목적으로 하는 기술적 수단을 제공하는 서비스

1-3-2. 불법촬영물 등 유통방지 책임자의 업무, 책임자의 수 및 자격요건

① 불법촬영물 등 유통방지 책임자는 자신이 운영·관리하는 정보통신망을 통해 일반에게 공개되어 유통되는 정보 중 불법촬영물 등의 삭제·접속차단 등 유통방지에 필요한 조치 업무를 수행합니다(「정보통신망 이용촉진 및 정보보호 등에 관한 법률」 제44조의9 제2항 및 「전기통신사업법」 제22조의5 제1항).

② 불법촬영물 등 유통방지 책임자 지정의무자는 불법촬영물 등 유통방지 책임자를 1명 이상 지정해야 합니다(「정보통신망 이용촉진 및 정보보호 등에 관한 법률 시행령」 제35조의2 제2항).

③ 불법촬영물 등 유통방지 책임자는 다음의 어느 하나에 해당하는 지위에 있는 사람이어야 합니다(「정보통신망 이용촉진 및 정보보호 등에 관한 법률 시행령」 제35조의2 제3항).
- 불법촬영물 등 유통방지 책임자 지정의무자 소속 임원
- 불법촬영물 등 유통방지 책임자 지정의무자 소속의 불법촬영물 등 유통방지 업무를 담당하는 부서의 장

2. 방송통신위원회의 불법정보 처리 거부, 정지, 제한 명령

2-1. 불법정보에 대한 방송통신심의위원회의 심의 및 시정요구

2-1-1. 방송통신심의위원회의 심의대상 정보

「방송통신위원회의 설치 및 운영에 관한 법률」 제18조에 따라 설치되는 방송통신심의위원회(이하 "심의위원회"라 함)는 건전한 통신윤리의 함양을 위하여 필요한 사항으로서 정보통신망을 통해 유통되는 정보 중 다음의 불법정보 및 청소년에게 유해한 정보 등 심의가 필요하다고 인정되는 정보에 대한 심의 및 시정요구를 수행합니다(「방송통신위원회의 설치 및 운영에 관한 법률」 제21조 제4호 및 「방송통신위원회의 설치 및 운영에 관한 법률 시행령」 제8조 제1항).

1. 음란한 부호·문언·음향·화상 또는 영상을 배포·판매·임대하거나 공공연하게 전시하는 내용의 정보(이하 "음란물에 해당하는 정보"라 함)(「정보통신망 이용촉진 및 정보보호 등에 관한 법률」 제44조의7 제1항 제1호)

2. 사람을 비방할 목적으로 공공연하게 사실이나 거짓의 사실을 드러내어 타인의 명예를 훼손하는 내용의 정보(이하 "사람의 명예를 훼손하는 내용의 정보"라 함)(「정보통신망 이용 촉진 및 정보보호 등에 관한 법률」 제44조의7 제1항 제2호)

3. 「정보통신망 이용촉진 및 정보보호 등에 관한 법률」 또는 개인정보 보호에 관한 법령을 위반하여 개인정보를 거래하는 내용의 정보(이하 "개인정보 침해에 해당하는 정보"라 함) (「정보통신망 이용촉진 및 정보보호 등에 관한 법률」 제44조의7 제1항 제6호의2)

4. 그 밖에 범죄를 목적으로 하거나 교사(教唆) 또는 방조하는 내용의 정보(이하 "디지털 성범죄를 목적으로 하는 등의 내용의 정보"라 함)(「정보통신망 이용촉진 및 정보보호 등에 관한 법률」 제44조의7 제1항 제9호) 등

2-1-2. 심의위원회의 시정요구의 종류

① 심의위원회의 심의에 따른 시정요구의 종류는 다음과 같고, 정보통신서비스제공자 또는 게시판 관리·운영자는 시정요구를 받은 경우에는 그 조치결과를 심의위원회에 지체 없이 통보해야 합니다[「방송통신위원회의 설치 및 운영에 관한 법률 시행령」 제8조 제2항, 제3항 및 「정보통신에 관한 심의규정」(방송통신심의위원회규칙 제164호, 2024. 7. 19. 발령·시행) 제15조].

- 해당 정보의 삭제 또는 접속차단
- 이용자에 대한 이용정지 또는 이용해지
- 청소년유해정보의 표시의무 이행 또는 표시방법 변경 등과 그 밖에 필요하다고 인정하는 사항

② "정보통신서비스 제공자"란 「전기통신사업법」에 따른 전기통신사업자와 영리를 목적으로 전기통신사업자의 전기통신역무를 이용해 정보를 제공하거나 정보의 제공을 매개하는 자를 말합니다(「정보통신망 이용촉진 및 정보보호 등에 관한 법률」 제2조 제1항 제3호).

2-2. 방송통신위원회의 불법정보 처리 거부·정지 또는 제한 명령

① 방송통신위원회는 위의 1.부터 3.까지의 불법·유해한 정보에 대해서는 심의위원회의 심의를 거쳐 정보통신서비스 제공자 또는 게시판 관리·운영자에게 그 처리를 거부·정지 또는 제한하도록 명할 수 있습니다(「정보통신망 이용촉진 및 정보보호 등에 관한 법률」 제44조의7 제2항 본문 및 「방송통신위원회의 설치 및 운영에 관한 법률」 제18조).

② 다만, 사람의 명예를 훼손하는 내용의 정보의 경우에는 해당 정보로 인해 피해를 받은 사람이 구체적으로 밝힌 의사에 반해 그 처리의 거부·정지 또는 제한을 명할 수 없습니다(「정보통신망 이용

촉진 및 정보보호 등에 관한 법률」 제44조의7제2항 단서).

③ 방송통신위원회는 디지털 성범죄를 목적으로 하는 등의 내용의 정보가 다음의 모두에 해당하는 경우에는 정보통신서비스 제공자 또는 게시판 관리·운영자에게 해당 정보의 처리를 거부·정지 또는 제한하도록 명해야 합니다(「정보통신망 이용촉진 및 정보보호 등에 관한 법률」 제44조의7 제1항 제9호 및 제3항).

- 관계 중앙행정기관의 장의 요청[디지털 성범죄를 목적으로 하는 등의 내용의 정보 중 「성폭력범죄의 처벌 등에 관한 특례법」 제14조에 따른 촬영물 또는 복제물(복제물의 복제물을 포함함)에 대해서는 수사기관의 장의 요청을 포함함]이 있었을 것
- 위의 관계 중앙행정기관의 장의 요청을 받은 날부터 7일 이내에 심의위원회의 심의를 거친 후 「방송통신위원회의 설치 및 운영에 관한 법률」 제21조 제4호에 따른 시정요구를 하였을 것
- 정보통신서비스 제공자나 게시판 관리·운영자가 시정 요구에 따르지 않았을 것

④ 관계 중앙행정기관의 장[디지털 성범죄를 목적으로 하는 등의 내용의 정보 중 촬영물 또는 복제물(복제물의 복제물을 포함함)에 대해서는 수사기관의 장을 포함함]이 방송통신위원회에 정보통신서비스 제공자 또는 게시판 관리·운영자에게 디지털 성범죄를 목적으로 하는 등의 내용의 정보의 처리를 거부·정지 또는 제한하도록 하는 명령을 해 줄 것을 요청하려면 다음의 사항을 적은 요청서를 증빙자료와 함께 방송통신위원회에 제출해야 합니다(「정보통신망 이용촉진 및 정보보호 등에 관한 법률 시행령」 제34조 제1항).

- 요청의 취지와 그 이유
- 관련 법령 및 위반내용
- 해당 정보의 목록 및 제공처

- 정보통신서비스 제공자 또는 게시판 관리·운영자 및 해당 이용자의 명칭 또는 성명과 주소·전화번호·전자우편주소 등의 연락처

⑤ 방송통신위원회는 명령의 대상이 되는 정보통신서비스 제공자, 게시판 관리·운영자 또는 해당 이용자에게 미리 의견제출의 기회를 주어야 합니다. 다만, 다음의 어느 하나에 해당하는 경우에는 의견제출의 기회를 주지 않을 수 있습니다(「정보통신망 이용촉진 및 정보보호 등에 관한 법률」 제44조의7제4항 및 「정보통신망 이용촉진 및 정보보호 등에 관한 법률 시행령」 제35조).
- 공공의 안전 또는 복리를 위해 긴급히 처분을 할 필요가 있는 경우
- 의견청취가 뚜렷이 곤란하거나 명백히 불필요한 경우[해당 이용자를 알 수 없거나(이용자의 의견제출의 경우에만 해당함), 법원의 확정판결 등에 따라 명령의 전제가 되는 사실이 객관적으로 증명되어 명령에 따른 의견청취가 불필요하다고 판단되는 경우]
- 의견제출의 기회를 포기한다는 뜻을 명백히 표시한 경우

⑥ 방송통신위원회의 명령을 이행하지 않은 자는 2년 이하의 징역 또는 2천만원 이하의 벌금에 처해집니다(「정보통신망 이용촉진 및 정보보호 등에 관한 법률」 제73조 제5호).

2-3. Q&A

■ **온라인상의 불법촬영물을 삭제하거나 불법 음란 사이트의 접속을 차단할 수 있는 방법이 있나요?**

Q. 온라인상의 불법촬영물을 삭제하거나 불법 음란 사이트의 접속을 차단할 수 있는 방법이 있나요?

A. 방송통신심의위원회는 음란물, 명예훼손 정보 등 심의기준에 위배되

는 불법정보에 대해 그 삭제 또는 접속차단을 포함한 시정요구 결정을 할 수 있고, 방송통신위원회는 이러한 심의를 거쳐 정보통신서비스 제공자 등에게 그 처리를 거부·정지 또는 제한하도록 명령할 수 있습니다.

◇ 방송통신심의위원회의 심의대상 및 시정요구

① 방송통신심의위원회(이하 "심의위원회"라 함)는 정보통신망을 통하여 유통되는 정보 중 ⓐ「정보통신망 이용촉진 및 정보보호 등에 관한 법률」에 따른 불법정보, ⓑ 청소년에게 유해한 정보 등 심의가 필요하다고 인정되는 정보에 대한 심의 및 시정요구를 수행합니다.

② 심의위원회의 심의에 따른 시정요구의 종류는 다음과 같고, 정보통신서비스제공자 또는 게시판 관리·운영자는 시정요구를 받은 경우에는 그 조치결과를 심의위원회에 지체 없이 통보해야 합니다.

- 해당 정보의 삭제 또는 접속차단

- 이용자에 대한 이용정지 또는 이용해지

- 청소년유해정보의 표시의무 이행 또는 표시방법 변경 등과 그 밖에 필요하다고 인정하는 사항

◇ 방송통신위원회의 불법정보 처리 거부·정지 또는 제한 명령

방송통신위원회는 위와 같은 심의위원회의 심의를 거쳐 정보통신서비스 제공자 또는 게시판 관리·운영자에게 그 불법정보의 처리를 거부·정지 또는 제한하도록 명할 수 있습니다.

3. 아동·청소년 대상 디지털 성범죄의 수사 특례

3-1. 신분비공개수사

3-1-1. 신분비공개수사의 허용

사법경찰관리는 다음의 어느 하나에 해당하는 범죄(이하 "디지털 성범죄"라 함)에 대해 신분을 비공개하고 범죄현장(정보통신망을 포함함) 또는 범인으로 추정되는 자들에게 접근해 범죄행위의 증거 및 자료 등을 수집(이하 "신분비공개수사"라 함)할 수 있습니다(「아동·청소년의 성보호에 관한 법률」 제25조의2 제1항).
- 아동·청소년 성착취물의 제작·배포 등(「아동·청소년의 성보호에 관한 법률」 제11조)
- 아동·청소년에 대한 성착취 목적 대화 등(「아동·청소년의 성보호에 관한 법률」 제15조의2)
- 아동·청소년에 대한 카메라 등 이용 촬영물 또는 복제물(복제물의 복제물을 포함함. 이하 같음) 유포(「성폭력범죄의 처벌 등에 관한 특례법」 제14조 제2항)
- 아동·청소년에 대한 영리 목적 정보통신망 이용 촬영물 또는 복제물 유포(「성폭력범죄의 처벌 등에 관한 특례법」 제14조 제3항)

3-1-2. 신분비공개수사 특례의 절차

① 사법경찰관리가 신분비공개수사를 진행하려면 사전에 바로 위 상급 경찰관서 수사부서의 장에게 서면으로 승인을 받아야 합니다. 이 경우 그 수사기간은 3개월을 초과할 수 없습니다(「아동·청소년의 성보호에 관한 법률」 제25조의3 제1항 및 「아동·청소년의 성보호에 관한 법률 시행령」 제5조의4 제1항). 다만, 긴급을 요하는 때에는 상급 경찰관서 수사부서의 장의 승인 없이 신분비공개수사를 할 수 있

습니다(「아동·청소년의 성보호에 관한 법률」 제25조의4 제1항).

② 사법경찰관리는 ①의 단서에 따른 신분비공개수사 개시 후 지체 없이 상급 경찰관서 수사부서의 장에게 보고하여야 하고, 사법경찰관리는 48시간 이내에 상급 경찰관서 수사부서의 장의 승인을 받지 못한 때에는 즉시 신분비공개수사를 중지해야 합니다(「아동·청소년의 성보호에 관한 법률」 제25조의4 제2항).

③ 사법경찰관리는 신분비공개수사의 승인을 받으려면 신분비공개수사의 필요성·대상·범위·기간·장소 및 방법 등을 소명해야 합니다(「아동·청소년의 성보호에 관한 법률 시행령」 제5조의4 제2항).

④ 사법경찰관리는 신분비공개수사를 종료한 때에는 종료 일시 및 종료 사유 등을 바로 위 상급 경찰관서의 수사부서의 장에게 보고해야 합니다(「아동·청소년의 성보호에 관한 법률 시행령」 제5조의4 제3항).

3-1-3. 신분비공개수사의 방법

① 신분비공개수사에 따른 신분 비공개는 다음의 방법으로 합니다(「아동·청소년의 성보호에 관한 법률 시행령」 제5조의3 제1항).
  - 경찰관임을 밝히지 않음
  - 경찰관임을 부인함(「아동·청소년의 성보호에 관한 법률」 제25조의2제2항제1호에 따른 신분을 위장하기 위한 문서, 도화 및 전자기록 등의 작성, 변경 또는 행사에 이르지 않는 행위로서 경찰관 외의 신분을 고지하는 방식을 포함함)

② 신분비공개수사에 따른 접근은 다음의 방법 등으로 합니다(「아동·청소년의 성보호에 관한 법률 시행령」 제5조의3 제2항).
  - 대화의 구성원으로서 관찰하는 등 대화에 참여함
  - 아동·청소년 성착취물, 카메라 등 이용 촬영물 또는 복제물을 구입하거나 무상으로 제공받음

3-2. 신분위장수사

3-2-1. 신분위장수사의 허용

사법경찰관리는 디지털 성범죄를 계획 또는 실행하고 있거나 실행하였다고 의심할 만한 충분한 이유가 있고, 다른 방법으로는 그 범죄의 실행을 저지하거나 범인의 체포 또는 증거의 수집이 어려운 경우에 한정하여 수사 목적을 달성하기 위해 부득이한 때에는(이하 "신분위장수사의 요건"이라 함) 다음의 행위(이하 "신분위장수사"라 함)를 할 수 있습니다(「아동·청소년의 성보호에 관한 법률」 제25조의2 제2항 제1호부터 제3호까지).

- 신분을 위장하기 위한 문서, 도화 및 전자기록 등의 작성, 변경 또는 행사
- 위장 신분을 사용한 계약·거래
- 아동·청소년 성착취물 또는 카메라 등 이용 촬영물 또는 복제물의 소지, 판매 또는 광고

3-2-2. 신분위장수사 특례의 절차

① 사법경찰관리는 신분위장수사를 하려면 검사에게 신분위장수사에 대한 허가를 신청하고, 검사는 법원에 그 허가를 청구합니다(「아동·청소년의 성보호에 관한 법률」 제25조의3 제3항).

② 위 ①의 신청은 필요한 신분위장수사의 종류·목적·대상·범위·기간·장소·방법 및 해당 신분위장수사가 신분위장수사의 요건을 충족하는 사유 등의 신청사유를 적은 서면으로 해야 하며, 신청사유에 대한 소명자료를 첨부해야 합니다(「아동·청소년의 성보호에 관한 법률」 제25조의3 제4항).

③ 법원은 위 ①의 신청이 이유 있다고 인정하는 경우에는 신분위장수사를

허가하고, 이를 증명하는 서류(이하 "허가서"라 함)를 신청인에게 발부합니다(「아동·청소년의 성보호에 관한 법률」 제25조의3 제5항).

④ 허가서에는 신분위장수사의 종류·목적·대상·범위·기간·장소·방법 등을 특정해 적어야 합니다(「아동·청소년의 성보호에 관한 법률」 제25조의3 제6항).

⑤ 신분위장수사의 기간은 3개월을 초과할 수 없으며, 그 수사기간 중 수사의 목적이 달성되었을 경우에는 즉시 종료해야 합니다(「아동·청소년의 성보호에 관한 법률」 제25조의3 제7항).

⑥ 위 ⑤에도 불구하고 신분위장수사의 요건이 존속해 그 수사기간을 연장할 필요가 있는 경우에는 사법경찰관리는 소명자료를 첨부해 3개월의 범위에서 수사기간의 연장을 검사에게 신청하고, 검사는 법원에 그 연장을 청구합니다. 이 경우 신분위장수사의 총 기간은 1년을 초과할 수 없습니다(「아동·청소년의 성보호에 관한 법률」 제25조의3 제8항).

3-2-3. 긴급 신분위장수사

① 사법경찰관리는 신분위장수사의 요건을 구비하고, 위의 ①부터 ⑥까지에 따른 절차를 거칠 수 없는 긴급을 요하는 때에는 법원의 허가 없이 신분위장수사(이하 "긴급 신분위장수사"라 함)를 할 수 있습니다(「아동·청소년의 성보호에 관한 법률」 제25조의5 제1항).

② 사법경찰관리는 긴급 신분위장수사 개시 후 지체 없이 검사에게 허가를 신청해야 하고, 사법경찰관리는 48시간 이내에 법원의 허가를 받지 못한 때에는 즉시 신분위장수사를 중지해야 합니다(「아동·청소년의 성보호에 관한 법률」 제25조의5 제2항).

③ 긴급 신분위장수사에 따른 수사기간에 대해서는 위의 ⑤ 및 ⑥을 준용합니다(「아동·청소년의 성보호에 관한 법률」 제25조의5 제3항).

3-3. 신분비공개수사 또는 신분위장수사로 수집한 증거 등의 사용 및 보고

3-3-1. 신분비공개수사 또는 신분위장수사로 수집한 증거 및 자료 등의 사용제한

사법경찰관리가 신분비공개수사, 신분위장수사, 긴급 신분위장수사에 따라 수집한 증거 및 자료 등은 다음의 어느 하나에 해당하는 경우 외에는 사용할 수 없습니다(「아동·청소년의 성보호에 관한 법률」 제25조의6).

- 신분비공개수사 또는 신분위장수사의 목적이 된 디지털 성범죄나 이와 관련되는 범죄를 수사·소추하거나 그 범죄를 예방하기 위해 사용하는 경우

- 신분비공개수사 또는 신분위장수사의 목적이 된 디지털 성범죄나 이와 관련되는 범죄로 인한 징계절차에 사용하는 경우

- 증거 및 자료 수집의 대상자가 제기하는 손해배상청구소송에서 사용하는 경우

- 그 밖에 다른 법률의 규정에 따라 사용하는 경우

3-3-2. 국가경찰위원회와 국회의 통제에 따른 국가수사본부장의 보고의무

① 국가수사본부장은 신분비공개수사가 종료된 즉시 국가경찰위원회에 수사 관련 자료를 보고해야 합니다. 국가경찰위원회에 대한 보고사항은 종료된 신분비공개수사의 승인요청 경찰관서, 승인기간, 종료일시, 종료사유, 수사대상, 수사방법, 사건요지 및 필요성으로 합니다(「아동·청소년의 성보호에 관한 법률」 제25조의7 제1항 및 「아동·청소년의 성보호에 관한 법률 시행령」 제5조의5 제1항).

② 국가수사본부장은 국회 소관 상임위원회에 신분비공개수사 관련 자료를 반기별로 보고해야 합니다. 국회 소관 상임위원회에 대한

보고사항은 종료된 신분비공개수사의 승인요청 경찰관서, 승인기간, 종료일시, 종료사유 및 승인건수로 합니다(「아동·청소년의 성보호에 관한 법률」 제25조의7 제2항 및 「아동·청소년의 성보호에 관한 법률 시행령」 제5조의5 제2항).

③ 국가경찰위원회에 대한 보고 및 국회 소관 상임위원회에 대한 보고는 전자적 파일을 정보통신망을 이용해 전송하거나, 그 내용을 기록·보관·출력할 수 있는 전자적 정보저장매체에 기록해 제출하는 방법으로 할 수 있습니다(「아동·청소년의 성보호에 관한 법률 시행령」 제5조의5 제3항).

3-4. 공무원 등의 비밀준수의 의무, 상급 경찰관서 수사부서 장의 수사 지원 등

3-4-1. 신분비공개수사 또는 신분위장수사에 관한 공무원 등의 비밀준수의무

① 신분비공개수사, 신분위장수사, 긴급 신분위장수사에 대한 승인·집행·보고 및 각종 서류작성 등에 관여한 공무원 또는 그 직에 있었던 자는 직무상 알게 된 신분비공개수사 또는 신분위장수사에 관한 사항을 외부에 공개하거나 누설해서는 안 됩니다(「아동·청소년의 성보호에 관한 법률」 제25조의8 제1항).

② 이를 위반하여 직무상 알게 된 신분비공개수사 또는 신분위장수사에 관한 사항을 외부에 공개하거나 누설한 자는 5년 이하의 징역 또는 5천만원 이하의 벌금에 처해집니다(「아동·청소년의 성보호에 관한 법률」 제65조 제1항 제1호).

3-4-2. 신분비공개수사 또는 신분위장수사에 관한 상급 경찰관서 수사부서 장의 지원 등

상급 경찰관서 수사부서의 장은 신분비공개수사 또는 신분위장수사를 승인하거나 보고받은 경우 사법경찰관리에게 수사에 필요한 인적·물적 지원을 하고, 전문지식과 피해자 보호를 위한 수사방법 및 수사절차 등에 관한 교육을 실시해야 합니다(「아동·청소년의 성보호에 관한 법률」 제25조의10).

3-5. 사법경찰관리의 준수사항 및 면책

3-5-1. 신분비공개수사 또는 신분위장수사에 관한 사법경찰관리 준수사항

사법경찰관리는 신분비공개수사 또는 신분위장수사를 할 때 다음의 사항을 준수해야 합니다(「아동·청소년의 성보호에 관한 법률 시행령」 제5조의2).

- 수사 관계 법령을 준수하고, 본래 범의(犯意)를 가지지 않은 자에게 범의를 유발하는 행위를 하지 않는 등 적법한 절차와 방식에 따라 수사할 것
- 피해아동·청소년에게 추가 피해가 발생하지 않도록 주의할 것
- 아동·청소년 성착취물 또는 카메라 등 이용 촬영물 또는 복제물의 소지, 판매 또는 광고행위를 하는 경우에는 피해아동·청소년이나 성폭력피해자에 관한 자료가 유포되지 않도록 할 것

3-5-2. 신분비공개수사 또는 신분위장수사 중의 위법행위에 대한 면책

① 사법경찰관리가 신분비공개수사 또는 신분위장수사 중 부득이한 사유로 위법행위를 한 경우 그 행위에 고의나 중대한 과실이 없는 경우에는 처벌하지 않습니다(「아동·청소년의 성보호에 관한 법률」 제25조의9 제1항).

② 이에 따른 위법행위가 「국가공무원법」 제78조 제1항에 따른 징계 사유에 해당하더라도 그 행위에 고의나 중대한 과실이 없는 경우에는 징계 요구 또는 문책 요구 등 책임을 묻지 않습니다(「아동·청소년의 성보호에 관한 법률」 제25조의9 제2항).

③ 신분비공개수사 또는 신분위장수사 행위로 타인에게 손해가 발생

한 경우라도 사법경찰관리는 그 행위에 고의나 중대한 과실이 없는 경우에는 그 손해에 대한 책임을 지지 않습니다(「아동·청소년의 성보호에 관한 법률」 제25조의9 제3항).

3-6. Q&A

■ 아동·청소년 대상 디지털 성범죄를 대상으로 한 경찰의 잠입수사가 가능해 졌다는데 어떤 내용인지, 왜 필요한지요?

Q. 아동·청소년 대상 디지털 성범죄를 대상으로 한 경찰의 잠입수사가 가능해 졌다는데 어떤 내용인지, 왜 필요한지 알려주세요.

A. 소위 잠입수사는 아동·청소년 대상 디지털 성범죄에 대해 경찰관임을 밝히지 않거나 부인하는 신분비공개수사와 위장한 신분을 이용한 거래 등의 행위를 할 수 있는 신분위장수사를 말하고, 갈수록 증가하는 디지털 성범죄를 사전에 효과적으로 적발하고 예방하기 위해 이와 같은 수사 특례가 제도화되었습니다.

◇ 신분비공개수사 및 신분위장수사의 뜻

① "신분비공개수사"란 사법경찰관리가 신분을 비공개하고 범죄현장(정보통신망을 포함함) 또는 범인으로 추정되는 자들에게 접근해 범죄행위의 증거 및 자료 등을 수집할 수 있는 수사를 말합니다.

② "신분위장수사"란 디지털 성범죄를 계획 또는 실행하고 있거나 실행하였다고 의심할 만한 충분한 이유가 있고, 다른 방법으로는 그 범죄의 실행을 저지하거나 범인의 체포 또는 증거의 수집이 어려운 경우에 한정하여 수사 목적을 달성하기 위해 부득이한 때에 사법경찰관리가 ⓐ 신분을 위장하기 위한 문서, 도화 및 전자기록 등의 작성, 변경 또는 행사하거나 ⓑ 위장 신분을 사용한

계약·거래를 하거나 ⓒ 아동·청소년 성착취물 또는 카메라 등 이용 촬영물 또는 복제물의 소지, 판매 또는 광고를 할 수 있는 수사를 말합니다.

◇ **신분비공개수사 및 신분위장수사의 필요성**

정보통신기술의 발달로 갈수록 교묘해지는 성범죄 수법으로 인해 수사과정에서 범죄의 탐지 및 적발이 어려운 문제가 있습니다. 이에 따라 아동·청소년 대상 디지털 성범죄를 사전에 예방하고 증거능력 있는 자료를 확보하기 위해 2021년 개정된 「아동·청소년의 성보호에 관한 법률」[법률 제17972호(2021. 3. 23. 일부개정, 2021. 9. 24. 시행)]에서는 사법경찰관리가 신분을 위장하여 수사할 수 있도록 하는 수사 특례 규정이 신설되었습니다.

Part 7. 피해자에 대한 지원

1. 불법촬영물 피해자 지원

1-1. 피해촬영물 삭제, 국가가 지원합니다.

① 국가와 지방자치단체는 다음 각 호의 어느 하나에 해당하는 촬영물 또는 복제물 등(이하 "불법촬영물등"이라 한다)이 정보통신망(「정보통신망 이용촉진 및 정보보호 등에 관한 법률」 제2조제1항제1호의 정보통신망을 말한다. 이하 같다)에 유포되어 피해(불법촬영물등의 대상자로 등장하여 입은 피해를 말한다. 이하 이 조 및 제7조의4에서 같다)를 입은 사람에 대하여 불법촬영물등 및 신상정보(불법촬영물등의 대상자의 주소, 성명, 나이, 직업, 학교, 용모, 그 밖에 대상자를 특정하여 파악할 수 있게 하는 인적사항과 사진 등을 말한다. 이하 같다)의 삭제를 위한 지원을 할 수 있습니다.

  1. 카메라나 그 밖에 이와 유사한 기능을 갖춘 기계장치를 이용해 성적 욕망 또는 수치심을 유발할 수 있는 사람의 신체를 촬영대상자의 의사에 반해 촬영한 촬영물 또는 복제물 또는 그 촬영이 촬영 당시에는 촬영대상자의 의사에 반하지 않은 경우(자신의 신체를 직접 촬영한 경우를 포함함)에도 사후에 그 촬영대상자의 의사에 반해 반포·판매·임대·제공 또는 공공연하게 전시·상영한 촬영물 또는 복제물(복제물의 복제물을 포함함. 이하 같음)(「성폭력범죄의 처벌 등에 관한 특례법」 제14조)

  2. 반포·판매·임대·제공 또는 공공연하게 전시·상영할 목적으로 사람의 얼굴·신체 또는 음성을 대상으로 한 촬영물·영상물 또는 음성물을 그 대상자의 의사에 반해 성적 욕망 또는 수치심을 유발할 수 있는 형태로 편집·합성 또는 가공한 편집물·합성물·가공물 또는 복제물(「성폭력범죄의 처벌 등에 관한 특례법」 제14조의2)

3. 아동·청소년 또는 아동·청소년으로 명백하게 인식될 수 있는 사람이나 표현물이 등장해 다음의 어느 하나에 해당하는 행위를 하거나 그 밖의 성적 행위를 하는 내용을 표현하는 것으로서 필름·비디오물·게임물 또는 컴퓨터나 그 밖의 통신매체를 통한 화상·영상 등의 형태로 된 아동·청소년 성착취물(「아동·청소년의 성보호에 관한 법률」 제2조 제5호)

   - 성교 행위
   - 구강·항문 등 신체의 일부나 도구를 이용한 유사 성교 행위
   - 신체의 전부 또는 일부를 접촉·노출하는 행위로서 일반인의 성적 수치심이나 혐오감을 일으키는 행위
   - 자위 행위

② 여성가족부장관은 촬영물 등의 유포로 피해를 입은 사람에게 다음의 지원을 할 수 있습니다(「성폭력방지 및 피해자보호 등에 관한 법률 시행규칙」 제2조의6 제1항).

   - 촬영물 등 삭제가 필요한 피해 등에 관한 상담
   - 촬영물 등 유포로 인한 피해 정보의 수집 및 보관
   - 정보통신서비스 제공자 등에 대한 정보통신망에 유포된 촬영물 등 삭제 요청 및 확인·점검
   - 그 밖에 촬영물 등 삭제 지원과 관련해 여성가족부장관이 필요하다고 인정하는 사항

③ 여성가족부장관은 촬영물 등 삭제 지원을 위한 물적·인적 자원을 갖추고 있다고 인정하는 기관에 촬영물 등 삭제 지원에 관한 업무를 하게 할 수 있습니다(「성폭력방지 및 피해자보호 등에 관한 법률 시행규칙」 제2조의6 제2항).

④ 촬영물 등의 유포로 피해를 입은 지원 대상자, 그 배우자(사실상의 혼인관계를 포함함), 직계친족, 형제자매 또는 지원 대상자가

지정하는 대리인(이하 "삭제지원요청자"라 함)은 국가에 촬영물 등의 삭제를 위한 지원을 요청할 수 있습니다(「성폭력방지 및 피해자보호 등에 관한 법률」 제7조의3 제2항).

⑤ 삭제지원요청자는 다음의 서류를 갖추어 여성가족부장관 또는 「성폭력방지 및 피해자보호 등에 관한 법률 시행규칙」 제2조의6 제2항에 따른 기관에 촬영물 등 삭제 지원을 요청할 수 있습니다(「성폭력방지 및 피해자보호 등에 관한 법률」 제7조의3 제2항 및 「성폭력방지 및 피해자보호 등에 관한 법률 시행규칙」 제2조의6 제3항).

- 삭제지원요청자의 신분을 증명하는 서류
- 지원 대상자와의 관계를 증명하는 서류(삭제지원요청자가 지원 대상자의 배우자, 직계친족, 형제자매인 경우에만 해당함)
- 지원 대상자가 자필 서명한 위임장 및 지원 대상자의 신분증 사본(삭제지원요청자가 지원 대상자가 지정하는 대리인인 경우에만 해당함)

⑥ 국가 또는 지방자치단체는 다음의 1.부터 3.까지에 해당하는 촬영물 등에 대해서는 삭제지원요청자의 요청 없이도 삭제를 위한 지원을 합니다. 이 경우 여성가족부장관은 범죄의 증거 인멸 등을 방지하기 위해 해당 촬영물 등과 관련된 자료를 다음의 구분에 따른 기간 동안 보관해야 합니다. 다만, 삭제지원요청자의 요청이 있는 경우에는 이를 즉시 폐기해야 합니다(「성폭력방지 및 피해자보호 등에 관한 법률」 제7조의3 제3항, 「성폭력방지 및 피해자보호 등에 관한 법률 시행규칙」 제2조의6 제4항 제1호 및 제2호).

1. 수사기관의 삭제지원 요청이 있는 촬영물 또는 복제물 : 10년
2. 수사기관의 삭제지원 요청이 있는 편집물·합성물·가공물 또는 복제물 : 10년
3. 아동·청소년 성착취물 : 영구

⑦ 그 밖에 촬영물 등과 관련된 자료는 5년 동안 보관해야 합니다(「성폭력방지 및 피해자보호 등에 관한 법률 시행규칙」 제2조의6 제4항 제3호).

⑧ 여성가족부장관은 해당 촬영물 등과 관련된 자료의 수집 및 보관을 위해 정보시스템을 구축·운영할 수 있습니다(「성폭력방지 및 피해자보호 등에 관한 법률 시행규칙」 제2조의6 제5항).

1-2. 삭제지원에 소요되는 비용의 처리 등

① 촬영물 등의 유포로 피해를 입은 사람에 대한 국가의 촬영물 등 삭제지원에 소요되는 비용은 성폭력행위자 또는 아동·청소년 대상 성범죄행위자가 부담합니다(「성폭력방지 및 피해자보호 등에 관한 법률」 제7조의3 제4항).

② 국가와 지방자치단체가 촬영물 등 삭제지원에 소요되는 비용을 지출한 경우 성폭력행위자 또는 아동·청소년 대상 성범죄행위자에 대해 구상권(求償權)을 행사할 수 있습니다(「성폭력방지 및 피해자보호 등에 관한 법률」 제7조의3 제5항).

③ 여성가족부장관은 구상권을 행사하려면 성폭력행위자 또는 아동·청소년 대상 성범죄행위자에게 구상금액의 산출근거 등을 명시해 이를 납부할 것을 서면으로 통지해야 하며, 그에 따른 통지를 받은 성폭력행위자 또는 아동·청소년 대상 성범죄행위자는 통지를 받은 날부터 30일 이내에 구상금액을 납부해야 합니다(「성폭력방지 및 피해자보호 등에 관한 법률 시행규칙」 제2조의6 제6항 및 제7항).

1-3. Q&A

■ 국가에서 피해촬영물 삭제를 도와주기도 하나요? 그렇다면 제가 직접 나서서 국가에 삭제를 위한 지원을 요청할 수 있을까요?

Q. 저의 아이가 몰래 촬영당한 피해 영상물이 유포되어 그 영상이 SNS에 떠돌고 있습니다. 국가에서 피해촬영물 삭제를 도와주기도 하나요? 그렇다면 제가 직접 나서서 국가에 삭제를 위한 지원을 요청할 수 있을까요?

A. 네, 촬영물의 대상자인 자녀를 위해 직접 국가에 촬영물의 삭제지원을 요청할 수 있습니다.

◇ 삭제지원의 대상인 촬영물 등

국가는 다음의 어느 하나에 해당하는 촬영물 또는 복제물 등(이하 "촬영물 등"이라 함)이 정보통신망에 유포되어 피해(촬영물 등의 대상자로 등장해 입은 피해를 말함)를 입은 사람에게 촬영물 등의 삭제를 위한 지원을 할 수 있습니다.

- 카메라나 그 밖에 이와 유사한 기능을 갖춘 기계장치를 이용해 성적 욕망 또는 수치심을 유발할 수 있는 사람의 신체를 촬영대상자의 의사에 반해 촬영한 촬영물 또는 복제물 또는 그 촬영이 촬영 당시에는 촬영대상자의 의사에 반하지 않은 경우(자신의 신체를 직접 촬영한 경우를 포함함)에도 사후에 그 촬영대상자의 의사에 반해 반포·판매·임대·제공 또는 공공연하게 전시·상영한 촬영물 또는 복제물(복제물의 복제물을 포함함. 이하 같음)

- 반포·판매·임대·제공 또는 공공연하게 전시·상영할 목적으로 사람의 얼굴·신체 또는 음성을 대상으로 한 촬영물·영상물 또는 음성물을

그 대상자의 의사에 반해 성적 욕망 또는 수치심을 유발할 수 있는 형태로 편집·합성 또는 가공한 편집물·합성물·가공물 또는 복제물
- 아동·청소년 또는 아동·청소년으로 명백하게 인식될 수 있는 사람이나 표현물이 등장해 성적 행위를 하거나 그 밖의 성적 행위를 하는 내용을 표현하는 것으로서 필름·비디오물·게임물 또는 컴퓨터나 그 밖의 통신매체를 통한 화상·영상 등의 형태로 된 아동·청소년 성착취물

◇ 국가에 대한 촬영물 등 삭제지원요청자의 범위

촬영물 등이 정보통신망에 유포되어 피해를 입은 지원 대상자, 그 배우자(사실상의 혼인관계를 포함함), 직계친족, 형제자매 또는 지원대상자가 지정하는 대리인("삭제지원요청자"라 함)은 국가에 촬영물 등의 삭제를 위한 지원을 요청할 수 있습니다.

◇ 국가에 대한 촬영물 등 삭제지원 신청 방법

디지털 성범죄 피해자 지원센터를 통한 전화상담 또는 온라인 게시판을 이용할 수 있습니다.

- 온라인 삭제지원 신청 바로가기
  〈https://d4u.stop.or.kr/delete_consulting〉

- 전화상담 02-735-8994, 365일 24시간

2. 디지털 성범죄 피해자 지원센터를 통한 지원

2-1. "디지털 성범죄 피해자 지원센터"란?

① 피해상담, 삭제지원 및 연계지원 등

"디지털 성범죄 피해자 지원센터"는 여성가족부 산하 한국여성인권진흥원에서 운영하는 지원기관입니다. 피해 상담 및 피해촬영물 무료 삭제지원, 피해자지원기관 연계 등 디지털 성범죄 피해자를 전문적으로 지원합니다.

② 디지털 성범죄 피해자 지원센터의 지원내용
- 상담지원
  · 관련 문의 응대
  · 지원 내용 안내
  · 삭제지원 접수 및 상담
- 삭제지원
  · 피해촬영물 등 삭제 요청
  · 유포현황 모니터링
  · 삭제지원 결과보고서 조회
- 연계지원
  · 수사 과정 모니터링 및 채증 자료 작성 지원
  · 의료 지원 및 심리 치유 지원 연계
  · 무료 법률 지원 연계
※ 홈페이지 바로가기
  〈https://d4u.stop.or.kr/〉

2-2. 삭제지원 흐름도

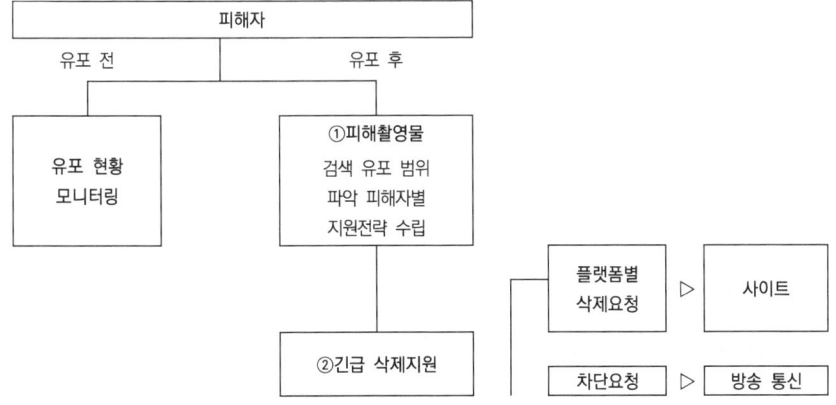

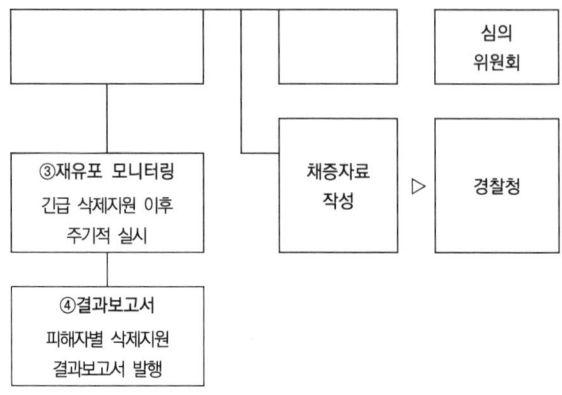

① 유포된 피해촬영물이 확보된 경우, 삭제지원에 돌입합니다.

② 유포 현황이 발견되지 않은 경우, 유포 현황 모니터링을 통해 URL이 발견되면 삭제지원에 돌입합니다.

③ 삭제지원은 피해촬영물, 섬네일, 키워드 등 유포 관련 정보 모두를 대상으로 합니다.

④ 플랫폼별로 삭제를 요청하고, 요청이 받아들여지지 않으면 방송통신심의위원회로 차단을 요청합니다.

⑤ 디지털 성범죄 피해자 지원센터
   - 온라인 상담신청 바로가기
     〈https://d4u.stop.or.kr/write_consulting〉
   - 전화상담 02-735-8994, 365일 24시간

2-3. Q&A

■ 디지털 성범죄 피해자 지원센터에서 구체적으로 어떤 지원을 받을 수 있는지, 지원은 무료로 받을 수 있는지요?

Q. 불법촬영물 유포로 피해를 입었습니다. 디지털 성범죄 피해자 지원센터에서 구체적으로 어떤 지원을 받을 수 있는지, 지원은 무료로 받을 수 있는지 궁금합니다.

A. 디지털 성범죄 피해자 지원센터에서는 피해 상담, 삭제 지원 및 심리치료·법률지원 연계 등을 무료로 하고 있습니다.

◇ 디지털 성범죄 피해자 지원센터의 지원

불법촬영물 등 유포의 피해자는 디지털 성범죄 피해자 지원센터를 통해 ① 피해 관련 문의 응대·지원 내용 안내·삭제지원 접수 및 상담을 통한 '상담지원', ② 피해촬영물 등 유포현황 모니터링 및 삭제·삭제지원 결과보고서 조회 등의 '삭제지원', 그리고 ③ 수사과정 모니터링 및 채증자료 작성·의료 및 심리치유 프로그램 연계·무료 법률지원 연계 등의 '연계지원'을 받을 수 있습니다.

◇ 유포현황 모니터링 및 삭제지원

① "모니터링"이란, 유포 여부를 확인하는 지원으로서 키워드 검색, 이미지 검색, 삭제지원시스템 DNA 검색 등을 활용합니다. 즉, 삭제지원의 대상이 되는 URL을 찾기 위한 기초 단계이며 삭제지원의 한 형태입니다. "유포현황 모니터링"이란 그 중에서도 구체적인 URL이 발견되지 않았지만 유포 사실이 의심될 때 이 단계를 반복하여 피해촬영물 유포 여부를 확인하는 것을 말합니다.

② 모니터링 이후의 절차가 "삭제지원"입니다. 즉 유포현황 모니터링을 통해 URL이 발견되면 삭제지원에 돌입합니다. 삭제 지원은 피해촬영물·섬네일·키워드 등 유포 관련 정보 모두를 대상으로 하며, 플랫폼별로 삭제를 요청하고, 요청이 받아들여지지 않으면 방송통신심의위원회로 차단을 요청합니다.

제4장
관련법령

성폭력범죄의 처벌 등에 관한 특례법

(약칭: 성폭력처벌법)

[시행 2024. 10. 16.] [법률 제20459호, 024. 10. 16., 일부개정]]

제1장 총칙

제1조(목적) 이 법은 성폭력범죄의 처벌 및 그 절차에 관한 특례를 규정함으로써 성폭력범죄 피해자의 생명과 신체의 안전을 보장하고 건강한 사회질서의 확립에 이바지함을 목적으로 한다.

제2조(정의) ① 이 법에서 "성폭력범죄"란 다음 각 호의 어느 하나에 해당하는 죄를 말한다. 〈개정 2013. 4. 5., 2016. 12. 20.〉

1. 「형법」 제2편제22장 성풍속에 관한 죄 중 제242조(음행매개), 제243조(음화반포등), 제244조(음화제조등) 및 제245조(공연음란)의 죄
2. 「형법」 제2편제31장 약취(略取), 유인(誘引) 및 인신매매의 죄 중 추행, 간음 또는 성매매와 성적 착취를 목적으로 범한 제288조 또는 추행, 간음 또는 성매매와 성적 착취를 목적으로 범한 제289조, 제290조(추행, 간음 또는 성매매와 성적 착취를 목적으로 제288조 또는 추행, 간음 또는 성매매와 성적 착취를 목적으로 제289조의 죄를 범하여 약취, 유인, 매매된 사람을 상해하거나 상해에 이르게 한 경우에 한정한다), 제291조(추행, 간음 또는 성매매와 성적 착취를 목적으로 제288조 또는 추행, 간음 또는 성매매와 성적 착취를 목적으로 제289조의 죄를 범하여 약취, 유인, 매매된 사람을 살해하거나 사망에 이르게 한 경우에 한정한다), 제292조[추행, 간음 또는 성매매와 성적 착취를 목적으로 한 제288조 또는 추행, 간음 또는 성매매와 성적 착취를 목적으로 한 제289조의 죄로 약취, 유인, 매매된 사람을 수수(授受) 또는 은닉한 죄, 추행, 간음 또는 성매매와 성적 착취를 목적으로 한 제288조 또는 추행, 간음 또는 성매매와 성적 착취를 목적으로 한 제289조의 죄를 범할 목적으로 사람을 모집, 운송, 전달한 경우에 한정한다] 및 제294조(추행, 간음 또는 성매매와 성적 착취를 목적으로 범한 제288조의 미수범 또는 추행, 간음 또는 성매매와 성적 착취를 목적으로 범한 제289조의 미수범, 추행, 간음 또는 성매매와 성적 착취를 목적으로 제288조 또는 추행, 간음 또는 성매매와 성적 착취를 목적으로 제289조의 죄를 범하여 발생한 제290조제1항의 미수범 또는 추행, 간음 또는 성매매와 성적 착취를 목적으로 제288조 또는 추행, 간음 또는 성매매와 성적 착취를 목적으로 제289조의 죄를 범하여 발생한 제291조제1항의 미수범 및 제292조제1항의 미수범 중 추행, 간음 또는 성매매와 성적 착취를 목적으로 약취, 유인, 매매된 사람을 수수, 은닉한 죄의 미수범으로 한정한다)의 죄
3. 「형법」 제2편제32장 강간과 추행의 죄 중 제297조(강간), 제297조의2(유사강간), 제298조(강제추행), 제299조(준강간, 준강제추행), 제300조(미수범), 제301조(강간등 상해·치

상), 제301조의2(강간등 살인·치사), 제302조(미성년자등에 대한 간음), 제303조(업무상 위력등에 의한 간음) 및 제305조(미성년자에 대한 간음, 추행)의 죄
4. 「형법」 제339조(강도강간)의 죄 및 제342조(제339조의 미수범으로 한정한다)의 죄
5. 이 법 제3조(특수강도강간 등)부터 제15조(미수범)까지의 죄
② 제1항 각 호의 범죄로서 다른 법률에 따라 가중처벌되는 죄는 성폭력범죄로 본다.

제2장 성폭력범죄의 처벌 및 절차에 관한 특례

제3조(특수강도강간 등) ① 「형법」 제319조제1항(주거침입), 제330조(야간주거침입절도), 제331조(특수절도) 또는 제342조(미수범. 다만, 제330조 및 제331조의 미수범으로 한정한다)의 죄를 범한 사람이 같은 법 제297조(강간), 제297조의2(유사강간), 제298조(강제추행) 및 제299조(준강간, 준강제추행)의 죄를 범한 경우에는 무기징역 또는 7년 이상의 징역에 처한다. 〈개정 2020. 5. 19.〉
② 「형법」 제334조(특수강도) 또는 제342조(미수범. 다만, 제334조의 미수범으로 한정한다)의 죄를 범한 사람이 같은 법 제297조(강간), 제297조의2(유사강간), 제298조(강제추행) 및 제299조(준강간, 준강제추행)의 죄를 범한 경우에는 사형, 무기징역 또는 10년 이상의 징역에 처한다.

[단순위헌, 2021헌가9, 2023.2.23, 성폭력범죄의 처벌 등에 관한 특례법(2020. 5. 19. 법률 제17264호로 개정된 것) 제3조 제1항 중 '형법 제319조 제1항(주거침입)의 죄를 범한 사람이 같은 법 제298조(강제추행), 제299조(준강제추행) 가운데 제298조의 예에 의하는 부분의 죄를 범한 경우에는 무기징역 또는 7년 이상의 징역에 처한다.'는 부분은 헌법에 위반된다.]

제4조(특수강간 등) ① 흉기나 그 밖의 위험한 물건을 지닌 채 또는 2명 이상이 합동하여 「형법」 제297조(강간)의 죄를 범한 사람은 무기징역 또는 7년 이상의 징역에 처한다. 〈개정 2020. 5. 19.〉
② 제1항의 방법으로 「형법」 제298조(강제추행)의 죄를 범한 사람은 5년 이상의 유기징역에 처한다. 〈개정 2020. 5. 19.〉
③ 제1항의 방법으로 「형법」 제299조(준강간, 준강제추행)의 죄를 범한 사람은 제1항 또는 제2항의 예에 따라 처벌한다.

제5조(친족관계에 의한 강간 등) ① 친족관계인 사람이 폭행 또는 협박으로 사람을 강간한 경우에는 7년 이상의 유기징역에 처한다.
② 친족관계인 사람이 폭행 또는 협박으로 사람을 강제추행한 경우에는 5년 이상의 유기징역에 처한다.
③ 친족관계인 사람이 사람에 대하여 「형법」 제299조(준강간, 준강제추행)의 죄를 범한 경우에는 제1항 또는 제2항의 예에 따라 처벌한다.
④ 제1항부터 제3항까지의 친족의 범위는 4촌 이내의 혈족·인척과 동거하는 친족으로 한다.

⑤ 제1항부터 제3항까지의 친족은 사실상의 관계에 의한 친족을 포함한다.

제6조(장애인에 대한 강간·강제추행 등) ① 신체적인 또는 정신적인 장애가 있는 사람에 대하여 「형법」 제297조(강간)의 죄를 범한 사람은 무기징역 또는 7년 이상의 징역에 처한다.
② 신체적인 또는 정신적인 장애가 있는 사람에 대하여 폭행이나 협박으로 다음 각 호의 어느 하나에 해당하는 행위를 한 사람은 5년 이상의 유기징역에 처한다.
  1. 구강·항문 등 신체(성기는 제외한다)의 내부에 성기를 넣는 행위
  2. 성기·항문에 손가락 등 신체(성기는 제외한다)의 일부나 도구를 넣는 행위
③ 신체적인 또는 정신적인 장애가 있는 사람에 대하여 「형법」 제298조(강제추행)의 죄를 범한 사람은 3년 이상의 유기징역 또는 3천만원 이상 5천만원 이하의 벌금에 처한다. 〈개정 2020. 5. 19.〉
④ 신체적인 또는 정신적인 장애로 항거불능 또는 항거곤란 상태에 있음을 이용하여 사람을 간음하거나 추행한 사람은 제1항부터 제3항까지의 예에 따라 처벌한다.
⑤ 위계(僞計) 또는 위력(威力)으로써 신체적인 또는 정신적인 장애가 있는 사람을 간음한 사람은 5년 이상의 유기징역에 처한다.
⑥ 위계 또는 위력으로써 신체적인 또는 정신적인 장애가 있는 사람을 추행한 사람은 1년 이상의 유기징역 또는 1천만원 이상 3천만원 이하의 벌금에 처한다.
⑦ 장애인의 보호, 교육 등을 목적으로 하는 시설의 장 또는 종사자가 보호, 감독의 대상인 장애인에 대하여 제1항부터 제6항까지의 죄를 범한 경우에는 그 죄에 정한 형의 2분의 1까지 가중한다.

제7조(13세 미만의 미성년자에 대한 강간, 강제추행 등) ① 13세 미만의 사람에 대하여 「형법」 제297조(강간)의 죄를 범한 사람은 무기징역 또는 10년 이상의 징역에 처한다.
② 13세 미만의 사람에 대하여 폭행이나 협박으로 다음 각 호의 어느 하나에 해당하는 행위를 한 사람은 7년 이상의 유기징역에 처한다.
  1. 구강·항문 등 신체(성기는 제외한다)의 내부에 성기를 넣는 행위
  2. 성기·항문에 손가락 등 신체(성기는 제외한다)의 일부나 도구를 넣는 행위
③ 13세 미만의 사람에 대하여 「형법」 제298조(강제추행)의 죄를 범한 사람은 5년 이상의 유기징역에 처한다. 〈개정 2020. 5. 19.〉
④ 13세 미만의 사람에 대하여 「형법」 제299조(준강간, 준강제추행)의 죄를 범한 사람은 제1항부터 제3항까지의 예에 따라 처벌한다.
⑤ 위계 또는 위력으로써 13세 미만의 사람을 간음하거나 추행한 사람은 제1항부터 제3항까지의 예에 따라 처벌한다.

제8조(강간 등 상해·치상) ① 제3조제1항, 제4조, 제6조, 제7조 또는 제15조(제3조제1항, 제4조, 제6조 또는 제7조의 미수범으로 한정한다)의 죄를 범한 사람이 다른 사람을 상해하거나 상해에 이르게 한 때에는 무기징역 또는 10년 이상의 징역에 처한다.

② 제5조 또는 제15조(제5조의 미수범으로 한정한다)의 죄를 범한 사람이 다른 사람을 상해하거나 상해에 이르게 한 때에는 무기징역 또는 7년 이상의 징역에 처한다.

제9조(강간 등 살인·치사) ① 제3조부터 제7조까지, 제15조(제3조부터 제7조까지의 미수범으로 한정한다)의 죄 또는 「형법」 제297조(강간), 제297조의2(유사강간) 및 제298조(강제추행)부터 제300조(미수범)까지의 죄를 범한 사람이 다른 사람을 살해한 때에는 사형 또는 무기징역에 처한다.
② 제4조, 제5조 또는 제15조(제4조 또는 제5조의 미수범으로 한정한다)의 죄를 범한 사람이 다른 사람을 사망에 이르게 한 때에는 무기징역 또는 10년 이상의 징역에 처한다.
③ 제6조, 제7조 또는 제15조(제6조 또는 제7조의 미수범으로 한정한다)의 죄를 범한 사람이 다른 사람을 사망에 이르게 한 때에는 사형, 무기징역 또는 10년 이상의 징역에 처한다.

제10조(업무상 위력 등에 의한 추행) ① 업무, 고용이나 그 밖의 관계로 인하여 자기의 보호, 감독을 받는 사람에 대하여 위계 또는 위력으로 추행한 사람은 3년 이하의 징역 또는 1천500만원 이하의 벌금에 처한다. 〈개정 2018. 10. 16.〉
② 법률에 따라 구금된 사람을 감호하는 사람이 그 사람을 추행한 때에는 5년 이하의 징역 또는 2천만원 이하의 벌금에 처한다. 〈개정 2018. 10. 16.〉

제11조(공중 밀집 장소에서의 추행) 대중교통수단, 공연·집회 장소, 그 밖에 공중(公衆)이 밀집하는 장소에서 사람을 추행한 사람은 3년 이하의 징역 또는 3천만원 이하의 벌금에 처한다. 〈개정 2020. 5. 19.〉

제12조(성적 목적을 위한 다중이용장소 침입행위) 자기의 성적 욕망을 만족시킬 목적으로 화장실, 목욕장·목욕실 또는 발한실(發汗室), 모유수유시설, 탈의실 등 불특정 다수가 이용하는 다중이용장소에 침입하거나 같은 장소에서 퇴거의 요구를 받고 응하지 아니하는 사람은 1년 이하의 징역 또는 1천만원 이하의 벌금에 처한다. 〈개정 2017. 12. 12., 2020. 5. 19.〉

[제목개정 2017. 12. 12.]

제13조(통신매체를 이용한 음란행위) 자기 또는 다른 사람의 성적 욕망을 유발하거나 만족시킬 목적으로 전화, 우편, 컴퓨터, 그 밖의 통신매체를 통하여 성적 수치심이나 혐오감을 일으키는 말, 음향, 글, 그림, 영상 또는 물건을 상대방에게 도달하게 한 사람은 2년 이하의 징역 또는 2천만원 이하의 벌금에 처한다. 〈개정 2020. 5. 19.〉

제14조(카메라 등을 이용한 촬영) ① 카메라나 그 밖에 이와 유사한 기능을 갖춘 기계장치를 이용하여 성적 욕망 또는 수치심을 유발할 수 있는 사람의 신체를 촬영대상자의 의사에 반하여 촬영한 자는 7년 이하의 징역 또는 5천만원 이하의 벌금에 처

한다. 〈개정 2018. 12. 18., 2020. 5. 19.〉

② 제1항에 따른 촬영물 또는 복제물(복제물의 복제물을 포함한다. 이하 이 조에서 같다)을 반포·판매·임대·제공 또는 공공연하게 전시·상영(이하 "반포등"이라 한다)한 자 또는 제1항의 촬영이 촬영 당시에는 촬영대상자의 의사에 반하지 아니한 경우(자신의 신체를 직접 촬영한 경우를 포함한다)에도 사후에 그 촬영물 또는 복제물을 촬영대상자의 의사에 반하여 반포등을 한 자는 7년 이하의 징역 또는 5천만원 이하의 벌금에 처한다. 〈개정 2018. 12. 18., 2020. 5. 19.〉

③ 영리를 목적으로 촬영대상자의 의사에 반하여 「정보통신망 이용촉진 및 정보보호 등에 관한 법률」 제2조제1항제1호의 정보통신망(이하 "정보통신망"이라 한다)을 이용하여 제2항의 죄를 범한 자는 3년 이상의 유기징역에 처한다. 〈개정 2018. 12. 18., 2020. 5. 19.〉

④ 제1항 또는 제2항의 촬영물 또는 복제물을 소지·구입·저장 또는 시청한 자는 3년 이하의 징역 또는 3천만원 이하의 벌금에 처한다. 〈신설 2020. 5. 19.〉

⑤ 상습으로 제1항부터 제3항까지의 죄를 범한 때에는 그 죄에 정한 형의 2분의 1까지 가중한다. 〈신설 2020. 5. 19.〉

제14조의2(허위영상물 등의 반포등) ① 사람의 얼굴·신체 또는 음성을 대상으로 한 촬영물·영상물 또는 음성물(이하 이 조에서 "영상물등"이라 한다)을 영상물등의 대상자의 의사에 반하여 성적 욕망 또는 수치심을 유발할 수 있는 형태로 편집·합성 또는 가공(이하 이 조에서 "편집등"이라 한다)한 자는 7년 이하의 징역 또는 5천만원 이하의 벌금에 처한다. 〈개정 2024. 10. 16.〉

② 제1항에 따른 편집물·합성물·가공물(이하 이 조에서 "편집물등"이라 한다) 또는 복제물(복제물의 복제물을 포함한다. 이하 이 조에서 같다)을 반포등을 한 자 또는 제1항의 편집등을 할 당시에는 영상물등의 대상자의 의사에 반하지 아니한 경우에도 사후에 그 편집물등 또는 복제물을 영상물등의 대상자의 의사에 반하여 반포등을 한 자는 7년 이하의 징역 또는 5천만원 이하의 벌금에 처한다. 〈개정 2024. 10. 16.〉

③ 영리를 목적으로 영상물등의 대상자의 의사에 반하여 정보통신망을 이용하여 제2항의 죄를 범한 자는 3년 이상의 유기징역에 처한다. 〈개정 2024. 10. 16.〉

④ 제1항 또는 제2항의 편집물등 또는 복제물을 소지·구입·저장 또는 시청한 자는 3년 이하의 징역 또는 3천만원 이하의 벌금에 처한다. 〈신설 2024. 10. 16.〉

⑤ 상습으로 제1항부터 제3항까지의 죄를 범한 때에는 그 죄에 정한 형의 2분의 1까지 가중한다. 〈신설 2020. 5. 19., 2024. 10. 16.〉

[본조신설 2020. 3. 24.]

제14조의3(촬영물과 편집물 등을 이용한 협박·강요) ① 성적 욕망 또는 수치심을 유발할 수 있는 촬영물 또는 복제물(복제물의 복제물을 포함한다), 제14조의2제2항에

따른 편집물등 또는 복제물(복제물의 복제물을 포함한다)을 이용하여 사람을 협박한 자는 1년 이상의 유기징역에 처한다. 〈개정 2024. 10. 16.〉
② 제1항에 따른 협박으로 사람의 권리행사를 방해하거나 의무 없는 일을 하게 한 자는 3년 이상의 유기징역에 처한다.
③ 상습으로 제1항 및 제2항의 죄를 범한 경우에는 그 죄에 정한 형의 2분의 1까지 가중한다.

[본조신설 2020. 5. 19.]

[제목개정 2024. 10. 16.]

제15조(미수범) 제3조부터 제9조까지, 제14조, 제14조의2 및 제14조의3의 미수범은 처벌한다.

[전문개정 2020. 5. 19.]

제15조의2(예비, 음모) 제3조부터 제7조까지의 죄를 범할 목적으로 예비 또는 음모한 사람은 3년 이하의 징역에 처한다.

[본조신설 2020. 5. 19.]

제16조(형벌과 수강명령 등의 병과) ① 법원이 성폭력범죄를 범한 사람에 대하여 형의 선고를 유예하는 경우에는 1년 동안 보호관찰을 받을 것을 명할 수 있다. 다만, 성폭력범죄를 범한 「소년법」 제2조에 따른 소년에 대하여 형의 선고를 유예하는 경우에는 반드시 보호관찰을 명하여야 한다.
② 법원이 성폭력범죄를 범한 사람에 대하여 유죄판결(선고유예는 제외한다)을 선고하거나 약식명령을 고지하는 경우에는 500시간의 범위에서 재범예방에 필요한 수강명령 또는 성폭력 치료프로그램의 이수명령(이하 "이수명령"이라 한다)을 병과하여야 한다. 다만, 수강명령 또는 이수명령을 부과할 수 없는 특별한 사정이 있는 경우에는 그러하지 아니하다. 〈개정 2016. 12. 20.〉
③ 성폭력범죄를 범한 자에 대하여 제2항의 수강명령은 형의 집행을 유예할 경우에 그 집행유예기간 내에서 병과하고, 이수명령은 벌금 이상의 형을 선고하거나 약식명령을 고지할 경우에 병과한다. 다만, 이수명령은 성폭력범죄자가 「전자장치 부착 등에 관한 법률」 제9조의2제1항제4호에 따른 이수명령을 부과받은 경우에는 병과하지 아니한다. 〈개정 2016. 12. 20., 2020. 2. 4.〉
④ 법원이 성폭력범죄를 범한 사람에 대하여 형의 집행을 유예하는 경우에는 제2항에 따른 수강명령 외에 그 집행유예기간 내에서 보호관찰 또는 사회봉사 중 하나 이상의 처분을 병과할 수 있다.
⑤ 제2항에 따른 수강명령 또는 이수명령은 형의 집행을 유예할 경우에는 그 집행유예기간 내에, 벌금형을 선고하거나 약식명령을 고지할 경우에는 형 확정일부터 6

개월 이내에, 징역형 이상의 실형(實刑)을 선고할 경우에는 형기 내에 각각 집행한다. 다만, 수강명령 또는 이수명령은 성폭력범죄를 범한 사람이 「아동·청소년의 성보호에 관한 법률」 제21조에 따른 수강명령 또는 이수명령을 부과받은 경우에는 병과하지 아니한다. 〈개정 2016. 12. 20.〉
⑥ 제2항에 따른 수강명령 또는 이수명령이 벌금형 또는 형의 집행유예와 병과된 경우에는 보호관찰소의 장이 집행하고, 징역형 이상의 실형(치료감호와 징역형 이상의 실형이 병과된 경우를 포함한다. 이하 이 항에서 같다)과 병과된 경우에는 교정시설의 장 또는 치료감호시설의 장(이하 "교정시설등의 장"이라 한다)이 집행한다. 다만, 징역형 이상의 실형과 병과된 이수명령을 모두 이행하기 전에 석방 또는 가석방되거나 미결구금일수 산입 등의 사유로 형을 집행할 수 없게 된 경우에는 보호관찰소의 장이 남은 이수명령을 집행한다. 〈개정 2024. 1. 16.〉
⑦ 제2항에 따른 수강명령 또는 이수명령은 다음 각 호의 내용으로 한다.
   1. 일탈적 이상행동의 진단·상담
   2. 성에 대한 건전한 이해를 위한 교육
   3. 그 밖에 성폭력범죄를 범한 사람의 재범예방을 위하여 필요한 사항
⑧ 성폭력범죄를 범한 사람으로서 형의 집행 중에 가석방된 사람은 가석방기간 동안 보호관찰을 받는다. 다만, 가석방을 허가한 행정관청이 보호관찰을 할 필요가 없다고 인정한 경우에는 그러하지 아니하다.
⑨ 보호관찰, 사회봉사, 수강명령 및 이수명령에 관하여 이 법에서 규정한 사항 외의 사항에 대하여는 「보호관찰 등에 관한 법률」을 준용한다.

제17조(판결 전 조사) ① 법원은 성폭력범죄를 범한 피고인에 대하여 제16조에 따른 보호관찰, 사회봉사, 수강명령 또는 이수명령을 부과하기 위하여 필요하다고 인정하면 그 법원의 소재지 또는 피고인의 주거지를 관할하는 보호관찰소의 장에게 피고인의 신체적·심리적 특성 및 상태, 정신성적 발달과정, 성장배경, 가정환경, 직업, 생활환경, 교우관계, 범행동기, 병력(病歷), 피해자와의 관계, 재범위험성 등 피고인에 관한 사항의 조사를 요구할 수 있다.
② 제1항의 요구를 받은 보호관찰소의 장은 지체 없이 이를 조사하여 서면으로 해당 법원에 알려야 한다. 이 경우 필요하다고 인정하면 피고인이나 그 밖의 관계인을 소환하여 심문하거나 소속 보호관찰관에게 필요한 사항을 조사하게 할 수 있다.
③ 법원은 제1항의 요구를 받은 보호관찰소의 장에게 조사진행상황에 관한 보고를 요구할 수 있다

제18조(고소 제한에 대한 예외) 성폭력범죄에 대하여는 「형사소송법」 제224조(고소의 제한) 및 「군사법원법」 제266조에도 불구하고 자기 또는 배우자의 직계존속을 고소할 수 있다. 〈개정 2013. 4. 5.〉

제19조 삭제 〈2013. 4. 5.〉

제20조(「형법」상 감경규정에 관한 특례) 음주 또는 약물로 인한 심신장애 상태에서 성폭력범죄(제2조제1항제1호의 죄는 제외한다)를 범한 때에는 「형법」 제10조제1항·제2항 및 제11조를 적용하지 아니할 수 있다.

제21조(공소시효에 관한 특례) ① 미성년자에 대한 성폭력범죄의 공소시효는 「형사소송법」 제252조제1항 및 「군사법원법」 제294조제1항에도 불구하고 해당 성폭력범죄로 피해를 당한 미성년자가 성년에 달한 날부터 진행한다. 〈개정 2013. 4. 5.〉
② 제2조제3호 및 제4호의 죄와 제3조부터 제9조까지의 죄는 디엔에이(DNA)증거 등 그 죄를 증명할 수 있는 과학적인 증거가 있는 때에는 공소시효가 10년 연장된다.
③ 13세 미만의 사람 및 신체적인 또는 정신적인 장애가 있는 사람에 대하여 다음 각 호의 죄를 범한 경우에는 제1항과 제2항에도 불구하고 「형사소송법」 제249조부터 제253조까지 및 「군사법원법」 제291조부터 제295조까지에 규정된 공소시효를 적용하지 아니한다. 〈개정 2019. 8. 20., 2020. 5. 19.〉
  1. 「형법」 제297조(강간), 제298조(강제추행), 제299조(준강간, 준강제추행), 제301조(강간 등 상해·치상), 제301조의2(강간등 살인·치사) 또는 제305조(미성년자에 대한 간음, 추행)의 죄
  2. 제6조제2항, 제7조제2항 및 제5항, 제8조, 제9조의 죄
  3. 「아동·청소년의 성보호에 관한 법률」 제9조 또는 제10조의 죄
④ 다음 각 호의 죄를 범한 경우에는 제1항과 제2항에도 불구하고 「형사소송법」 제249조부터 제253조까지 및 「군사법원법」 제291조부터 제295조까지에 규정된 공소시효를 적용하지 아니한다. 〈개정 2013. 4. 5.〉
  1. 「형법」 제301조의2(강간등 살인·치사)의 죄(강간등 살인에 한정한다)
  2. 제9조제1항의 죄
  3. 「아동·청소년의 성보호에 관한 법률」 제10조제1항의 죄
  4. 「군형법」 제92조의8의 죄(강간 등 살인에 한정한다)

제22조(「특정강력범죄의 처벌에 관한 특례법」의 준용) 성폭력범죄에 대한 처벌절차에는 「특정강력범죄의 처벌에 관한 특례법」 제7조(증인에 대한 신변안전조치), 제8조(출판물 게재 등으로부터의 피해자 보호), 제9조(소송 진행의 협의), 제12조(간이공판절차의 결정) 및 제13조(판결선고)를 준용한다.

제23조(피해자, 신고인 등에 대한 보호조치) 법원 또는 수사기관이 성폭력범죄의 피해자, 성폭력범죄를 신고(고소·고발을 포함한다)한 사람을 증인으로 신문하거나 조사하는 경우에는 「특정범죄신고자 등 보호법」 제5조 및 제7조부터 제13조까지의 규정을 준용한다. 이 경우 「특정범죄신고자 등 보호법」 제9조와 제13조를 제외하고는 보복을 당할 우려가 있음을 요하지 아니한다.

제24조(피해자의 신원과 사생활 비밀 누설 금지) ① 성폭력범죄의 수사 또는 재판을 담당하거나 이에 관여하는 공무원 또는 그 직에 있었던 사람은 피해자의 주소, 성명,

나이, 직업, 학교, 용모, 그 밖에 피해자를 특정하여 파악할 수 있게 하는 인적사항과 사진 등 또는 그 피해자의 사생활에 관한 비밀을 공개하거나 다른 사람에게 누설하여서는 아니 된다.
② 누구든지 제1항에 따른 피해자의 주소, 성명, 나이, 직업, 학교, 용모, 그 밖에 피해자를 특정하여 파악할 수 있는 인적사항이나 사진 등을 피해자의 동의를 받지 아니하고 신문 등 인쇄물에 싣거나 「방송법」 제2조제1호에 따른 방송 또는 정보통신망을 통하여 공개하여서는 아니 된다.

제25조 삭제 〈2023. 10. 24.〉

제26조(성폭력범죄의 피해자에 대한 전담조사제) ① 검찰총장은 각 지방검찰청 검사장으로 하여금 성폭력범죄 전담 검사를 지정하도록 하여 특별한 사정이 없으면 이들로 하여금 피해자를 조사하게 하여야 한다.
② 경찰청장은 각 경찰서장으로 하여금 성폭력범죄 전담 사법경찰관을 지정하도록 하여 특별한 사정이 없으면 이들로 하여금 피해자를 조사하게 하여야 한다.
③ 국가는 제1항의 검사 및 제2항의 사법경찰관에게 성폭력범죄의 수사에 필요한 전문지식과 피해자보호를 위한 수사방법 및 수사절차, 아동 심리 및 아동·장애인 조사 면담기법 등에 관한 교육을 실시하여야 한다. 〈개정 2023. 7. 11.〉
④ 성폭력범죄를 전담하여 조사하는 제1항의 검사 및 제2항의 사법경찰관은 19세 미만인 피해자나 신체적인 또는 정신적인 장애로 사물을 변별하거나 의사를 결정할 능력이 미약한 피해자(이하 "19세미만피해자등"이라 한다)를 조사할 때에는 피해자의 나이, 인지적 발달 단계, 심리 상태, 장애 정도 등을 종합적으로 고려하여야 한다. 〈신설 2023. 7. 11.〉

제27조(성폭력범죄 피해자에 대한 변호사 선임의 특례) ① 성폭력범죄의 피해자 및 그 법정대리인(이하 "피해자등"이라 한다)은 형사절차상 입을 수 있는 피해를 방어하고 법률적 조력을 보장하기 위하여 변호사를 선임할 수 있다.
② 제1항에 따른 변호사는 검사 또는 사법경찰관의 피해자등에 대한 조사에 참여하여 의견을 진술할 수 있다. 다만, 조사 도중에는 검사 또는 사법경찰관의 승인을 받아 의견을 진술할 수 있다.
③ 제1항에 따른 변호사는 피의자에 대한 구속 전 피의자심문, 증거보전절차, 공판준비기일 및 공판절차에 출석하여 의견을 진술할 수 있다. 이 경우 필요한 절차에 관한 구체적 사항은 대법원규칙으로 정한다.
④ 제1항에 따른 변호사는 증거보전 후 관계 서류나 증거물, 소송계속 중의 관계 서류나 증거물을 열람하거나 등사할 수 있다.
⑤ 제1항에 따른 변호사는 형사절차에서 피해자등의 대리가 허용될 수 있는 모든 소송행위에 대한 포괄적인 대리권을 가진다.
⑥ 검사는 피해자에게 변호사가 없는 경우 국선변호사를 선정하여 형사절차에서 피

해자의 권익을 보호할 수 있다. 다만, 19세미만피해자등에게 변호사가 없는 경우에는 국선변호사를 선정하여야 한다. 〈개정 2023. 7. 11.〉

제28조(성폭력범죄에 대한 전담재판부) 지방법원장 또는 고등법원장은 특별한 사정이 없으면 성폭력범죄 전담재판부를 지정하여 성폭력범죄에 대하여 재판하게 하여야 한다.

제29조(수사 및 재판절차에서의 배려) ① 수사기관과 법원 및 소송관계인은 성폭력범죄를 당한 피해자의 나이, 심리 상태 또는 후유장애의 유무 등을 신중하게 고려하여 조사 및 심리·재판 과정에서 피해자의 인격이나 명예가 손상되거나 사적인 비밀이 침해되지 아니하도록 주의하여야 한다.
② 수사기관과 법원은 성폭력범죄의 피해자를 조사하거나 심리·재판할 때 피해자가 편안한 상태에서 진술할 수 있는 환경을 조성하여야 하며, 조사 및 심리·재판 횟수는 필요한 범위에서 최소한으로 하여야 한다.
③ 수사기관과 법원은 조사 및 심리·재판 과정에서 19세미만피해자등의 최상의 이익을 고려하여 다음 각 호에 따른 보호조치를 하도록 노력하여야 한다. 〈신설 2023. 7. 11.〉
  1. 19세미만피해자등의 진술을 듣는 절차가 타당한 이유 없이 지연되지 아니하도록 할 것
  2. 19세미만피해자등의 진술을 위하여 아동 등에게 친화적으로 설계된 장소에서 피해자 조사 및 증인신문을 할 것
  3. 19세미만피해자등이 피의자 또는 피고인과 접촉하거나 마주치지 아니하도록 할 것
  4. 19세미만피해자등에게 조사 및 심리·재판 과정에 대하여 명확하고 충분히 설명할 것
  5. 그 밖에 조사 및 심리·재판 과정에서 19세미만피해자등의 보호 및 지원 등을 위하여 필요한 조치를 할 것

제30조(19세미만피해자등 진술 내용 등의 영상녹화 및 보존 등) ① 검사 또는 사법경찰관은 19세미만피해자등의 진술 내용과 조사 과정을 영상녹화장치로 녹화(녹음이 포함된 것을 말하며, 이하 "영상녹화"라 한다)하고, 그 영상녹화물을 보존하여야 한다.
② 검사 또는 사법경찰관은 19세미만피해자등을 조사하기 전에 다음 각 호의 사실을 피해자의 나이, 인지적 발달 단계, 심리 상태, 장애 정도 등을 고려한 적절한 방식으로 피해자에게 설명하여야 한다.
  1. 조사 과정이 영상녹화된다는 사실
  2. 영상녹화된 영상녹화물이 증거로 사용될 수 있다는 사실
③ 제1항에도 불구하고 19세미만피해자등 또는 그 법정대리인(법정대리인이 가해자이거나 가해자의 배우자인 경우는 제외한다)이 이를 원하지 아니하는 의사를 표시하는 경우에는 영상녹화를 하여서는 아니 된다.
④ 검사 또는 사법경찰관은 제1항에 따른 영상녹화를 마쳤을 때에는 지체 없이 피해자 또는 변호사 앞에서 봉인하고 피해자로 하여금 기명날인 또는 서명하게 하여야 한다.
⑤ 검사 또는 사법경찰관은 제1항에 따른 영상녹화 과정의 진행 경과를 조서(별도의 서면을 포함한다. 이하 같다)에 기록한 후 수사기록에 편철하여야 한다.

⑥ 제5항에 따라 영상녹화 과정의 진행 경과를 기록할 때에는 다음 각 호의 사항을 구체적으로 적어야 한다.
　1. 피해자가 영상녹화 장소에 도착한 시각
　2. 영상녹화를 시작하고 마친 시각
　3. 그 밖에 영상녹화 과정의 진행경과를 확인하기 위하여 필요한 사항
⑦ 검사 또는 사법경찰관은 19세미만피해자등이나 그 법정대리인이 신청하는 경우에는 영상녹화 과정에서 작성한 조서의 사본 또는 영상녹화물에 녹음된 내용을 옮겨 적은 녹취서의 사본을 신청인에게 발급하거나 영상녹화물을 재생하여 시청하게 하여야 한다.
⑧ 누구든지 제1항에 따라 영상녹화한 영상녹화물을 수사 및 재판의 용도 외에 다른 목적으로 사용하여서는 아니 된다.
⑨ 제1항에 따른 영상녹화의 방법에 관하여는 「형사소송법」 제244조의2제1항 후단을 준용한다.

[전문개정 2023. 7. 11.]

[2023. 7. 11. 법률 제19517호에 의하여 2021.12.23. 헌법재판소에서 위헌 결정된 이 조를 개정함.]

제30조의2(영상녹화물의 증거능력 특례) ① 제30조제1항에 따라 19세미만피해자등의 진술이 영상녹화된 영상녹화물은 같은 조 제4항부터 제6항까지에서 정한 절차와 방식에 따라 영상녹화된 것으로서 다음 각 호의 어느 하나의 경우에 증거로 할 수 있다.
　1. 증거보전기일, 공판준비기일 또는 공판기일에 그 내용에 대하여 피의자, 피고인 또는 변호인이 피해자를 신문할 수 있었던 경우. 다만, 증거보전기일에서의 신문의 경우 법원이 피의자나 피고인의 방어권이 보장된 상태에서 피해자에 대한 반대신문이 충분히 이루어졌다고 인정하는 경우로 한정한다.
　2. 19세미만피해자등이 다음 각 목의 어느 하나에 해당하는 사유로 공판준비기일 또는 공판기일에 출석하여 진술할 수 없는 경우. 다만, 영상녹화된 진술 및 영상녹화가 특별히 신빙(信憑)할 수 있는 상태에서 이루어졌음이 증명된 경우로 한정한다.
　　가. 사망
　　나. 외국 거주
　　다. 신체적, 정신적 질병·장애
　　라. 소재불명
　　마. 그 밖에 이에 준하는 경우
② 법원은 제1항제2호에 따라 증거능력이 있는 영상녹화물을 유죄의 증거로 할지를 결정할 때에는 피고인과의 관계, 범행의 내용, 피해자의 나이, 심신의 상태, 피해자가 증언으로 인하여 겪을 수 있는 심리적 외상, 영상녹화물에 수록된 19세미만피해자등의 진술 내용 및 진술 태도 등을 고려하여야 한다. 이 경우 법원은 전문심리위원 또는 제33조에 따른 전문가의 의견을 들어야 한다.

[본조신설 2023. 7. 11.]

제31조(심리의 비공개) ① 성폭력범죄에 대한 심리는 그 피해자의 사생활을 보호하기 위하여 결정으로써 공개하지 아니할 수 있다.
② 증인으로 소환받은 성폭력범죄의 피해자와 그 가족은 사생활보호 등의 사유로 증인신문의 비공개를 신청할 수 있다.
③ 재판장은 제2항에 따른 신청을 받으면 그 허가 및 공개 여부, 법정 외의 장소에서의 신문 등 증인의 신문 방식 및 장소에 관하여 결정할 수 있다.
④ 제1항 및 제3항의 경우에는 「법원조직법」 제57조(재판의 공개)제2항·제3항 및 「군사법원법」 제67조제2항·제3항을 준용한다. 〈개정 2013. 4. 5.〉

제32조(증인지원시설의 설치·운영 등) ① 각급 법원은 증인으로 법원에 출석하는 피해자등이 재판 전후에 피고인이나 그 가족과 마주치지 아니하도록 하고, 보호와 지원을 받을 수 있는 적절한 시설을 설치한다.
② 각급 법원은 제1항의 시설을 관리·운영하고 피해자등의 보호와 지원을 담당하는 직원(이하 "증인지원관"이라 한다)을 둔다.
③ 법원은 증인지원관에 대하여 인권 감수성 향상에 필요한 교육을 정기적으로 실시한다.
④ 증인지원관의 업무·자격 및 교육 등에 필요한 사항은 대법원규칙으로 정한다.

제33조(전문가의 의견 조회) ① 법원은 정신건강의학과의사, 심리학자, 사회복지학자, 그 밖의 관련 전문가로부터 행위자 또는 피해자의 정신·심리 상태에 대한 진단 소견 및 피해자의 진술 내용에 관한 의견을 조회할 수 있다.
② 법원은 성폭력범죄를 조사·심리할 때에는 제1항에 따른 의견 조회의 결과를 고려하여야 한다.
③ 법원은 법원행정처장이 정하는 관련 전문가 후보자 중에서 제1항에 따른 전문가를 지정하여야 한다.
④ 제1항부터 제3항까지의 규정은 수사기관이 성폭력범죄를 수사하는 경우에 준용한다. 다만, 피해자가 13세 미만이거나 신체적인 또는 정신적인 장애로 사물을 변별하거나 의사를 결정할 능력이 미약한 경우에는 관련 전문가에게 피해자의 정신·심리 상태에 대한 진단 소견 및 진술 내용에 관한 의견을 조회하여야 한다.
⑤ 제4항에 따라 준용할 경우 "법원행정처장"은 "검찰총장 또는 경찰청장"으로 본다.

제34조(신뢰관계에 있는 사람의 동석) ① 법원은 다음 각 호의 어느 하나에 해당하는 피해자를 증인으로 신문하는 경우에 검사, 피해자 또는 그 법정대리인이 신청할 때에는 재판에 지장을 줄 우려가 있는 등 부득이한 경우가 아니면 피해자와 신뢰관계에 있는 사람을 동석하게 하여야 한다. 〈개정 2023. 7. 11.〉
   1. 제3조부터 제8조까지, 제10조, 제14조, 제14조의2, 제14조의3, 제15조(제9조의 미수범은 제외한다) 및 제15조의2에 따른 범죄의 피해자
   2. 19세미만피해자등
② 제1항은 수사기관이 같은 항 각 호의 피해자를 조사하는 경우에 관하여 준용한

다. 〈개정 2023. 7. 11.〉
③ 제1항 및 제2항의 경우 법원과 수사기관은 피해자와 신뢰관계에 있는 사람이 피해자에게 불리하거나 피해자가 원하지 아니하는 경우에는 동석하게 하여서는 아니 된다.

제35조(진술조력인 양성 등) ① 법무부장관은 의사소통 및 의사표현에 어려움이 있는 성폭력범죄의 피해자에 대한 형사사법절차에서의 조력을 위하여 진술조력인을 양성하여야 한다.
② 진술조력인은 정신건강의학, 심리학, 사회복지학, 교육학 등 아동·장애인의 심리나 의사소통 관련 전문지식이 있거나 관련 분야에서 상당 기간 종사한 사람으로 법무부장관이 정하는 교육을 이수하여야 한다. 진술조력인의 자격, 양성 및 배치 등에 관하여 필요한 사항은 법무부령으로 정한다. 〈개정 2020. 10. 20.〉
③ 법무부장관은 제1항에 따라 양성한 진술조력인 명부를 작성하여야 한다.

제35조의2(진술조력인의 결격사유) 다음 각 호의 어느 하나에 해당하는 사람은 진술조력인이 될 수 없다.
1. 피성년후견인
2. 금고 이상의 실형을 선고받고 그 집행이 종료(집행이 종료된 것으로 보는 경우를 포함한다)되거나 집행이 면제된 날부터 5년이 지나지 아니한 사람
3. 금고 이상의 형의 집행을 유예받고 그 유예기간이 완료된 날부터 2년이 지나지 아니한 사람
4. 금고 이상의 형의 선고를 유예받고 그 유예기간 중에 있는 사람
5. 제2호부터 제4호까지의 규정에도 불구하고 다음 각 목의 어느 하나에 해당하는 범죄를 저지른 사람으로서 형 또는 치료감호를 선고받고 확정된 후 그 형 또는 치료감호의 전부 또는 일부의 집행이 끝나거나(집행이 끝난 것으로 보는 경우를 포함한다) 집행이 유예·면제된 날부터 10년이 지나지 아니한 사람
    가. 제2조에 따른 성폭력범죄
    나. 「아동·청소년의 성보호에 관한 법률」 제2조제2호에 따른 아동·청소년대상 성범죄
    다. 「아동학대범죄의 처벌 등에 관한 특례법」 제2조제4호에 따른 아동학대범죄
    라. 「장애인복지법」 제86조, 제86조의2 및 제87조의 죄
6. 제35조의3(이 조 제1호에 해당하게 되어 제35조의3제1항제2호에 따라 진술조력인의 자격이 취소된 경우는 제외한다)에 따라 진술조력인 자격이 취소된 후 3년이 지나지 아니한 사람

[본조신설 2020. 10. 20.]

제35조의3(진술조력인의 자격취소) ① 법무부장관은 진술조력인 자격을 가진 사람이 다음 각 호의 어느 하나에 해당하는 경우에는 그 자격을 취소할 수 있다. 다만, 제1호 또는 제2호에 해당하는 경우에는 그 자격을 취소하여야 한다.
    1. 거짓이나 그 밖의 부정한 방법으로 자격을 취득한 사실이 드러난 경우
    2. 제35조의2 각 호의 결격사유 중 어느 하나에 해당하게 된 경우

3. 제38조에 따른 진술조력인의 의무를 위반한 경우
   4. 고의나 중대한 과실로 업무 수행에 중대한 지장이 발생하게 된 경우
   5. 진술조력인의 업무 수행과 관련하여 부당한 금품을 수령하는 등 부정한 행위를 한 경우
   6. 정당한 사유 없이 법무부령으로 정하는 교육을 이수하지 않은 경우
   7. 그 밖에 진술조력인의 업무를 수행할 수 없는 중대한 사유가 발생한 경우
② 법무부장관은 제1항에 따라 진술조력인 자격을 취소하려는 경우에는 해당 진술조력인에게 자격 취소 예정인 사실과 그 사유를 통보하여야 한다. 이 경우 통보를 받은 진술조력인은 법무부에 출석하여 소명(疏明)하거나 소명에 관한 의견서를 제출할 수 있다.
③ 법무부장관은 제2항 후단에 따라 진술조력인이 소명하거나 소명에 관한 의견서를 제출한 경우 진술조력인 자격 취소 여부를 결정하기 위하여 외부 전문가의 의견을 들을 수 있다.
④ 법무부장관은 제1항에 따라 진술조력인 자격을 취소한 경우에는 즉시 그 사람에게 진술조력인 자격 취소의 사실 및 그 사유를 서면으로 알려주어야 한다.
⑤ 제1항에 따라 진술조력인 자격이 취소된 사람의 자격증 반납에 관해서는 법무부령으로 정한다.

[본조신설 2020. 10. 20.]

제36조(진술조력인의 수사과정 참여) ① 검사 또는 사법경찰관은 성폭력범죄의 피해자가 19세미만피해자등인 경우 형사사법절차에서의 조력과 원활한 조사를 위하여 직권이나 피해자, 그 법정대리인 또는 변호사의 신청에 따라 진술조력인으로 하여금 조사과정에 참여하여 의사소통을 중개하거나 보조하게 할 수 있다. 다만, 피해자 또는 그 법정대리인이 이를 원하지 아니하는 의사를 표시한 경우에는 그러하지 아니하다. 〈개정 2023. 7. 11.〉
② 검사 또는 사법경찰관은 제1항의 피해자를 조사하기 전에 피해자, 법정대리인 또는 변호사에게 진술조력인에 의한 의사소통 중개나 보조를 신청할 수 있음을 고지하여야 한다.
③ 진술조력인은 조사 전에 피해자를 면담하여 진술조력인 조력 필요성에 관하여 평가한 의견을 수사기관에 제출할 수 있다.
④ 제1항에 따라 조사과정에 참여한 진술조력인은 피해자의 의사소통이나 표현 능력, 특성 등에 관한 의견을 수사기관이나 법원에 제출할 수 있다.
⑤ 제1항부터 제4항까지의 규정은 검증에 관하여 준용한다.
⑥ 그 밖에 진술조력인의 수사절차 참여에 관한 절차와 방법 등 필요한 사항은 법무부령으로 정한다.

제37조(진술조력인의 재판과정 참여) ① 법원은 성폭력범죄의 피해자가 19세미만피해자등인 경우 재판과정에서의 조력과 원활한 증인 신문을 위하여 직권 또는 검사,

피해자, 그 법정대리인 및 변호사의 신청에 의한 결정으로 진술조력인으로 하여금 증인 신문에 참여하여 중개하거나 보조하게 할 수 있다. 〈개정 2023. 7. 11.〉
② 법원은 증인이 제1항에 해당하는 경우에는 신문 전에 피해자, 법정대리인 및 변호사에게 진술조력인에 의한 의사소통 중개나 보조를 신청할 수 있음을 고지하여야 한다.
③ 진술조력인의 소송절차 참여에 관한 구체적 절차와 방법은 대법원규칙으로 정한다.

제38조(진술조력인의 의무) ① 진술조력인은 수사 및 재판 과정에 참여함에 있어 중립적인 지위에서 상호간의 진술이 왜곡 없이 전달될 수 있도록 노력하여야 한다.
② 진술조력인은 그 직무상 알게 된 피해자의 주소, 성명, 나이, 직업, 학교, 용모, 그 밖에 피해자를 특정하여 파악할 수 있게 하는 인적사항과 사진 및 사생활에 관한 비밀을 공개하거나 다른 사람에게 누설하여서는 아니 된다.

제39조(벌칙적용에 있어서 공무원의 의제) 진술조력인은 「형법」 제129조부터 제132조까지에 따른 벌칙의 적용에 있어서 이를 공무원으로 본다.

제40조(비디오 등 중계장치에 의한 증인신문) ① 법원은 제2조제1항제3호부터 제5호까지의 범죄의 피해자를 증인으로 신문하는 경우 검사와 피고인 또는 변호인의 의견을 들어 비디오 등 중계장치에 의한 중계를 통하여 신문할 수 있다.
② 제1항에 따른 증인신문의 절차·방법 등에 관하여 필요한 사항은 대법원규칙으로 정한다.

제40조의2(19세미만피해자등에 대한 증인신문을 위한 공판준비절차) ① 법원은 19세미만피해자등을 증인으로 신문하려는 경우에는 19세미만피해자등의 보호와 원활한 심리를 위하여 필요한 경우 검사, 피고인 또는 변호인의 의견을 들어 사건을 공판준비절차에 부칠 수 있다.
② 법원은 제1항에 따라 공판준비절차에 부치는 경우 증인신문을 위한 심리계획을 수립하기 위하여 공판준비기일을 지정하여야 한다.
③ 법원은 제2항에 따라 지정한 공판준비기일에 증인신문을 중개하거나 보조할 진술조력인을 출석하게 할 수 있다.
④ 19세미만피해자등의 변호사는 제2항에 따라 지정된 공판준비기일에 출석할 수 있다.
⑤ 법원은 제1항에 따른 공판준비절차에서 검사, 피고인 또는 변호인에게 신문할 사기재한 서면을 법원에 미리 제출하게 할 수 있다. 다만, 제출한 신문사항은 증인신문을 하기 전까지는 열람·복사 등을 통하여 상대방에게 공개하지 아니한다.
⑥ 법원은 제2항에 따라 지정된 공판준비기일에서 검사, 피고인, 변호인, 19세미만피해자등의 변호사 및 진술조력인에게 신문사항과 신문방법 등에 관한 의견을 구할 수 있다.

[본조신설 2023. 7. 11.]

제40조의3(19세미만피해자등의 증인신문 장소 등에 대한 특례) ① 법원은 19세미만피

해자등을 증인으로 신문하는 경우 사전에 피해자에게 「형사소송법」 제165조의2제1항에 따라 비디오 등 중계장치에 의한 중계시설을 통하여 신문할 수 있음을 고지하여야 한다.
② 19세미만피해자등은 제1항의 중계시설을 통하여 증인신문을 진행할지 여부 및 증인으로 출석할 장소에 관하여 법원에 의견을 진술할 수 있다.
③ 제1항에 따른 중계시설을 통하여 19세미만피해자등을 증인으로 신문하는 경우 그 중계시설은 특별한 사정이 없으면 제30조제1항에 따른 영상녹화가 이루어진 장소로 한다. 다만, 피해자가 다른 장소를 원하는 의사를 표시하거나, 제30조제1항에 따른 영상녹화가 이루어진 장소가 경찰서 등 수사기관의 시설인 경우에는 법원이 중계시설을 지정할 수 있다.

[본조신설 2023. 7. 11.]

제41조(증거보전의 특례) ① 피해자나 그 법정대리인 또는 사법경찰관은 피해자가 공판기일에 출석하여 증언하는 것에 현저히 곤란한 사정이 있을 때에는 그 사유를 소명하여 제30조에 따라 영상녹화된 영상녹화물 또는 그 밖의 다른 증거에 대하여 해당 성폭력범죄를 수사하는 검사에게 「형사소송법」 제184조(증거보전의 청구와 그 절차)제1항에 따른 증거보전의 청구를 할 것을 요청할 수 있다. 이 경우 피해자가 19세미만피해자등인 경우에는 공판기일에 출석하여 증언하는 것에 현저히 곤란한 사정이 있는 것으로 본다. 〈개정 2020. 10. 20., 2023. 7. 11.〉
② 제1항의 요청을 받은 검사는 그 요청이 타당하다고 인정할 때에는 증거보전의 청구를 할 수 있다. 다만, 19세미만피해자등이나 그 법정대리인이 제1항의 요청을 하는 경우에는 특별한 사정이 없는 한 「형사소송법」 제184조제1항에 따라 관할지방법원판사에게 증거보전을 청구하여야 한다. 〈개정 2023. 7. 11.〉

제3장 신상정보 등록 등

제42조(신상정보 등록대상자) ① 제2조제1항제3호·제4호, 같은 조 제2항(제1항제3호·제4호에 한정한다), 제3조부터 제15조까지의 범죄 및 「아동·청소년의 성보호에 관한 법률」 제2조제2호가목·라목의 범죄(이하 "등록대상 성범죄"라 한다)로 유죄판결이나 약식명령이 확정된 자 또는 같은 법 제49조제1항제4호에 따라 공개명령이 확정된 자는 신상정보 등록대상자(이하 "등록대상자"라 한다)가 된다. 다만, 제12조·제13조의 범죄 및 「아동·청소년의 성보호에 관한 법률」 제11조제3항 및 제5항의 범죄로 벌금형을 선고받은 자는 제외한다. 〈개정 2016. 12. 20.〉
② 법원은 등록대상 성범죄로 유죄판결을 선고하거나 약식명령을 고지하는 경우에는 등록대상자라는 사실과 제43조에 따른 신상정보 제출 의무가 있음을 등록대상자에게 알려 주어야 한다. 〈개정 2016. 12. 20.〉
③ 제2항에 따른 통지는 판결을 선고하는 때에는 구두 또는 서면으로 하고, 약식명

령을 고지하는 때에는 통지사항이 기재된 서면을 송달하는 방법으로 한다. 〈신설 2016. 12. 20.〉
④ 법원은 제1항의 판결이나 약식명령이 확정된 날부터 14일 이내에 판결문(제45조 제4항에 따라 법원이 등록기간을 달리 정한 경우에는 그 사실을 포함한다) 또는 약식명령 등본을 법무부장관에게 송달하여야 한다. 〈개정 2016. 12. 20.〉

[2016. 12. 20. 법률 제14412호에 의하여 2016. 3. 31. 헌법재판소에서 위헌 결정된 이 조를 개정함.]

제43조(신상정보의 제출 의무) ① 등록대상자는 제42조제1항의 판결이 확정된 날부터 30일 이내에 다음 각 호의 신상정보(이하 "기본신상정보"라 한다)를 자신의 주소지를 관할하는 경찰서의 장(이하 "관할경찰서의 장"이라 한다)에게 제출하여야 한다. 다만, 등록대상자가 교정시설 또는 치료감호시설에 수용된 경우에는 그 교정시설등의 장에게 기본신상정보를 제출함으로써 이를 갈음할 수 있다. 〈개정 2014. 12. 30., 2016. 12. 20., 2024. 1. 16.〉
  1. 성명
  2. 주민등록번호
  3. 주소 및 실제거주지
  4. 직업 및 직장 등의 소재지
  5. 연락처(전화번호, 전자우편주소를 말한다)
  6. 신체정보(키와 몸무게)
  7. 소유차량의 등록번호
② 관할경찰서의 장 또는 교정시설등의 장은 제1항에 따라 등록대상자가 기본신상정보를 제출할 때에 등록대상자의 정면·좌측·우측 상반신 및 전신 컬러사진을 촬영하여 전자기록으로 저장·보관하여야 한다. 〈개정 2016. 12. 20.〉
③ 등록대상자는 제1항에 따라 제출한 기본신상정보가 변경된 경우에는 그 사유와 변경내용(이하 "변경정보"라 한다)을 변경사유가 발생한 날부터 20일 이내에 제1항에 따라 제출하여야 한다. 〈개정 2016. 12. 20.〉
④ 등록대상자는 제1항에 따라 기본신상정보를 제출한 경우에는 그 다음 해부터 매년 12월 31일까지 주소지를 관할하는 경찰서에 출석하여 경찰관서의 장으로 하여금 자신의 정면·좌측·우측 상반신 및 전신 컬러사진을 촬영하여 전자기록으로 저장·보관하도록 하여야 한다. 다만, 교정시설등의 장은 등록대상자가 교정시설 등에 수용된 경우에는 석방 또는 치료감호 종료 전에 등록대상자의 정면·좌측·우측 상반신 및 전신 컬러사진을 새로 촬영하여 전자기록으로 저장·보관하여야 한다. 〈개정 2016. 12. 20.〉
⑤ 관할경찰서의 장 또는 교정시설등의 장은 등록대상자로부터 제출받은 기본신상정보 및 변경정보와 제2항 및 제4항에 따라 저장·보관하는 전자기록을 지체 없이 법무부장관에게 송달하여야 한다. 〈개정 2016. 12. 20.〉
⑥ 제5항에 따라 등록대상자에 대한 기본신상정보를 송달할 때에 관할경찰서의 장

은 등록대상자에 대한 「형의 실효 등에 관한 법률」 제2조제5호에 따른 범죄경력자료를 함께 송달하여야 한다. 〈개정 2016. 12. 20.〉
⑦ 기본신상정보 및 변경정보의 송달, 등록에 관한 절차와 방법 등 필요한 사항은 대통령령으로 정한다. 〈개정 2016. 12. 20.〉

제43조의2(출입국 시 신고의무 등) ① 등록대상자가 6개월 이상 국외에 체류하기 위하여 출국하는 경우에는 미리 관할경찰관서의 장에게 체류국가 및 체류기간 등을 신고하여야 한다.
② 제1항에 따라 신고한 등록대상자가 입국하였을 때에는 특별한 사정이 없으면 14일 이내에 관할경찰관서의 장에게 입국 사실을 신고하여야 한다. 제1항에 따른 신고를 하지 아니하고 출국하여 6개월 이상 국외에 체류한 등록대상자가 입국하였을 때에도 또한 같다.
③ 관할경찰관서의 장은 제1항 및 제2항에 따른 신고를 받았을 때에는 지체 없이 법무부장관에게 해당 정보를 송달하여야 한다.
④ 제1항 및 제2항에 따른 신고와 제3항에 따른 송달의 절차 및 방법 등에 관하여 필요한 사항은 대통령령으로 정한다.

[본조신설 2016. 12. 20.]

제44조(등록대상자의 신상정보 등록 등) ① 법무부장관은 제43조제5항, 제6항 및 제43조의2제3항에 따라 송달받은 정보와 다음 각 호의 등록대상자 정보를 등록하여야 한다. 〈개정 2016. 12. 20., 2020. 2. 4.〉
  1. 등록대상 성범죄 경력정보
  2. 성범죄 전과사실(죄명, 횟수)
  3. 「전자장치 부착 등에 관한 법률」에 따른 전자장치 부착 여부
② 법무부장관은 등록대상자가 제1항에 따라 등록한 정보를 정보통신망을 이용하여 열람할 수 있도록 하여야 한다. 다만, 등록대상자가 신청하는 경우에는 등록한 정보를 등록대상자에게 통지하여야 한다. 〈개정 2016. 12. 20.〉
③ 법무부장관은 제1항에 따른 등록에 필요한 정보의 조회(「형의 실효 등에 관한 법률」 제2조제8호에 따른 범죄경력조회를 포함한다)를 관계 행정기관의 장에게 요청할 수 있다.
④ 법무부장관은 등록대상자가 기본신상정보 또는 변경정보를 정당한 사유 없이 제출하지 아니한 경우에는 신상정보의 등록에 필요한 사항을 관계 행정기관의 장에게 조회를 요청하여 등록할 수 있다. 이 경우 법무부장관은 등록일자를 밝혀 등록대상자에게 신상정보를 등록한 사실 및 등록한 신상정보의 내용을 통지하여야 한다. 〈개정 2016. 12. 20.〉
⑤ 제3항 및 제4항의 요청을 받은 관계 행정기관의 장은 지체 없이 조회 결과를 법무부장관에게 송부하여야 한다.

⑥ 제4항 전단에 따라 법무부장관이 기본신상정보를 등록한 경우에 등록대상자의 변경정보 제출과 사진 촬영에 대해서는 제43조제3항 및 제4항을 준용한다. 〈신설 2016. 12. 20.〉
⑦ 제1항 또는 제4항 전단에 따라 등록한 정보(이하 "등록정보"라 한다)의 열람, 통지 신청 및 통지의 방법과 절차 등에 필요한 사항은 대통령령으로 정한다. 〈신설 2016. 12. 20.〉

제45조(등록정보의 관리) ① 법무부장관은 제44조제1항 또는 제4항에 따라 기본신상정보를 최초로 등록한 날(이하 "최초등록일"이라 한다)부터 다음 각 호의 구분에 따른 기간(이하 "등록기간"이라 한다) 동안 등록정보를 보존·관리하여야 한다. 다만, 법원이 제4항에 따라 등록기간을 정한 경우에는 그 기간 동안 등록정보를 보존·관리하여야 한다.
  1. 신상정보 등록의 원인이 된 성범죄로 사형, 무기징역·무기금고형 또는 10년 초과의 징역·금고형을 선고받은 사람: 30년
  2. 신상정보 등록의 원인이 된 성범죄로 3년 초과 10년 이하의 징역·금고형을 선고받은 사람: 20년
  3. 신상정보 등록의 원인이 된 성범죄로 3년 이하의 징역·금고형을 선고받은 사람 또는 「아동·청소년의 성보호에 관한 법률」 제49조제1항제4호에 따라 공개명령이 확정된 사람: 15년
  4. 신상정보 등록의 원인이 된 성범죄로 벌금형을 선고받은 사람: 10년
② 신상정보 등록의 원인이 된 성범죄와 다른 범죄가 「형법」 제37조(판결이 확정되지 아니한 수개의 죄를 경합범으로 하는 경우로 한정한다)에 따라 경합되어 「형법」 제38조에 따라 형이 선고된 경우에는 그 선고형 전부를 신상정보 등록의 원인이 된 성범죄로 인한 선고형으로 본다.
③ 제1항에 따른 등록기간을 산정하기 위한 선고형은 다음 각 호에 따라 계산한다. 제2항이 적용되는 경우도 이와 같다.
  1. 하나의 판결에서 신상정보 등록의 원인이 된 성범죄로 여러 종류의 형이 선고된 경우에는 가장 무거운 종류의 형을 기준으로 한다.
  2. 하나의 판결에서 신상정보 등록의 원인이 된 성범죄로 여러 개의 징역형 또는 금고형이 선고된 경우에는 각각의 기간을 합산한다. 이 경우 징역형과 금고형은 같은 종류의 형으로 본다.
  3. 「소년법」 제60조에 따라 부정기형이 선고된 경우에는 단기를 기준으로 한다.
④ 법원은 제2항이 적용(제3항이 동시에 적용되는 경우를 포함한다)되어 제1항 각 호에 따라 등록기간이 결정되는 것이 부당하다고 인정하는 경우에는 판결로 제1항 각 호의 기간 중 더 단기의 기간을 등록기간으로 정할 수 있다.
⑤ 다음 각 호의 기간은 제1항에 따른 등록기간에 넣어 계산하지 아니한다.
  1. 등록대상자가 신상정보 등록의 원인이 된 성범죄로 교정시설 또는 치료감호시설에 수용된 기간
  2. 제1호에 따른 기간 이전의 기간으로서 제1호에 따른 기간과 이어져 등록대상자가 다른

범죄로 교정시설 또는 치료감호시설에 수용된 기간
3. 제1호에 따른 기간 이후의 기간으로서 제1호에 따른 기간과 이어져 등록대상자가 다른 범죄로 교정시설 또는 치료감호시설에 수용된 기간
⑥ 법무부장관은 제44조제1항에 따른 등록 당시 등록대상자가 교정시설 또는 치료감호시설에 수용 중인 경우에는 등록대상자가 석방된 후 지체 없이 등록정보를 등록대상자의 관할경찰관서의 장에게 송부하여야 한다.
⑦ 관할경찰관서의 장은 등록기간 중 다음 각 호의 구분에 따른 기간마다 등록대상자와의 직접 대면 등의 방법으로 등록정보의 진위와 변경 여부를 확인하여 그 결과를 법무부장관에게 송부하여야 한다.
  1. 제1항에 따른 등록기간이 30년인 등록대상자: 3개월
  2. 제1항에 따른 등록기간이 20년 또는 15년인 등록대상자: 6개월
  3. 제1항에 따른 등록기간이 10년인 등록대상자: 1년
⑧ 제7항제2호 및 제3호에도 불구하고 관할경찰관서의 장은 다음 각 호의 구분에 따른 기간 동안에는 3개월마다 제7항의 결과를 법무부장관에게 송부하여야 한다.
  1. 「아동·청소년의 성보호에 관한 법률」제49조에 따른 공개대상자인 경우: 공개기간
  2. 「아동·청소년의 성보호에 관한 법률」제50조에 따른 고지대상자인 경우: 고지기간

[전문개정 2016. 12. 20.]

[2016. 12. 20. 법률 제14412호에 의하여 2015. 7. 30. 헌법재판소에서 헌법불합치 결정된 이 조를 개정함.]

제45조의2(신상정보 등록의 면제) ① 신상정보 등록의 원인이 된 성범죄로 형의 선고를 유예받은 사람이 선고유예를 받은 날부터 2년이 경과하여 「형법」제60조에 따라 면소된 것으로 간주되면 신상정보 등록을 면제한다.
② 등록대상자는 다음 각 호의 구분에 따른 기간(교정시설 또는 치료감호시설에 수용된 기간은 제외한다)이 경과한 경우에는 법무부령으로 정하는 신청서를 법무부장관에게 제출하여 신상정보 등록의 면제를 신청할 수 있다. 〈개정 2020. 2. 4.〉
  1. 제45조제1항에 따른 등록기간이 30년인 등록대상자: 최초등록일부터 20년
  2. 제45조제1항에 따른 등록기간이 20년인 등록대상자: 최초등록일부터 15년
  3. 제45조제1항에 따른 등록기간이 15년인 등록대상자: 최초등록일부터 10년
  4. 제45조제1항에 따른 등록기간이 10년인 등록대상자: 최초등록일부터 7년
③ 법무부장관은 제2항에 따라 등록의 면제를 신청한 등록대상자가 다음 각 호의 요건을 모두 갖춘 경우에는 신상정보 등록을 면제한다. 〈개정 2020. 2. 4.〉
  1. 등록기간 중 등록대상 성범죄를 저질러 유죄판결이 확정된 사실이 없을 것
  2. 신상정보 등록의 원인이 된 성범죄로 선고받은 징역형 또는 금고형의 집행을 종료하거나 벌금을 완납하였을 것
  3. 신상정보 등록의 원인이 된 성범죄로 부과받은 다음 각 목의 명령의 집행을 모두 종료하였을 것
      가. 「아동·청소년의 성보호에 관한 법률」에 따른 공개명령·고지명령

나. 「전자장치 부착 등에 관한 법률」에 따른 전자장치 부착명령
다. 「성폭력범죄자의 성충동 약물치료에 관한 법률」에 따른 약물치료명령
4. 신상정보 등록의 원인이 된 성범죄로 부과받은 다음 각 목의 규정에 따른 보호관찰명령, 사회봉사명령, 수강명령 또는 이수명령의 집행을 완료하였을 것
가. 제16조제1항·제2항·제4항 및 제8항
나. 「형법」 제62조의2제1항
다. 「아동·청소년의 성보호에 관한 법률」 제21조제1항·제2항·제4항 및 같은 법 제61조제3항
라. 「전자장치 부착 등에 관한 법률」 제21조의3
5. 등록기간 중 다음 각 목의 범죄를 저질러 유죄판결을 선고받아 그 판결이 확정된 사실이 없을 것
가. 제50조제3항 및 제5항의 범죄
나. 「아동·청소년의 성보호에 관한 법률」 제65조제3항·제5항 및 같은 법 제66조의 범죄
다. 「전자장치 부착 등에 관한 법률」 제38조 및 제39조(성폭력범죄로 위치추적 전자장치의 부착명령이 집행 중인 사람으로 한정한다)의 범죄
라. 「성폭력범죄자의 성충동 약물치료에 관한 법률」 제35조의 범죄
④ 법무부장관은 제3항 각 호에 따른 요건의 충족 여부를 확인하기 위하여 관계 행정기관의 장에게 협조(「형의 실효 등에 관한 법률」 제2조제8호에 따른 범죄경력 조회를 포함한다)를 요청하거나 등록대상자에게 필요한 자료의 제출을 요청할 수 있다. 이 경우 협조를 요청받은 관계 행정기관의 장은 지체 없이 이에 따라야 한다. 〈개정 2020. 2. 4.〉

[본조신설 2016. 12. 20.]

제45조의3(신상정보 등록의 종료) ① 신상정보의 등록은 다음 각 호의 어느 하나에 해당하는 때에 종료된다.
1. 제45조제1항의 등록기간이 지난 때
2. 제45조의2에 따라 등록이 면제된 때
② 법무부장관은 제1항에 따라 등록이 종료된 신상정보를 즉시 폐기하여야 한다.
③ 법무부장관은 제2항에 따라 등록정보를 폐기하는 경우에는 등록대상자가 정보통신망을 이용하여 폐기된 사실을 열람할 수 있도록 하여야 한다. 다만, 등록대상자가 신청하는 경우에는 폐기된 사실을 통지하여야 한다.
④ 제3항에 따른 등록정보 폐기 사실의 열람, 통지 신청과 통지의 방법 및 절차 등에 필요한 사항은 대통령령으로 정한다.

[본조신설 2016. 12. 20.]

제46조(등록정보의 활용 등) ① 법무부장관은 등록정보를 등록대상 성범죄와 관련한 범죄 예방 및 수사에 활용하게 하기 위하여 검사 또는 각급 경찰관서의 장에게 배포할 수 있다.

② 제1항에 따른 등록정보의 배포절차 및 관리 등에 관한 사항은 대통령령으로 정한다.

제47조(등록정보의 공개) ① 등록정보의 공개에 관하여는 「아동·청소년의 성보호에 관한 법률」 제49조, 제50조, 제52조, 제54조, 제55조 및 제65조를 적용한다.
② 등록정보의 공개는 여성가족부장관이 집행한다.
③ 법무부장관은 등록정보의 공개에 필요한 정보를 여성가족부장관에게 송부하여야 한다.
④ 제3항에 따른 정보 송부에 관하여 필요한 사항은 대통령령으로 정한다.

제48조(비밀준수) 등록대상자의 신상정보의 등록·보존 및 관리 업무에 종사하거나 종사하였던 자는 직무상 알게 된 등록정보를 누설하여서는 아니 된다.

제49조(등록정보의 고지) ① 등록정보의 고지에 관하여는 「아동·청소년의 성보호에 관한 법률」 제50조 및 제51조를 적용한다.
② 등록정보의 고지는 여성가족부장관이 집행한다.
③ 법무부장관은 등록정보의 고지에 필요한 정보를 여성가족부장관에게 송부하여야 한다.
④ 제3항에 따른 정보 송부에 관한 세부사항은 대통령령으로 정한다.

제49조의2(간주규정) ① 「군사법원법」 제2조제1항 각 호의 어느 하나에 해당하는 사람(이하 이 조에서 "군인등"이라 한다)에 대하여 군사법원이 재판권을 가지는 경우 제27조제2항·제6항, 제29조, 제30조, 제33조제1항부터 제4항까지, 제34조, 제40조제1항, 제41조, 제42조제2항·제4항을 적용함에 있어 "법원"은 "군사법원(고등법원을 포함한다)"으로, "수사기관"은 "군수사기관"으로, "검사"는 "군검사"로, "사법경찰관"은 "군사법경찰관"으로, "국선변호사"는 "변호사 자격이 있는 장교"로 간주한다.
〈개정 2016. 12. 20., 2021. 9. 24., 2023. 7. 11., 2023. 10. 24.〉
② 군인등에 대하여 제41조제1항을 적용함에 있어 "사법경찰관"은 "군사법경찰관"으로 간주한다. 〈개정 2023. 7. 11.〉
③ 군인등에 대하여 제33조제3항을 적용함(같은 조 제4항에 따라 준용되는 경우에도 같다)에 있어 "법원행정처장"은 "국방부장관"으로 간주한다.

[본조신설 2013. 4. 5.]

제4장 벌칙

제50조(벌칙) ① 다음 각 호의 어느 하나에 해당하는 자는 5년 이하의 징역 또는 5천만원 이하의 벌금에 처한다.
  1. 제48조를 위반하여 직무상 알게 된 등록정보를 누설한 자
  2. 정당한 권한 없이 등록정보를 변경하거나 말소한 자
② 다음 각 호의 어느 하나에 해당하는 자는 3년 이하의 징역 또는 3천만원 이하의 벌금에 처한다. 〈개정 2020. 10. 20.〉
  1. 제24조제1항 또는 제38조제2항에 따른 피해자의 신원과 사생활 비밀 누설 금지 의무를

위반한 자
  2. 제24조제2항을 위반하여 피해자의 인적사항과 사진 등을 공개한 자
③ 다음 각 호의 어느 하나에 해당하는 자는 1년 이하의 징역 또는 500만원 이하의 벌금에 처한다. 〈개정 2016. 12. 20.〉
  1. 제43조제1항을 위반하여 정당한 사유 없이 기본신상정보를 제출하지 아니하거나 거짓으로 제출한 자 및 같은 조 제2항에 따른 관할경찰관서 또는 교정시설의 장의 사진촬영에 정당한 사유 없이 응하지 아니한 자
  2. 제43조제3항(제44조제6항에서 준용하는 경우를 포함한다)을 위반하여 정당한 사유 없이 변경정보를 제출하지 아니하거나 거짓으로 제출한 자
  3. 제43조제4항(제44조제6항에서 준용하는 경우를 포함한다)을 위반하여 정당한 사유 없이 관할 경찰관서에 출석하지 아니하거나 촬영에 응하지 아니한 자
④ 제2항제2호의 죄는 피해자의 명시한 의사에 반하여 공소를 제기할 수 없다.
⑤ 제16조제2항에 따라 이수명령을 부과받은 사람이 보호관찰소의 장 또는 교정시설 등의 장의 이수명령 이행에 관한 지시에 불응하여 「보호관찰 등에 관한 법률」 또는 「형의 집행 및 수용자의 처우에 관한 법률」에 따른 경고를 받은 후 재차 정당한 사유 없이 이수명령 이행에 관한 지시에 불응한 경우에는 다음 각 호에 따른다. 〈개정 2016. 12. 20., 2024. 1. 16.〉
  1. 벌금형과 병과된 경우는 500만원 이하의 벌금에 처한다.
  2. 징역형 이상의 실형(치료감호와 징역형 이상의 실형이 병과된 경우를 포함한다)과 병과된 경우에는 1년 이하의 징역 또는 5백만원 이하의 벌금에 처한다.

제51조(양벌규정) 법인의 대표자나 법인 또는 개인의 대리인, 사용인, 그 밖의 종업원이 그 법인 또는 개인의 업무에 관하여 제13조 또는 제43조의 위반행위를 하면 그 행위자를 벌하는 외에 그 법인 또는 개인에게도 해당 조문의 벌금형을 과(科)한다. 다만, 법인 또는 개인이 그 위반행위를 방지하기 위하여 해당 업무에 관하여 상당한 주의와 감독을 게을리하지 아니한 경우에는 그러하지 아니하다.

제52조(과태료) ① 정당한 사유 없이 제43조의2제1항 또는 제2항을 위반하여 신고하지 아니하거나 거짓으로 신고한 경우에는 300만원 이하의 과태료를 부과한다.
② 제1항에 따른 과태료는 대통령령으로 정하는 바에 따라 관할경찰관서의 장이 부과·징수한다.

[본조신설 2016. 12. 20.]

부칙

〈제20459호, 2024. 10. 16.〉

이 법은 공포한 날부터 시행한다.

성폭력방지 및 피해자보호 등에 관한 법률
(약칭: 성폭력방지법)

[시행 2025. 4. 17.] [법률 제20461호, 2024. 10. 16., 일부개정]

제1장 총칙

제1조(목적) 이 법은 성폭력을 예방하고 성폭력피해자를 보호·지원함으로써 인권증진에 이바지함을 목적으로 한다. 〈개정 2015. 2. 3.〉

제2조(정의) 이 법에서 사용하는 용어의 뜻은 다음과 같다.
1. "성폭력"이란 「성폭력범죄의 처벌 등에 관한 특례법」 제2조제1항에 규정된 죄에 해당하는 행위를 말한다.
2. "성폭력행위자"란 「성폭력범죄의 처벌 등에 관한 특례법」 제2조제1항에 해당하는 죄를 범한 사람을 말한다.
3. "성폭력피해자"란 성폭력으로 인하여 직접적으로 피해를 입은 사람을 말한다.

제3조(국가 등의 책무) ① 국가와 지방자치단체는 성폭력을 방지하고 성폭력피해자(이하 "피해자"라 한다)를 보호·지원하기 위하여 다음 각 호의 조치를 하여야 한다. 〈개정 2024. 10. 16.〉
1. 성폭력 신고체계의 구축·운영
2. 성폭력 예방을 위한 조사·연구, 교육 및 홍보
3. 피해자를 보호·지원하기 위한 시설의 설치·운영
4. 피해자에 대한 주거지원, 직업훈련 및 법률구조 등 사회복귀 지원
5. 피해자에 대한 보호·지원을 원활히 하기 위한 관련 기관 간 협력체계의 구축·운영
6. 성폭력 예방을 위한 유해환경 개선
7. 피해자 보호·지원을 위한 관계 법령의 정비와 각종 정책의 수립·시행 및 평가
8. 제7조의3제1항에 따른 불법촬영물등·신상정보의 삭제지원 및 피해자에 대한 일상회복 지원

② 국가와 지방자치단체는 제1항에 따른 책무를 다하기 위하여 이에 따른 예산상의 조치를 하여야 한다.

제4조(성폭력 실태조사) ① 여성가족부장관은 성폭력의 실태를 파악하고 성폭력 방지에 관한 정책을 수립하기 위하여 3년마다 성폭력 실태조사를 하고 그 결과를 발표하여야 한다.

② 제1항에 따른 성폭력 실태조사의 내용과 방법 등에 필요한 사항은 여성가족부령으로 정한다.

제5조(성폭력 예방교육 등) ① 국가기관 및 지방자치단체의 장, 「유아교육법」 제7조에

따른 유치원의 장, 「영유아보육법」 제10조에 따른 어린이집의 원장, 「초·중등교육법」 제2조에 따른 각급 학교의 장, 「고등교육법」 제2조에 따른 학교의 장, 그 밖에 대통령령으로 정하는 공공단체의 장(이하 "국가기관등의 장"이라 한다)은 대통령령으로 정하는 바에 따라 성교육 및 성폭력 예방교육 실시, 기관 내 피해자 보호와 피해예방을 위한 자체 예방지침 마련, 사건발생 시 재발방지대책 수립·시행 등 필요한 조치를 하고, 그 결과를 여성가족부장관에게 제출하여야 한다. 〈개정 2012. 12. 18., 2016. 5. 29., 2021. 1. 12.〉

② 제1항에 따른 교육을 실시하는 경우 「성매매방지 및 피해자보호 등에 관한 법률」 제4조에 따른 성매매 예방교육, 「양성평등기본법」 제31조에 따른 성희롱 예방교육 및 「가정폭력방지 및 피해자보호 등에 관한 법률」 제4조의3에 따른 가정폭력 예방교육 등을 성평등 관점에서 통합하여 실시할 수 있다. 〈신설 2014. 1. 21., 2014. 5. 28.〉

③ 국가기관등의 장은 제1항에 따라 실시하는 성교육 및 성폭력 예방교육의 참여에 관한 사항을 소속 직원 및 종사자에 대한 승진, 전보, 교육훈련 등의 인사관리에 반영할 수 있다. 〈신설 2021. 1. 12.〉

④ 「양성평등기본법」 제3조제3호에 따른 사용자는 성교육 및 성폭력 예방교육을 실시하는 등 직장 내 성폭력 예방을 위한 노력을 하여야 한다. 〈신설 2015. 2. 3., 2021. 1. 12.〉

⑤ 여성가족부장관 또는 특별시장·광역시장·특별자치시장·도지사·특별자치도지사(이하 "시·도지사"라 한다)는 제1항에 따른 교육대상에 포함되지 아니하는 국민에게 성교육 및 성폭력 예방교육을 실시할 수 있다. 이 경우 여성가족부장관 또는 시·도지사는 교육에 관한 업무를 제5조의2에 따른 성폭력 예방교육 지원기관에 위탁할 수 있다. 〈개정 2018. 4. 17., 2021. 1. 12.〉

⑥ 여성가족부장관은 제1항과 제2항에 따른 교육을 효과적으로 실시하기 위하여 전문강사를 양성하고, 관계 중앙행정기관의 장과 협의하여 생애주기별 교육프로그램 및 장애인 등 대상별 특성을 고려한 교육프로그램을 개발·보급하여야 한다. 〈신설 2012. 12. 18., 2013. 3. 23., 2014. 1. 21., 2015. 2. 3., 2015. 12. 1., 2021. 1. 12.〉

⑦ 여성가족부장관은 제1항에 따른 교육 및 성폭력 예방조치에 대한 점검을 대통령령으로 정하는 바에 따라 매년 실시하여야 한다. 〈신설 2014. 1. 21., 2015. 2. 3., 2016. 5. 29., 2021. 1. 12.〉

⑧ 여성가족부장관은 제7항에 따른 점검결과 교육이 부실하다고 인정되는 기관·단체에 대하여 대통령령으로 정하는 바에 따라 관리자 특별교육 등 필요한 조치를 취하여야 한다. 〈신설 2014. 1. 21., 2015. 2. 3., 2021. 1. 12.〉

⑨ 여성가족부장관은 제7항에 따른 점검결과를 다음 각 호의 평가에 반영하도록 해당 기관·단체의 장에게 요구할 수 있다. 〈신설 2014. 1. 21., 2015. 2. 3., 2021. 1. 12.〉

  1. 「정부업무평가 기본법」 제14조제1항 및 제18조제1항에 따른 중앙행정기관 및 지방자치

단체의 자체평가
2. 「공공기관의 운영에 관한 법률」 제48조제1항에 따른 공기업·준정부기관의 경영실적평가
3. 「지방공기업법」 제78조제1항에 따른 지방공기업의 경영평가
4. 「초·중등교육법」 제9조제2항에 따른 학교 평가
5. 「고등교육법」 제11조의2제1항에 따른 학교 평가 및 같은 조 제2항에 따른 학교 평가·인증
⑩ 여성가족부장관은 제7항에 따른 점검결과를 대통령령으로 정하는 바에 따라 언론 등에 공표하여야 한다. 다만, 다른 법률에서 공표를 제한하고 있는 경우에는 그러하지 아니하다. 〈신설 2014. 1. 21., 2015. 2. 3., 2021. 1. 12.〉
⑪ 관계 중앙행정기관의 장 및 시·도지사는 대통령령으로 정하는 바에 따라 매년 성폭력 예방에 필요한 계획을 수립·시행하여야 한다. 〈신설 2016. 5. 29., 2018. 4. 17., 2021. 1. 12.〉
⑫ 제1항에 따른 교육의 내용과 방법, 결과 제출 절차 등에 필요한 사항은 대통령령으로 정한다. 〈개정 2012. 12. 18., 2014. 1. 21., 2015. 2. 3., 2016. 5. 29., 2021. 1. 12.〉

[제목개정 2016. 5. 29.]

제5조의2(성폭력 예방교육 지원기관의 설치·운영 등) ① 여성가족부장관 또는 시·도지사는 성교육 및 성폭력 예방교육의 실시, 생애주기별 교육프로그램 개발·보급, 장애인 등 대상별 특성을 고려한 교육프로그램 개발·보급, 전문강사 양성 등의 업무를 수행하고 지원하기 위한 기관(이하 "지원기관"이라 한다)을 설치·운영할 수 있다. 〈개정 2015. 12. 1., 2018. 4. 17.〉
② 여성가족부장관 또는 시·도지사는 지원기관의 운영을 대통령령으로 정하는 기관이나 단체에 위탁할 수 있다. 〈개정 2018. 4. 17.〉
③ 지원기관의 업무 및 운영 등에 필요한 사항은 여성가족부령으로 정한다.

[본조신설 2012. 12. 18.]

제5조의3(성폭력 예방 홍보영상의 제작·배포·송출) ① 여성가족부장관은 성폭력의 예방과 방지, 피해자의 치료와 재활 등에 관한 홍보영상을 제작하여 「방송법」 제2조제23호의 방송편성책임자에게 배포하여야 한다.
② 여성가족부장관은 「방송법」 제2조제3호가목의 지상파방송사업자(이하 "방송사업자"라 한다)에게 같은 법 제73조제4항에 따라 대통령령으로 정하는 비상업적 공익광고 편성비율의 범위에서 제1항의 홍보영상을 채널별로 송출하도록 요청할 수 있다.
③ 방송사업자는 제1항의 홍보영상 외에 독자적으로 홍보영상을 제작하여 송출할 수 있다. 이 경우 여성가족부장관에게 필요한 협조 및 지원을 요청할 수 있다.

[본조신설 2012. 12. 18.]

제5조의4(성폭력 사건 발생 시 조치) ① 국가기관등의 장은 해당 기관에서 성폭력 사건이 발생한 사실을 알게 된 경우 피해자의 명시적인 반대의견이 없으면 지체 없이

그 사실을 여성가족부장관에게 통보하고, 해당 사실을 안 날부터 3개월 이내에 제5조제1항에 따른 재발방지대책을 여성가족부장관에게 제출하여야 한다. 다만, 대통령령으로 정하는 기관장 등에 의한 사건인 경우 해당 사실을 안 날부터 1개월 이내에 재발방지대책을 여성가족부장관에게 제출하여야 한다. 〈개정 2023. 4. 18.〉
② 여성가족부장관은 제1항에 따라 통보받은 사건이 중대하다고 판단되거나 재발방지대책의 점검 등을 위하여 필요한 경우 해당 기관에 대한 현장점검을 실시할 수 있으며, 점검 결과 시정이나 보완이 필요하다고 인정하는 경우에는 국가기관등의 장에게 시정이나 보완을 요구할 수 있다.
③ 제1항에 따른 재발방지대책의 제출 및 제2항에 따른 현장점검 등에 필요한 사항은 대통령령으로 정한다.

[본조신설 2021. 1. 12.]

제6조(성폭력 추방 주간) 성폭력에 대한 사회적 경각심을 높이고 성폭력을 예방하기 위하여 대통령령으로 정하는 바에 따라 1년 중 1주간을 성폭력 추방 주간으로 한다.

제7조(피해자등에 대한 취학 및 취업 지원) ① 국가와 지방자치단체는 피해자나 피해자의 가족구성원(이하 "피해자등"이라 한다)이 「초·중등교육법」 제2조에 따른 각급학교의 학생인 경우 주소지 외의 지역에서 취학(입학, 재입학, 전학 및 편입학을 포함한다. 이하 이 조에서 같다)할 필요가 있을 때에는 다음 각 호에 따라 그 취학이 원활히 이루어지도록 지원하여야 한다. 이 경우 취학을 지원하는 관계자는 피해자등의 사생활이 침해되지 아니하도록 유의하여야 한다. 〈개정 2020. 1. 29.〉
  1. 초등학교의 경우에는 다음 각 목에 따른다.
      가. 보호자가 피해자등을 주소지 외의 지역에 있는 초등학교에 입학시키려는 경우 초등학교의 장은 피해자등의 입학을 승낙하여야 한다.
      나. 피해자등이 초등학교에 다니고 있는 경우 그 초등학교의 장은 피해자등의 보호자(가해자가 아닌 보호자를 말한다) 1명의 동의를 받아 교육장에게 그 피해자등의 전학을 추천하여야 하고, 교육장은 전학할 학교를 지정하여 전학시켜야 한다.
  2. 그 밖의 각급학교의 경우: 각급학교의 장은 피해자등이 다른 학교로 전학·편입학할 수 있도록 추천하여야 하고, 교육장 또는 교육감은 교육과정의 이수에 지장이 없는 범위에서 전학·편입학할 학교를 지정하여 배정하여야 한다. 이 경우 그 배정된 학교의 장은 피해자등의 전학·편입학을 거부할 수 없다.
② 출석일수 산입 등 제1항에 따른 취학 지원에 필요한 사항은 대통령령으로 정한다.
③ 국가와 지방자치단체는 피해자를 보호하는 자에 대한 직업훈련 및 취업을 알선할 수 있다. 〈신설 2011. 3. 30.〉
④ 취업 지원 대상의 범위 등 제3항에 따른 취업 지원에 필요한 사항은 여성가족부령으로 정한다. 〈신설 2011. 3. 30.〉

[제목개정 2011. 3. 30.]

제7조의2(피해자에 대한 법률상담등) ① 국가는 피해자에 대하여 법률상담과 소송대리(訴訟代理) 등의 지원(이하 "법률상담등"이라 한다)을 할 수 있다.
② 여성가족부장관은 「법률구조법」 제8조에 따른 대한법률구조공단 또는 대통령령으로 정하는 그 밖의 기관에 제1항에 따른 법률상담등을 요청할 수 있다.
③ 제1항에 따른 법률상담등에 드는 비용은 대통령령으로 정하는 바에 따라 국가가 부담할 수 있다.
④ 제1항에 따른 법률상담등의 요건과 내용 및 절차 등은 대통령령으로 정한다.

[본조신설 2012. 2. 1.]

제7조의3(불법촬영물등으로 인한 피해자에 대한 지원 등) ① 국가와 지방자치단체는 다음 각 호의 어느 하나에 해당하는 촬영물 또는 복제물 등(이하 "불법촬영물등"이라 한다)이 정보통신망(「정보통신망 이용촉진 및 정보보호 등에 관한 법률」 제2조제1항제1호의 정보통신망을 말한다. 이하 같다)에 유포되어 피해(불법촬영물등의 대상자로 등장하여 입은 피해를 말한다. 이하 이 조 및 제7조의4에서 같다)를 입은 사람에 대하여 불법촬영물등 및 신상정보(불법촬영물등의 대상자의 주소, 성명, 나이, 직업, 학교, 용모, 그 밖에 대상자를 특정하여 파악할 수 있게 하는 인적사항과 사진 등을 말한다. 이하 같다)의 삭제를 위한 지원을 할 수 있다. 〈개정 2020. 1. 29., 2021. 1. 12., 2024. 10. 16.〉
  1. 「성폭력범죄의 처벌 등에 관한 특례법」 제14조에 따른 촬영물 또는 복제물(복제물의 복제물을 포함한다)
  2. 「성폭력범죄의 처벌 등에 관한 특례법」 제14조의2에 따른 편집물등 또는 복제물(복제물의 복제물을 포함한다)
  3. 「아동·청소년의 성보호에 관한 법률」 제2조제5호에 따른 아동·청소년성착취물
② 제1항에 따른 지원 대상자, 그 배우자(사실상의 혼인관계를 포함한다), 직계친족, 형제자매 또는 지원 대상자가 지정하는 대리인(이하 이 조에서 "삭제지원요청자"라 한다)은 국가와 지방자치단체에 불법촬영물등 및 신상정보의 삭제를 위한 지원을 요청할 수 있다. 이 경우 지원 대상자가 지정하는 대리인은 여성가족부령으로 정하는 요건을 갖추어 삭제지원을 요청하여야 한다. 〈신설 2020. 1. 29., 2021. 1. 12., 2024. 10. 16.〉
③ 국가와 지방자치단체는 다음 각 호의 어느 하나에 해당하는 불법촬영물등 및 신상정보에 대해서는 삭제지원요청자의 요청 없이도 삭제를 위한 지원을 한다. 이 경우 범죄의 증거 인멸 등을 방지하기 위하여 해당 불법촬영물등 및 신상정보와 관련된 자료를 보관하여야 한다. 〈신설 2021. 1. 12., 2024. 10. 16.〉
  1. 수사기관의 삭제지원 요청이 있는 제1항제1호 또는 제2호에 따른 불법촬영물등 및 신상정보
  2. 「아동·청소년의 성보호에 관한 법률」 제2조제5호에 따른 아동·청소년성착취물 및 신상정보
④ 제1항에 따른 불법촬영물등 및 신상정보 삭제지원에 소요되는 비용은 「성폭력범

죄의 처벌 등에 관한 특례법」 제14조·제14조의2에 해당하는 죄를 범한 성폭력행위자 또는 「아동·청소년의 성보호에 관한 법률」 제11조에 해당하는 죄를 범한 아동·청소년대상 성범죄행위자가 부담한다. 〈개정 2020. 1. 29., 2021. 1. 12., 2024. 10. 16.〉
⑤ 국가와 지방자치단체가 제1항에 따라 불법촬영물등 및 신상정보 삭제지원에 소요되는 비용을 지출한 경우 제4항의 성폭력행위자 또는 아동·청소년대상 성범죄행위자에 대하여 구상권(求償權)을 행사할 수 있다. 이 경우 구상권 행사 금액의 산정 방식은 매년 여성가족부장관이 정하여 고시한다. 〈개정 2020. 1. 29., 2021. 1. 12., 2024. 10. 16.〉
⑥ 국가와 지방자치단체는 제5항에 따른 구상권 행사를 위하여 대통령령으로 정하는 바에 따라 제4항의 성폭력행위자 또는 아동·청소년대상 성범죄행위자의 인적사항 및 범죄경력 확인에 필요한 자료 등을 관계 행정기관의 장에게 요청할 수 있다. 이 경우 요청을 받은 자는 정당한 사유가 없으면 이에 따라야 한다. 〈신설 2024. 10. 16.〉
⑦ 국가와 지방자치단체는 제1항, 제3항, 제5항 및 제6항의 업무를 「양성평등기본법」 제46조의2에 따라 설립된 한국여성인권진흥원 또는 전문인력과 시설을 갖춘 대통령령으로 정하는 기관이나 단체에 위탁할 수 있다. 〈신설 2024. 10. 16.〉
⑧ 그 밖에 제1항 및 제2항에 따른 불법촬영물등 및 신상정보 삭제지원의 내용·방법, 제3항 후단에 따른 자료 보관의 방법·기간 및 제5항에 따른 구상권 행사의 절차·방법 등에 필요한 사항은 여성가족부령으로 정한다. 〈개정 2020. 1. 29., 2021. 1. 12., 2024. 10. 16.〉

[본조신설 2018. 3. 13.]

[제목개정 2020. 1. 29.]

제7조의4(중앙디지털성범죄피해자지원센터등의 설치·운영) ① 국가는 불법촬영물등 및 신상정보 삭제지원과 해당 불법촬영물등이 정보통신망에 유포되어 피해를 입은 사람에 대한 보호·지원업무를 수행하기 위하여 「양성평등기본법」 제46조의2에 따라 설립된 한국여성인권진흥원에 중앙디지털성범죄피해자지원센터를 둔다.
② 중앙디지털성범죄피해자지원센터는 다음 각 호의 업무를 수행한다.
  1. 불법촬영물등 피해 신고 접수·긴급상담과 불법촬영물등·신상정보 삭제지원
  2. 불법촬영물등·신상정보 삭제지원 및 피해 예방 관련 연구·홍보
  3. 불법촬영물등·신상정보 삭제지원 및 피해 예방 관련 종사자 교육·컨설팅
  4. 불법촬영물등·신상정보 삭제지원 및 피해 예방 관련 국내외 협력체계 구축·교류
  5. 불법촬영물등 피해를 입은 사람의 보호·지원에 관한 종합관리시스템 구축·운영
  6. 제3항에 따른 지역디지털성범죄피해자지원센터에 대한 지원
  7. 그 밖에 여성가족부령으로 정하는 불법촬영물등·신상정보 삭제지원 및 피해 예방 관련 업무

③ 시·도지사는 불법촬영물등 및 신상정보 삭제지원과 해당 불법촬영물등이 정보통신망에 유포되어 피해를 입은 사람에 대한 보호·지원을 위하여 다음 각 호의 업무를 담당하는 지역디지털성범죄피해자지원센터를 특별시·광역시·특별자치시·도·특별자치도에 둘 수 있다.
  1. 불법촬영물등 피해 신고 접수·상담 및 사후관리
  2. 불법촬영물등·신상정보 삭제지원
  3. 불법촬영물등·신상정보 삭제지원 및 피해 예방 관련 교육·홍보
  4. 그 밖에 여성가족부령으로 정하는 불법촬영물등·신상정보 삭제지원 및 피해 예방 관련 업무
④ 시·도지사는 지역디지털성범죄피해자지원센터의 설치·운영을 「공공기관의 운영에 관한 법률」 제4조에 따른 공공기관 또는 불법촬영물등 피해 예방을 목적으로 하는 비영리법인에 위탁할 수 있다.
⑤ 중앙디지털성범죄피해자지원센터 및 지역디지털성범죄피해자지원센터(이하 "중앙디지털성범죄피해자지원센터등"이라 한다)의 설치·운영 및 제4항에 따른 위탁 등에 필요한 사항은 여성가족부령으로 정한다.

[본조신설 2024. 10. 16.]

제8조(피해자 등에 대한 불이익조치의 금지) 누구든지 피해자 또는 성폭력 발생 사실을 신고한 자를 고용하고 있는 자는 성폭력과 관련하여 피해자 또는 성폭력 발생 사실을 신고한 자에게 다음 각 호의 어느 하나에 해당하는 불이익조치를 하여서는 아니 된다. 〈개정 2020. 10. 20., 2021. 1. 12.〉
  1. 파면, 해임, 해고, 그 밖에 신분상실에 해당하는 불이익조치
  2. 징계, 정직, 감봉, 강등, 승진 제한, 그 밖의 부당한 인사조치
  3. 전보, 전근, 직무 미부여, 직무 재배치, 그 밖에 본인의 의사에 반하는 인사조치
  4. 성과평가 또는 동료평가 등에서의 차별이나 그에 따른 임금 또는 상여금 등의 차별 지급
  5. 직업능력 개발 및 향상을 위한 교육훈련 기회의 제한, 예산 또는 인력 등 가용자원의 제한 또는 제거, 보안정보 또는 비밀정보 사용의 정지 또는 취급자격의 취소, 그 밖에 근무조건 등에 부정적 영향을 미치는 차별 또는 조치
  6. 주의 대상자 명단 작성 또는 그 명단의 공개, 집단 따돌림, 폭행 또는 폭언 등 정신적·신체적 손상을 가져오는 행위 또는 그 행위의 발생을 방치하는 행위
  7. 직무에 대한 부당한 감사 또는 조사나 그 결과의 공개
  8. 그 밖에 본인의 의사에 반하는 불이익조치

[제목개정 2020. 10. 20., 2021. 1. 12.]

제9조(신고의무) ① 미성년자를 보호하거나 교육 또는 치료하는 시설의 장 및 관련 종사자는 자기의 보호·지원을 받는 미성년자가 「성폭력범죄의 처벌 등에 관한 특례법」 제3조부터 제9조까지, 「형법」 제301조 및 제301조의2의 피해자인 사실을 알게 된 때에는 즉시 수사기관에 신고하여야 한다. 〈개정 2021. 1. 12., 2024. 3. 26.〉
② 국가기관, 지방자치단체 또는 대통령령으로 정하는 공공단체의 장과 해당 기관·

단체 내 피해자 보호 관련 업무 종사자는 기관 또는 단체 내에서 다음 각 호의 어느 하나에 해당하는 성폭력 사건이 발생한 사실을 직무상 알게 된 때에는 피해자의 명시적인 반대의견이 없으면 즉시 수사기관에 신고하여야 한다. 〈신설 2021. 1. 12.〉
  1. 「성폭력범죄의 처벌 등에 관한 특례법」 제10조제1항
  2. 「형법」 제303조제1항

제2장 피해자 보호 · 지원 시설 등의 설치 · 운영

제10조(상담소의 설치 · 운영) ① 국가 또는 지방자치단체는 성폭력피해상담소(이하 "상담소"라 한다)를 설치 · 운영할 수 있다.
② 국가 또는 지방자치단체 외의 자가 상담소를 설치 · 운영하려면 특별자치시장 · 특별자치도지사 또는 시장 · 군수 · 구청장(자치구의 구청장을 말한다. 이하 같다)에게 신고하여야 한다. 신고한 사항 중 여성가족부령으로 정하는 중요 사항을 변경하려는 경우에도 또한 같다. 〈개정 2012. 12. 18., 2018. 3. 13.〉
③ 특별자치시장 · 특별자치도지사 또는 시장 · 군수 · 구청장은 제2항에 따른 신고를 받은 날부터 10일 이내(변경신고의 경우 5일 이내)에 신고수리 여부 또는 민원처리 관련 법령에 따른 처리기간의 연장을 신고인에게 통지하여야 한다. 〈신설 2018. 3. 13.〉
④ 상담소의 설치 · 운영 기준, 상담소에 두는 상담원 등 종사자의 수 및 신고 등에 필요한 사항은 여성가족부령으로 정한다. 〈개정 2018. 3. 13.〉

제11조(상담소의 업무) 상담소는 다음 각 호의 업무를 한다. 〈개정 2011. 3. 30.〉
  1. 성폭력피해의 신고접수와 이에 관한 상담
  2. 성폭력피해로 인하여 정상적인 가정생활 또는 사회생활이 곤란하거나 그 밖의 사정으로 긴급히 보호할 필요가 있는 사람과 제12조에 따른 성폭력피해자보호시설 등의 연계
  3. 피해자등의 질병치료와 건강관리를 위하여 의료기관에 인도하는 등 의료 지원
  4. 피해자에 대한 수사기관의 조사와 법원의 증인신문(證人訊問) 등에의 동행
  5. 성폭력행위자에 대한 고소와 피해배상청구 등 사법처리 절차에 관하여 「법률구조법」 제8조에 따른 대한법률구조공단 등 관계 기관에 필요한 협조 및 지원 요청
  6. 성폭력 예방을 위한 홍보 및 교육
  7. 그 밖에 성폭력 및 성폭력피해에 관한 조사 · 연구

제12조(보호시설의 설치 · 운영 및 종류) ① 국가 또는 지방자치단체는 성폭력피해자보호시설(이하 "보호시설"이라 한다)을 설치 · 운영할 수 있다. 〈개정 2012. 12. 18.〉
② 「사회복지사업법」에 따른 사회복지법인이나 그 밖의 비영리법인은 특별자치시장 · 특별자치도지사 또는 시장 · 군수 · 구청장의 인가를 받아 보호시설을 설치 · 운영할 수 있다. 〈개정 2012. 12. 18.〉
③ 제1항 및 제2항에 따른 보호시설의 종류는 다음 각 호와 같다. 〈신설 2012. 12. 18.,

2015. 2. 3.〉
1. 일반보호시설: 피해자에게 제13조제1항 각 호의 사항을 제공하는 시설
2. 장애인보호시설: 「장애인차별금지 및 권리구제 등에 관한 법률」 제2조제2항에 따른 장애인인 피해자에게 제13조제1항 각 호의 사항을 제공하는 시설
3. 특별지원 보호시설: 「성폭력범죄의 처벌 등에 관한 특례법」 제5조에 따른 피해자로서 19세 미만의 피해자에게 제13조제1항 각 호의 사항을 제공하는 시설
4. 외국인보호시설: 외국인 피해자에게 제13조제1항 각 호의 사항을 제공하는 시설. 다만, 「가정폭력방지 및 피해자보호 등에 관한 법률」 제7조의2제1항제3호에 따른 외국인보호시설과 통합하여 운영할 수 있다.
5. 자립지원 공동생활시설: 제1호부터 제4호까지의 보호시설을 퇴소한 사람에게 제13조제1항제3호 및 그 밖에 필요한 사항을 제공하는 시설
6. 장애인 자립지원 공동생활시설: 제2호의 보호시설을 퇴소한 사람에게 제13조제1항제3호 및 그 밖에 필요한 사항을 제공하는 시설
④ 국가 또는 지방자치단체는 보호시설의 설치·운영을 대통령령으로 정하는 기관 또는 단체에 위탁할 수 있다. 〈신설 2015. 12. 1.〉
⑤ 보호시설의 설치·운영 기준, 보호시설에 두는 상담원 등 종사자의 수 및 인가 절차 등과 제4항에 따른 위탁에 필요한 사항은 여성가족부령으로 정한다. 〈개정 2012. 12. 18., 2015. 12. 1.〉

[제목개정 2012. 12. 18.]

제13조(보호시설의 업무 등) ① 보호시설은 다음 각 호의 업무를 한다. 〈개정 2011. 3. 30.〉
1. 피해자등의 보호 및 숙식 제공
2. 피해자등의 심리적 안정과 사회 적응을 위한 상담 및 치료
3. 자립·자활 교육의 실시와 취업정보의 제공
4. 제11조제3호·제4호 및 제5호의 업무
5. 다른 법률에 따라 보호시설에 위탁된 업무
6. 그 밖에 피해자등을 보호하기 위하여 필요한 업무
② 제12조제3항제2호에 따른 장애인보호시설 및 같은 항 제6호에 따른 장애인 자립지원 공동생활시설을 설치·운영하는 자가 제1항 각 호의 업무를 할 때에는 장애인의 특성을 고려하여 적절하게 보호·지원될 수 있도록 하여야 한다. 〈개정 2012. 12. 18., 2015. 2. 3.〉

제14조(보호시설에 대한 보호비용 지원) ① 국가 또는 지방자치단체는 보호시설에 입소한 피해자등의 보호를 위하여 필요한 경우 다음 각 호의 보호비용을 보호시설의 장 또는 피해자에게 지원할 수 있다. 다만, 보호시설에 입소한 피해자등이 「국민기초생활 보장법」 등 다른 법령에 따라 보호를 받고 있는 경우에는 그 범위에서 이 법에 따른 지원을 하지 아니한다.
1. 생계비

2. 아동교육지원비
   3. 아동양육비
   4. 그 밖에 대통령령으로 정하는 비용
② 제1항에 따른 보호비용의 지원 방법 및 절차 등에 필요한 사항은 여성가족부령으로 정한다.

제15조(보호시설의 입소) ① 피해자등이 다음 각 호의 어느 하나에 해당하는 경우에는 보호시설에 입소할 수 있다.
   1. 본인이 입소를 희망하거나 입소에 동의하는 경우
   2. 미성년자 또는 지적장애인 등 의사능력이 불완전한 사람으로서 성폭력행위자가 아닌 보호자가 입소에 동의하는 경우
② 제12조제2항에 따라 인가받은 보호시설의 장은 제1항에 따라 보호시설에 입소한 사람의 인적사항 및 입소사유 등을 특별자치시장·특별자치도지사 또는 시장·군수·구청장에게 지체 없이 보고하여야 한다. 〈개정 2012. 12. 18.〉
③ 보호시설의 장은 친족에 의한 피해자나 지적장애인 등 의사능력이 불완전한 피해자로서 상담원의 상담 결과 입소가 필요하나 보호자의 입소 동의를 받는 것이 적절하지 못하다고 인정하는 경우에는 제1항에도 불구하고 보호시설에 입소하게 할 수 있다. 이 경우 제12조제2항에 따라 인가받은 보호시설의 장은 지체 없이 관할 특별자치시장·특별자치도지사 또는 시장·군수·구청장의 승인을 받아야 한다. 〈개정 2012. 12. 18.〉
④ 제3항에 따른 입소 및 승인에 있어서 보호시설의 장과 특별자치시장·특별자치도지사 또는 시장·군수·구청장은 피해자의 권익 보호를 최우선적으로 고려하여야 한다. 〈개정 2012. 12. 18.〉

제16조(보호시설의 입소기간) ① 제12조제3항에 따른 보호시설의 종류별 입소기간은 다음 각 호와 같다. 〈개정 2014. 1. 21., 2015. 2. 3.〉
   1. 일반보호시설: 1년 이내. 다만, 여성가족부령으로 정하는 바에 따라 1년 6개월의 범위에서 한 차례 연장할 수 있다.
   2. 장애인보호시설: 2년 이내. 다만, 여성가족부령으로 정하는 바에 따라 피해회복에 소요되는 기간까지 연장할 수 있다.
   3. 특별지원 보호시설: 19세가 될 때까지. 다만, 여성가족부령으로 정하는 바에 따라 2년의 범위에서 한 차례 연장할 수 있다.
   4. 외국인보호시설: 1년 이내. 다만, 여성가족부령으로 정하는 바에 따라 피해회복에 소요되는 기간까지 연장할 수 있다.
   5. 자립지원 공동생활시설: 2년 이내. 다만, 여성가족부령으로 정하는 바에 따라 2년의 범위에서 한 차례 연장할 수 있다.
   6. 장애인 자립지원 공동생활시설: 2년 이내. 다만, 여성가족부령으로 정하는 바에 따라 2년의 범위에서 한 차례 연장할 수 있다.
② 제1항제1호에도 불구하고 일반보호시설에 입소한 피해자가 대통령령으로 정하는

특별한 사유에 해당하는 경우에는 입소기간을 초과하여 연장할 수 있다.
③ 제2항에 따른 입소기간의 연장에 관한 사항은 여성가족부령으로 정한다.

[전문개정 2012. 12. 18.]

제17조(보호시설의 퇴소) ① 제15조제1항에 따라 보호시설에 입소한 사람은 본인의 의사 또는 같은 항 제2호에 따라 입소 동의를 한 보호자의 요청에 따라 보호시설에서 퇴소할 수 있다.
② 보호시설의 장은 입소한 사람이 다음 각 호의 어느 하나에 해당하면 퇴소를 명할 수 있다.
　1. 보호 목적이 달성된 경우
　2. 제16조에 따른 보호기간이 끝난 경우
　3. 입소자가 거짓이나 그 밖의 부정한 방법으로 입소한 경우
　4. 그 밖에 보호시설 안에서 현저한 질서문란 행위를 한 경우

제18조(피해자를 위한 통합지원센터의 설치·운영) ① 국가와 지방자치단체는 성폭력 피해상담, 치료, 제7조의2제2항에 따른 기관에 법률상담등 연계, 수사지원, 그 밖에 피해구제를 위한 지원업무를 종합적으로 수행하기 위하여 성폭력피해자통합지원센터(이하 "통합지원센터"라 한다)를 설치·운영할 수 있다. 〈개정 2015. 12. 1.〉
② 국가와 지방자치단체는 대통령령으로 정하는 기관 또는 단체로 하여금 통합지원센터를 설치·운영하게 할 수 있다.
③ 통합지원센터에 두는 상담원 등 종사자의 수 등에 필요한 사항은 여성가족부령으로 정한다.

제19조(상담원 등의 자격기준) ① 다음 각 호의 어느 하나에 해당하는 사람은 상담소, 보호시설 및 통합지원센터의 장과 중앙디지털성범죄피해자지원센터등의 장, 상담원 또는 그 밖의 종사자가 될 수 없다. 〈개정 2014. 1. 21., 2017. 12. 12., 2023. 4. 11., 2024. 10. 16.〉
　1. 미성년자, 피성년후견인 또는 피한정후견인
　2. 삭제 〈2015. 2. 3.〉
　3. 금고 이상의 실형을 선고받고 그 집행이 끝나거나(집행이 끝난 것으로 보는 경우를 포함한다) 집행이 면제되지 아니한 사람
　3의2. 금고 이상의 형의 집행유예를 선고받고 그 유예기간 중에 있는 사람
　4. 「성폭력범죄의 처벌 등에 관한 특례법」 제2조의 죄 또는 「아동·청소년의 성보호에 관한 법률」 제2조제2호의 죄를 범하여 형 또는 치료감호를 선고받고 그 형 또는 치료감호의 전부 또는 일부의 집행이 끝나거나(집행이 끝난 것으로 보는 경우를 포함한다) 집행이 유예·면제된 날부터 10년이 지나지 아니한 사람
② 상담소, 보호시설, 통합지원센터 및 중앙디지털성범죄피해자지원센터등에서 종사하려는 사람은 전문 지식이나 경력 등 대통령령으로 정하는 자격기준을 갖추어야 한다. 〈개정 2024. 10. 16.〉

제19조의2(상담원 교육훈련시설) ① 국가와 지방자치단체(특별시·광역시·특별자치시·도·특별자치도에 한정한다)는 상담원(상담원이 되려는 사람을 포함한다)의 자질을 향상시키기 위하여 상담원에 대한 전문적인 교육·훈련을 담당하는 시설(이하 "교육훈련시설"이라 한다)을 설치·운영할 수 있다.
② 여성가족부장관 또는 시·도지사는 상담원에 대한 전문적인 교육·훈련을 대통령령으로 정하는 기관 또는 단체에 위탁하거나 이를 교육훈련시설로 지정할 수 있다. 〈개정 2018. 4. 17.〉
③ 다음 각 호의 자로서 교육훈련시설을 설치하려는 자는 특별자치시장·특별자치도지사 또는 시장·군수·구청장에게 신고하여야 한다. 신고한 사항 중 여성가족부령으로 정하는 중요 사항을 변경하려는 경우에도 또한 같다. 〈개정 2015. 2. 3., 2018. 3. 13.〉
  1. 「고등교육법」에 따른 학교를 설립·운영하는 학교법인
  2. 법률구조법인
  3. 사회복지법인
  4. 그 밖의 비영리법인이나 단체
④ 특별자치시장·특별자치도지사 또는 시장·군수·구청장은 제3항에 따른 신고를 받은 날부터 10일 이내(변경신고의 경우 5일 이내)에 신고수리 여부 또는 민원 처리 관련 법령에 따른 처리기간의 연장을 신고인에게 통지하여야 한다. 〈신설 2018. 3. 13.〉
⑤ 교육훈련시설의 설치 및 지정 기준, 교육훈련시설에 두는 강사의 자격과 수, 상담원 교육훈련과정의 운영기준 및 신고절차 등에 필요한 사항은 여성가족부령으로 정한다. 〈개정 2018. 3. 13.〉

[본조신설 2012. 12. 18.]

제20조(보수교육의 실시) ① 여성가족부장관 또는 시·도지사는 상담소, 보호시설, 통합지원센터 및 중앙디지털성범죄피해자지원센터등 종사자의 자질을 향상시키기 위하여 보수(補修)교육을 실시하여야 한다. 〈개정 2012. 12. 18., 2024. 10. 16.〉
② 여성가족부장관 또는 시·도지사는 제1항에 따른 교육에 관한 업무를 「고등교육법」 제2조제1호 및 제4호에 따른 대학 및 전문대학 또는 대통령령으로 정하는 전문기관에 위탁할 수 있다.
③ 제1항에 따른 보수교육의 내용·기간 및 방법 등에 필요한 사항은 여성가족부령으로 정한다.

제21조(폐지·휴지 등의 신고) ①제10조제2항, 제12조제2항 또는 제19조의2제3항에 따라 설치한 상담소, 보호시설 또는 교육훈련시설을 폐지하거나 휴지(休止) 또는 재개(再開)하려는 경우에는 여성가족부령으로 정하는 바에 따라 미리 특별자치시장·특별자치도지사 또는 시장·군수·구청장에게 신고하여야 한다. 〈개정 2012. 12. 18., 2016. 3. 2.〉

② 특별자치시장·특별자치도지사 또는 시장·군수·구청장은 제1항에 따른 폐지 또는 휴지신고를 받은 경우 그 내용을 검토하여 이 법에 적합하면 신고를 수리하여야 한다. 〈신설 2018. 3. 13.〉
③ 상담소의 장, 보호시설의 장 또는 교육훈련시설의 장은 해당 시설을 폐지 또는 휴지하는 경우에는 여성가족부령으로 정하는 바에 따라 해당 시설을 이용하는 사람이 다른 시설로 옮길 수 있도록 하는 등 시설 이용자의 권익을 보호하기 위한 조치를 하여야 한다. 〈신설 2016. 3. 2., 2018. 3. 13.〉
④ 특별자치시장·특별자치도지사 또는 시장·군수·구청장은 제1항에 따른 상담소, 보호시설 또는 교육훈련시설의 폐지 또는 휴지의 신고를 받은 경우 해당 시설의 장이 제3항에 따른 시설 이용자의 권익을 보호하기 위한 조치를 하였는지 여부를 확인하는 등 여성가족부령으로 정하는 조치를 하여야 한다. 〈신설 2016. 3. 2., 2018. 3. 13.〉

제22조(시정 명령) ① 여성가족부장관은 국가기관등의 장이 제5조의4제1항을 위반하여 성폭력 사건이 발생한 사실을 지체 없이 통보하지 아니하거나 재발방지대책을 기한 내에 제출하지 아니한 경우에는 기간을 정하여 시정을 명할 수 있다. 〈신설 2023. 4. 18.〉
② 특별자치시장·특별자치도지사 또는 시장·군수·구청장은 상담소, 보호시설 또는 교육훈련시설이 다음 각 호의 어느 하나에 해당하는 경우에는 기간을 정하여 시정을 명할 수 있다. 〈개정 2012. 12. 18., 2015. 2. 3., 2015. 12. 1., 2016. 3. 2., 2018. 3. 13., 2023. 4. 18.〉
  1. 제10조제4항 또는 제12조제5항에 따른 설치·운영 기준 및 종사자의 수에 미달하게 된 경우
  2. 상담소 또는 보호시설의 상담원 등이 제19조에 따른 자격기준에 미달하게 된 경우
  3. 제19조의2제2항에 따른 설치·지정 기준 또는 운영기준에 미달하게 되거나 강사의 수가 부족한 경우 또는 자격이 없는 사람을 채용한 경우
  4. 제21조제1항에 따라 신고한 휴지기간을 초과하여 운영을 재개하지 아니한 경우

제23조(인가의 취소 등) ① 특별자치시장·특별자치도지사 또는 시장·군수·구청장은 상담소, 보호시설 또는 교육훈련시설이 다음 각 호의 어느 하나에 해당하는 경우에는 그 업무의 폐지 또는 정지를 명하거나 인가를 취소할 수 있다. 〈개정 2012. 12. 18., 2023. 4. 18.〉
  1. 제22조제2항에 따른 시정 명령을 위반한 경우
  2. 제29조를 위반하여 영리를 목적으로 상담소, 보호시설 또는 교육훈련시설을 설치·운영한 경우
  3. 정당한 사유 없이 제32조제1항에 따른 보고를 하지 아니하거나 거짓으로 보고한 경우 또는 조사·검사를 거부하거나 기피한 경우
② 특별자치시장·특별자치도지사 또는 시장·군수·구청장은 상담소, 보호시설 또는 교육훈련시설이 제1항에 따라 업무가 폐지 또는 정지되거나 인가가 취소되는 경

우에는 해당 시설을 이용하는 사람이 다른 시설로 옮길 수 있도록 하는 등 여성가족부령으로 정하는 바에 따라 시설 이용자의 권익을 보호하기 위하여 필요한 조치를 하여야 한다. 〈신설 2016. 3. 2.〉
③ 제1항에 따른 업무의 폐지·정지 또는 인가의 취소에 관한 세부 기준은 여성가족부령으로 정한다. 〈개정 2016. 3. 2.〉

제24조(피해자등의 의사 존중) 상담소, 보호시설, 통합지원센터 및 중앙디지털성범죄피해자지원센터등의 장과 종사자는 피해자등이 분명히 밝힌 의사에 반하여 제7조의4, 제11조 및 제13조제1항에 따른 업무 등을 할 수 없다. 〈개정 2024. 10. 16.〉

제25조(상담소·보호시설·통합지원센터 및 중앙디지털성범죄피해자지원센터등의 평가)
① 여성가족부장관은 상담소·보호시설·통합지원센터 및 중앙디지털성범죄피해자지원센터등의 운영실적을 3년마다 평가하고, 시설의 감독 및 지원 등에 그 결과를 고려하여야 한다. 〈개정 2024. 10. 16.〉
② 제1항에 따른 평가의 기준과 방법 등에 필요한 사항은 여성가족부령으로 정한다.

[제목개정 2024. 10. 16.]

제26조(경비의 보조) ① 국가 또는 지방자치단체는 상담소, 보호시설, 통합지원센터 또는 중앙디지털성범죄피해자지원센터등의 설치·운영에 드는 경비를 보조할 수 있다. 〈개정 2024. 10. 16.〉
② 제1항에 따라 경비를 보조할 때에는 제4조에 따른 성폭력 실태조사와 제25조에 따른 평가 및 제32조에 따른 보고 등의 결과를 고려하여야 한다.

제27조(성폭력 전담의료기관의 지정 등) ① 여성가족부장관, 특별자치시장·특별자치도지사 또는 시장·군수·구청장은 국립·공립병원, 보건소 또는 민간의료시설을 피해자등의 치료를 위한 전담의료기관으로 지정할 수 있다. 〈개정 2011. 3. 30., 2012. 12. 18.〉
② 제1항에 따라 지정된 전담의료기관은 피해자 본인·가족·친지나 긴급전화센터, 상담소, 보호시설, 통합지원센터 또는 중앙디지털성범죄피해자지원센터등의 장 등이 요청하면 피해자등에 대하여 다음 각 호의 의료 지원을 하여야 한다. 〈개정 2011. 3. 30., 2024. 10. 16.〉
1. 보건 상담 및 지도
2. 치료
3. 그 밖에 대통령령으로 정하는 신체적·정신적 치료
③ 여성가족부장관, 특별자치시장·특별자치도지사 또는 시장·군수·구청장은 제1항에 따라 지정한 전담의료기관이 다음 각 호의 어느 하나에 해당하는 경우에는 그 지정을 취소할 수 있다. 다만, 제1호에 해당하는 경우에는 그 지정을 취소하여야 한다. 〈신설 2015. 2. 3.〉

1. 거짓이나 그 밖의 부정한 방법으로 지정을 받은 경우
   2. 정당한 사유 없이 제2항에 따른 의료 지원을 거부한 경우
   3. 그 밖에 전담의료기관으로서 적합하지 아니하다고 대통령령으로 정하는 경우
④ 여성가족부장관, 특별자치시장·특별자치도지사 또는 시장·군수·구청장은 제3항에 따라 지정을 취소하는 경우에는 청문을 하여야 한다. 〈신설 2015. 2. 3.〉
⑤ 제1항 및 제3항에 따른 지정 및 지정 취소의 기준, 절차, 운영 등에 필요한 사항은 여성가족부령으로 정한다. 〈신설 2015. 2. 3.〉

제28조(의료비 지원) ① 국가 또는 지방자치단체는 제27조제2항에 따른 치료 등 의료 지원에 필요한 경비의 전부 또는 일부를 지원할 수 있다.
② 제1항에 따른 의료비용의 지원범위 및 절차 등에 필요한 사항은 여성가족부령으로 정한다.

제29조(영리목적 운영의 금지) 누구든지 영리를 목적으로 상담소, 보호시설 또는 교육훈련시설을 설치·운영하여서는 아니 된다. 다만, 교육훈련시설의 장은 상담원 교육훈련과정을 수강하는 사람에게 여성가족부장관이 정하는 바에 따라 수강료를 받을 수 있다. 〈개정 2012. 12. 18.〉

제30조(비밀 엄수의 의무) 상담소, 보호시설, 통합지원센터 또는 중앙디지털성범죄피해자지원센터등의 장이나 그 밖의 종사자 또는 그 직에 있었던 사람은 그 직무상 알게 된 비밀을 누설하여서는 아니 된다. 〈개정 2024. 10. 16.〉

제3장 보칙

제31조(경찰관서의 협조) 상담소, 보호시설, 통합지원센터 또는 중앙디지털성범죄피해자지원센터등의 장은 피해자등을 긴급히 구조할 필요가 있을 때에는 경찰관서(지구대·파출소 및 출장소를 포함한다)의 장에게 그 소속 직원의 동행을 요청할 수 있으며, 요청을 받은 경찰관서의 장은 특별한 사유가 없으면 이에 따라야 한다. 〈개정 2011. 3. 30., 2024. 10. 16.〉

제31조의2(사법경찰관리의 현장출동 등) ① 사법경찰관리는 성폭력 신고가 접수된 때에는 지체 없이 신고된 현장에 출동하여야 한다.
② 제1항에 따라 출동한 사법경찰관리는 신고된 현장에 출입하여 관계인에 대하여 조사를 하거나 질문을 할 수 있다.
③ 제2항에 따라 출입, 조사 또는 질문을 하는 사법경찰관리는 그 권한을 표시하는 증표를 지니고 이를 관계인에게 내보여야 한다.
④ 제2항에 따라 조사 또는 질문을 하는 사법경찰관리는 피해자·신고자·목격자 등이 자유롭게 진술할 수 있도록 성폭력행위자로부터 분리된 곳에서 조사하는 등 필요한 조치를 하여야 한다.

⑤ 누구든지 정당한 사유 없이 신고된 현장에 출동한 사법경찰관리에 대하여 현장조사를 거부하는 등 업무를 방해하여서는 아니 된다.

[본조신설 2017. 3. 21.]

제32조(보고 및 검사 등) ① 여성가족부장관 또는 지방자치단체의 장은 상담소, 보호시설, 통합지원센터, 중앙디지털성범죄피해자지원센터등 또는 교육훈련시설의 장에게 해당 시설에 관하여 필요한 보고를 하게 할 수 있으며, 관계 공무원으로 하여금 그 시설의 운영 상황을 조사하게 하거나 장부 또는 그 밖의 서류를 검사하게 할 수 있다. 〈개정 2012. 12. 18., 2015. 12. 1., 2024. 10. 16.〉
② 제1항에 따라 검사를 하는 공무원은 사전에 검사 일시, 검사 목적 등에 관한 사항을 그 시설의 장에게 통보하여야 한다.
③ 제1항에 따라 직무를 수행하는 관계 공무원은 그 권한을 표시하는 증표를 지니고 이를 관계인에게 보여주어야 한다.

제33조(유사명칭 사용 금지) 이 법에 따른 상담소, 보호시설, 통합지원센터, 중앙디지털성범죄피해자지원센터등, 교육훈련시설이 아니면 성폭력피해상담소, 성폭력피해자보호시설, 성폭력피해자통합지원센터, 중앙디지털성범죄피해자지원센터등, 성폭력 관련 상담원 교육훈련시설 또는 이와 유사한 명칭을 사용하지 못한다. 〈개정 2024. 10. 16.〉

[전문개정 2012. 12. 18.]

제34조(청문) 특별자치시장·특별자치도지사 또는 시장·군수·구청장은 제23조에 따라 업무의 폐지를 명하거나 인가를 취소하려면 청문을 하여야 한다. 〈개정 2012. 12. 18.〉

제35조(권한의 위임) 이 법에 따른 여성가족부장관의 권한은 그 일부를 대통령령으로 정하는 바에 따라 시·도지사 또는 시장·군수·구청장에게 위임할 수 있다.

제4장 벌칙

제36조(벌칙) ① 제8조를 위반하여 피해자 또는 성폭력 발생 사실을 신고한 자에게 불이익조치를 한 자는 3년 이하의 징역 또는 3천만원 이하의 벌금에 처한다. 〈신설 2012. 2. 1., 2020. 10. 20., 2021. 1. 12.〉
② 다음 각 호의 어느 하나에 해당하는 자는 2년 이하의 징역 또는 500만원 이하의 벌금에 처한다. 〈개정 2012. 2. 1., 2012. 12. 18., 2018. 3. 13.〉
  1. 제10조제2항 전단, 제12조제2항 또는 제19조의2제3항 전단을 위반하여 신고를 하지 아니하거나 인가를 받지 아니하고 상담소, 보호시설 또는 교육훈련시설을 설치·운영한 자
  2. 제23조에 따른 업무의 폐지 또는 정지 명령이나 인가취소를 받고도 상담소, 보호시설 또는 교육훈련시설을 계속 운영한 자
  3. 제29조에 따른 영리목적 운영 금지의무를 위반한 자

4. 제30조에 따른 비밀 엄수의 의무를 위반한 자

제37조(양벌규정) 법인의 대표자나 법인 또는 개인의 대리인, 사용인, 그 밖의 종사자가 그 법인 또는 개인의 업무에 관하여 제36조의 위반행위를 하면 그 행위자를 벌하는 외에 그 법인 또는 개인에게도 해당 조문의 벌금형을 과(科)한다. 다만, 법인 또는 개인이 그 위반행위를 방지하기 위하여 해당 업무에 관하여 상당한 주의와 감독을 게을리하지 아니한 경우에는 그러하지 아니하다.

제38조(과태료) ① 다음 각 호의 어느 하나에 해당하는 자에게는 500만원 이하의 과태료를 부과한다. 〈신설 2017. 3. 21., 2023. 4. 18.〉
   1. 제22조제1항에 따른 시정 명령을 따르지 아니한 자
   2. 제31조의2제5항을 위반하여 정당한 사유 없이 현장조사를 거부하는 등 업무를 방해한 자
② 다음 각 호의 어느 하나에 해당하는 자에게는 300만원 이하의 과태료를 부과한다. 〈개정 2017. 3. 21., 2021. 1. 12.〉
   1. 제9조제2항을 위반하여 성폭력 사건이 발생한 사실을 신고하지 아니한 자
   2. 정당한 사유 없이 제32조제1항에 따른 보고를 하지 아니하거나 거짓으로 보고한 자 또는 조사·검사를 거부하거나 기피한 자
   3. 제33조에 따른 유사명칭 사용 금지의무를 위반한 자
③ 제1항 및 제2항에 따른 과태료는 대통령령으로 정하는 바에 따라 여성가족부장관 또는 지방자치단체의 장이 부과·징수한다. 〈개정 2012. 12. 18., 2015. 12. 1., 2017. 3. 21.〉

부칙

〈제20461호, 2024. 10. 16.〉

제1조(시행일) 이 법은 공포 후 6개월이 경과한 날부터 시행한다. 다만, 제3조제1항제8호의 개정규정은 공포한 날부터 시행한다.

제2조(디지털성범죄피해자지원센터에 관한 경과조치) 제7조의4의 개정규정 시행 당시 「양성평등기본법」 제46조의2에 따른 한국여성인권진흥원의 조직으로 운영 중인 디지털성범죄피해자지원센터는 제7조의4제1항의 개정규정에 따라 설치된 중앙디지털성범죄피해자지원센터로 본다.

아동·청소년의 성보호에 관한 법률
(약칭: 청소년성보호법)

[시행 2025. 4. 17.] [법률 제20462호, 2024. 10. 16., 일부개정]

제1장 총칙

제1조(목적) 이 법은 아동·청소년대상 성범죄의 처벌과 절차에 관한 특례를 규정하고 피해아동·청소년을 위한 구제 및 지원 절차를 마련하며 아동·청소년대상 성범죄자를 체계적으로 관리함으로써 아동·청소년을 성범죄로부터 보호하고 아동·청소년이 건강한 사회구성원으로 성장할 수 있도록 함을 목적으로 한다.

제2조(정의) 이 법에서 사용하는 용어의 뜻은 다음과 같다. 〈개정 2012. 12. 18., 2014. 1. 28., 2018. 1. 16., 2020. 5. 19., 2020. 6. 2., 2021. 3. 23., 2024. 3. 26., 2024. 10. 16.〉

1. "아동·청소년"이란 19세 미만의 사람을 말한다.
2. "아동·청소년대상 성범죄"란 다음 각 목의 어느 하나에 해당하는 죄를 말한다.
    가. 제7조, 제7조의2, 제8조, 제8조의2, 제9조부터 제11조까지, 제11조의2, 제12조부터 제15조까지 및 제15조의2의 죄
    나. 아동·청소년에 대한 「성폭력범죄의 처벌 등에 관한 특례법」 제3조부터 제15조까지의 죄
    다. 아동·청소년에 대한 「형법」 제297조, 제297조의2 및 제298조부터 제301조까지, 제301조의2, 제302조, 제303조, 제305조, 제339조 및 제342조(제339조의 미수범에 한정한다)의 죄
    라. 아동·청소년에 대한 「아동복지법」 제17조제2호의 죄
3. "아동·청소년대상 성폭력범죄"란 아동·청소년대상 성범죄에서 제11조, 제11조의2, 제12조부터 제15조까지 및 제15조의2의 죄를 제외한 죄를 말한다.
3의2. "성인대상 성범죄"란 「성폭력범죄의 처벌 등에 관한 특례법」 제2조에 따른 성폭력범죄를 말한다. 다만, 아동·청소년에 대한 「형법」 제302조 및 제305조의 죄는 제외한다.
4. "아동·청소년의 성을 사는 행위"란 아동·청소년, 아동·청소년의 성(性)을 사는 행위를 알선한 자 또는 아동·청소년을 실질적으로 보호·감독하는 자 등에게 금품이나 그 밖의 재산상 이익, 직무·편의제공 등 대가를 제공하거나 약속하고 다음 각 목의 어느 하나에 해당하는 행위를 아동·청소년을 대상으로 하거나 아동·청소년으로 하여금 하게 하는 것을 말한다.
    가. 성교 행위
    나. 구강·항문 등 신체의 일부나 도구를 이용한 유사 성교 행위
    다. 신체의 전부 또는 일부를 접촉·노출하는 행위로서 일반인의 성적 수치심이나 혐오감을 일으키는 행위

라. 자위 행위
5. "아동·청소년성착취물"이란 아동·청소년 또는 아동·청소년으로 명백하게 인식될 수 있는 사람이나 표현물이 등장하여 제4호 각 목의 어느 하나에 해당하는 행위를 하거나 그 밖의 성적 행위를 하는 내용을 표현하는 것으로서 필름·비디오물·게임물 또는 컴퓨터나 그 밖의 통신매체를 통한 화상·영상 등의 형태로 된 것을 말한다.
6. "피해아동·청소년"이란 제2호나목부터 라목까지, 제7조, 제7조의2, 제8조, 제8조의2, 제9조부터 제11조까지, 제11조의2, 제12조부터 제15조까지 및 제15조의2의 죄의 피해자가 된 아동·청소년(제13조제1항의 죄의 상대방이 된 아동·청소년을 포함한다)을 말한다.
6의2. "성매매 피해아동·청소년"이란 피해아동·청소년 중 제13조제1항의 죄의 상대방 또는 제13조제2항·제14조·제15조의 죄의 피해자가 된 아동·청소년을 말한다.
7. 삭제 〈2020. 5. 19.〉
8. 삭제 〈2020. 6. 9.〉
9. "등록정보"란 법무부장관이 「성폭력범죄의 처벌 등에 관한 특례법」 제42조제1항의 등록대상자에 대하여 같은 법 제44조제1항에 따라 등록한 정보를 말한다.

제3조(해석상·적용상의 주의) 이 법을 해석·적용할 때에는 아동·청소년의 권익을 우선적으로 고려하여야 하며, 이해관계인과 그 가족의 권리가 부당하게 침해되지 아니하도록 주의하여야 한다.

제4조(국가와 지방자치단체의 의무) ① 국가와 지방자치단체는 아동·청소년대상 성범죄를 예방하고, 아동·청소년을 성적 착취와 학대 행위로부터 보호하기 위하여 필요한 조사·연구·교육 및 계도와 더불어 법적·제도적 장치를 마련하며 필요한 재원을 조달하여야 한다.
② 국가는 아동·청소년에 대한 성적 착취와 학대 행위가 국제적 범죄임을 인식하고 범죄 정보의 공유, 범죄 조사·연구, 국제사법 공조, 범죄인 인도 등 국제협력을 강화하는 노력을 하여야 한다.

제5조(사회의 책임) 모든 국민은 아동·청소년이 이 법에서 정한 범죄의 피해자가 되거나 이 법에서 정한 범죄를 저지르지 아니하도록 사회 환경을 정비하고 아동·청소년을 보호·지원·교육하는 데에 최선을 다하여야 한다. 〈개정 2020. 5. 19.〉

제6조(홍보영상의 제작·배포·송출) ① 여성가족부장관은 아동·청소년대상 성범죄의 예방과 계도, 피해자의 치료와 재활 등에 관한 홍보영상을 제작하여 「방송법」 제2조제23호의 방송편성책임자에게 배포하여야 한다.
② 여성가족부장관은 「방송법」 제2조제3호가목의 지상파방송사업자(이하 "방송사업자"라 한다)에게 같은 법 제73조제4항에 따라 대통령령으로 정하는 비상업적 공익광고 편성비율의 범위에서 제1항의 홍보영상을 채널별로 송출하도록 요청할 수 있다.
③ 방송사업자는 제1항의 홍보영상 외에 독자적인 홍보영상을 제작하여 송출할 수 있다. 이 경우 여성가족부장관에게 필요한 협조 및 지원을 요청할 수 있다.

제2장 아동·청소년대상 성범죄의 처벌과 절차에 관한 특례

제7조(아동·청소년에 대한 강간·강제추행 등) ① 폭행 또는 협박으로 아동·청소년을 강간한 사람은 무기 또는 5년 이상의 징역에 처한다. 〈개정 2023. 4. 11.〉
② 아동·청소년에 대하여 폭행이나 협박으로 다음 각 호의 어느 하나에 해당하는 행위를 한 자는 5년 이상의 유기징역에 처한다.
  1. 구강·항문 등 신체(성기는 제외한다)의 내부에 성기를 넣는 행위
  2. 성기·항문에 손가락 등 신체(성기는 제외한다)의 일부나 도구를 넣는 행위
③ 아동·청소년에 대하여 「형법」 제298조의 죄를 범한 자는 2년 이상의 유기징역 또는 1천만원 이상 3천만원 이하의 벌금에 처한다.
④ 아동·청소년에 대하여 「형법」 제299조의 죄를 범한 자는 제1항부터 제3항까지의 예에 따른다.
⑤ 위계(僞計) 또는 위력으로써 아동·청소년을 간음하거나 아동·청소년을 추행한 자는 제1항부터 제3항까지의 예에 따른다.
⑥ 제1항부터 제5항까지의 미수범은 처벌한다.

제7조의2(예비, 음모) 제7조의 죄를 범할 목적으로 예비 또는 음모한 사람은 3년 이하의 징역에 처한다.

[본조신설 2020. 6. 2.]

제8조(장애인인 아동·청소년에 대한 간음 등) ① 19세 이상의 사람이 13세 이상의 장애 아동·청소년(「장애인복지법」 제2조제1항에 따른 장애인으로서 신체적인 또는 정신적인 장애로 사물을 변별하거나 의사를 결정할 능력이 미약한 아동·청소년을 말한다. 이하 같다)을 간음하거나 13세 이상의 장애 아동·청소년으로 하여금 다른 사람을 간음하게 하는 경우에는 3년 이상의 유기징역에 처한다. 〈개정 2020. 5. 19., 2020. 12. 8.〉
② 19세 이상의 사람이 13세 이상의 장애 아동·청소년을 추행한 경우 또는 13세 이상의 장애 아동·청소년으로 하여금 다른 사람을 추행하게 하는 경우에는 10년 이하의 징역 또는 5천만원 이하의 벌금에 처한다. 〈개정 2020. 12. 8., 2021. 3. 23.〉

제8조의2(13세 이상 16세 미만 아동·청소년에 대한 간음 등) ① 19세 이상의 사람이 13세 이상 16세 미만인 아동·청소년(제8조에 따른 장애 아동·청소년으로서 16세 미만인 자는 제외한다. 이하 이 조에서 같다)의 궁박(窮迫)한 상태를 이용하여 해당 아동·청소년을 간음하거나 해당 아동·청소년으로 하여금 다른 사람을 간음하게 하는 경우에는 3년 이상의 유기징역에 처한다.
② 19세 이상의 사람이 13세 이상 16세 미만인 아동·청소년의 궁박한 상태를 이용하여 해당 아동·청소년을 추행한 경우 또는 해당 아동·청소년으로 하여금 다른

사람을 추행하게 하는 경우에는 10년 이하의 징역 또는 5천만원 이하의 벌금에 처한다. 〈개정 2021. 3. 23.〉

[본조신설 2019. 1. 15.]

제9조(강간 등 상해·치상) 제7조의 죄를 범한 사람이 다른 사람을 상해하거나 상해에 이르게 한 때에는 무기 또는 7년 이상의 징역에 처한다. 〈개정 2023. 4. 11.〉

제10조(강간 등 살인·치사) ① 제7조의 죄를 범한 사람이 다른 사람을 살해한 때에는 사형 또는 무기징역에 처한다.
② 제7조의 죄를 범한 사람이 다른 사람을 사망에 이르게 한 때에는 사형, 무기 또는 10년 이상의 징역에 처한다. 〈개정 2023. 4. 11.〉

제11조(아동·청소년성착취물의 제작·배포 등) ① 아동·청소년성착취물을 제작·수입 또는 수출한 자는 무기 또는 5년 이상의 징역에 처한다. 〈개정 2020. 6. 2., 2023. 4. 11.〉
② 영리를 목적으로 아동·청소년성착취물을 판매·대여·배포·제공하거나 이를 목적으로 소지·운반·광고·소개하거나 공연히 전시 또는 상영한 자는 5년 이상의 유기징역에 처한다. 〈개정 2020. 6. 2., 2023. 4. 11.〉
③ 아동·청소년성착취물을 배포·제공하거나 이를 목적으로 광고·소개하거나 공연히 전시 또는 상영한 자는 3년 이상의 유기징역에 처한다. 〈개정 2020. 6. 2., 2023. 4. 11.〉
④ 아동·청소년성착취물을 제작할 것이라는 정황을 알면서 아동·청소년을 아동·청소년성착취물의 제작자에게 알선한 자는 3년 이상의 유기징역에 처한다. 〈개정 2020. 6. 2., 2023. 4. 11.〉
⑤ 아동·청소년성착취물을 구입하거나 아동·청소년성착취물임을 알면서 이를 소지·시청한 자는 1년 이상의 유기징역에 처한다. 〈개정 2020. 6. 2., 2023. 4. 11.〉
⑥ 제1항의 미수범은 처벌한다.
⑦ 상습적으로 제1항의 죄를 범한 자는 그 죄에 대하여 정하는 형의 2분의 1까지 가중한다. 〈신설 2020. 6. 2.〉

[제목개정 2020. 6. 2.]

제11조의2(아동·청소년성착취물을 이용한 협박·강요) ① 아동·청소년성착취물을 이용하여 그 아동·청소년을 협박한 자는 3년 이상의 유기징역에 처한다.
② 제1항에 따른 협박으로 그 아동·청소년의 권리행사를 방해하거나 의무 없는 일을 하게 한 자는 5년 이상의 유기징역에 처한다.
③ 제1항과 제2항의 미수범은 처벌한다.
④ 상습적으로 제1항 및 제2항의 죄를 범한 자는 그 죄에 대하여 정하는 형의 2분의 1까지 가중한다.

[본조신설 2024. 10. 16.]

제12조(아동·청소년 매매행위) ① 아동·청소년의 성을 사는 행위 또는 아동·청소년성착취물을 제작하는 행위의 대상이 될 것을 알면서 아동·청소년을 매매 또는 국외에 이송하거나 국외에 거주하는 아동·청소년을 국내에 이송한 자는 무기 또는 5년 이상의 징역에 처한다. 〈개정 2020. 6. 2., 2023. 4. 11.〉
② 제1항의 미수범은 처벌한다.

제13조(아동·청소년의 성을 사는 행위 등) ① 아동·청소년의 성을 사는 행위를 한 자는 1년 이상 10년 이하의 징역 또는 2천만원 이상 5천만원 이하의 벌금에 처한다.
② 아동·청소년의 성을 사기 위하여 아동·청소년을 유인하거나 성을 팔도록 권유한 자는 3년 이하의 징역 또는 3천만원 이하의 벌금에 처한다. 〈개정 2021. 3. 23.〉
③ 16세 미만의 아동·청소년 및 장애 아동·청소년을 대상으로 제1항 또는 제2항의 죄를 범한 경우에는 그 죄에 정한 형의 2분의 1까지 가중처벌한다. 〈신설 2020. 5. 19., 2020. 12. 8.〉

제14조(아동·청소년에 대한 강요행위 등) ① 다음 각 호의 어느 하나에 해당하는 자는 5년 이상의 유기징역에 처한다.
  1. 폭행이나 협박으로 아동·청소년으로 하여금 아동·청소년의 성을 사는 행위의 상대방이 되게 한 자
  2. 선불금(先拂金), 그 밖의 채무를 이용하는 등의 방법으로 아동·청소년을 곤경에 빠뜨리거나 위계 또는 위력으로 아동·청소년으로 하여금 아동·청소년의 성을 사는 행위의 상대방이 되게 한 자
  3. 업무·고용이나 그 밖의 관계로 자신의 보호 또는 감독을 받는 것을 이용하여 아동·청소년으로 하여금 아동·청소년의 성을 사는 행위의 상대방이 되게 한 자
  4. 영업으로 아동·청소년을 아동·청소년의 성을 사는 행위의 상대방이 되도록 유인·권유한 자
② 제1항제1호부터 제3호까지의 죄를 범한 자가 그 대가의 전부 또는 일부를 받거나 이를 요구 또는 약속한 때에는 7년 이상의 유기징역에 처한다.
③ 아동·청소년의 성을 사는 행위의 상대방이 되도록 유인·권유한 자는 7년 이하의 징역 또는 5천만원 이하의 벌금에 처한다.
④ 제1항과 제2항의 미수범은 처벌한다.

제15조(알선영업행위 등) ① 다음 각 호의 어느 하나에 해당하는 자는 7년 이상의 유기징역에 처한다. 〈개정 2021. 3. 23.〉
  1. 아동·청소년의 성을 사는 행위의 장소를 제공하는 행위를 업으로 하는 자
  2. 아동·청소년의 성을 사는 행위를 알선하거나 정보통신망(「정보통신망 이용촉진 및 정보보호 등에 관한 법률」 제2조제1항제1호의 정보통신망을 말한다. 이하 같다)에서 알선정보를 제공하는 행위를 업으로 하는 자
  3. 제1호 또는 제2호의 범죄에 사용되는 사실을 알면서 자금·토지 또는 건물을 제공한 자
  4. 영업으로 아동·청소년의 성을 사는 행위의 장소를 제공·알선하는 업소에 아동·청소년을 고용하도록 한 자

② 다음 각 호의 어느 하나에 해당하는 자는 7년 이하의 징역 또는 5천만원 이하의 벌금에 처한다.
  1. 영업으로 아동·청소년의 성을 사는 행위를 하도록 유인·권유 또는 강요한 자
  2. 아동·청소년의 성을 사는 행위의 장소를 제공한 자
  3. 아동·청소년의 성을 사는 행위를 알선하거나 정보통신망에서 알선정보를 제공한 자
  4. 영업으로 제2호 또는 제3호의 행위를 약속한 자
③ 아동·청소년의 성을 사는 행위를 하도록 유인·권유 또는 강요한 자는 5년 이하의 징역 또는 3천만원 이하의 벌금에 처한다.

제15조의2(아동·청소년에 대한 성착취 목적 대화 등) ① 19세 이상의 사람이 성적 착취를 목적으로 정보통신망을 통하여 아동·청소년에게 다음 각 호의 어느 하나에 해당하는 행위를 한 경우에는 3년 이하의 징역 또는 3천만원 이하의 벌금에 처한다.
  1. 성적 욕망이나 수치심 또는 혐오감을 유발할 수 있는 대화를 지속적 또는 반복적으로 하거나 그러한 대화에 지속적 또는 반복적으로 참여시키는 행위
  2. 제2조제4호 각 목의 어느 하나에 해당하는 행위를 하도록 유인·권유하는 행위
② 19세 이상의 사람이 정보통신망을 통하여 16세 미만인 아동·청소년에게 제1항 각 호의 어느 하나에 해당하는 행위를 한 경우 제1항과 동일한 형으로 처벌한다.

[본조신설 2021. 3. 23.]

제16조(피해자 등에 대한 강요행위) 폭행이나 협박으로 아동·청소년대상 성범죄의 피해자 또는 「아동복지법」 제3조제3호에 따른 보호자를 상대로 합의를 강요한 자는 7년 이하의 징역에 처한다. 〈개정 2023. 4. 11.〉

제17조 삭제 〈2020. 6. 9.〉

제18조(신고의무자의 성범죄에 대한 가중처벌) 제34조제2항 각 호의 기관·시설 또는 단체의 장과 그 종사자가 자기의 보호·감독 또는 진료를 받는 아동·청소년을 대상으로 성범죄를 범한 경우에는 그 죄에 정한 형의 2분의 1까지 가중처벌한다.

제19조(「형법」상 감경규정에 관한 특례) 음주 또는 약물로 인한 심신장애 상태에서 아동·청소년대상 성폭력범죄를 범한 때에는 「형법」 제10조제1항·제2항 및 제11조를 적용하지 아니할 수 있다.

제20조(공소시효에 관한 특례) ① 아동·청소년대상 성범죄의 공소시효는 「형사소송법」 제252조제1항에도 불구하고 해당 성범죄로 피해를 당한 아동·청소년이 성년에 달한 날부터 진행한다.
② 제7조의 죄는 디엔에이(DNA)증거 등 그 죄를 증명할 수 있는 과학적인 증거가 있는 때에는 공소시효가 10년 연장된다.
③ 13세 미만의 사람 및 신체적인 또는 정신적인 장애가 있는 아동·청소년에 대하여 다음 각 호의 죄를 범한 경우에는 제1항과 제2항에도 불구하고 「형사소송법」

제249조부터 제253조까지 및 「군사법원법」 제291조부터 제295조까지에 규정된 공소시효를 적용하지 아니한다. 〈개정 2019. 1. 15., 2020. 5. 19., 2023. 4. 11.〉
1. 「형법」 제297조(강간), 제298조(강제추행), 제299조(준강간, 준강제추행), 제301조(강간등 상해·치상), 제301조의2(강간등 살인·치사) 또는 제305조(미성년자에 대한 간음, 추행)의 죄
2. 제9조 및 제10조의 죄
3. 「성폭력범죄의 처벌 등에 관한 특례법」 제6조제2항, 제7조제2항·제5항, 제8조, 제9조의 죄
④ 다음 각 호의 죄를 범한 경우에는 제1항과 제2항에도 불구하고 「형사소송법」 제249조부터 제253조까지 및 「군사법원법」 제291조부터 제295조까지에 규정된 공소시효를 적용하지 아니한다. 〈개정 2021. 3. 23.〉
1. 「형법」 제301조의2(강간등 살인·치사)의 죄(강간등 살인에 한정한다)
2. 제10조제1항 및 제11조제1항의 죄
3. 「성폭력범죄의 처벌 등에 관한 특례법」 제9조제1항의 죄

제21조(형벌과 수강명령 등의 병과) ① 법원은 아동·청소년대상 성범죄를 범한 「소년법」 제2조의 소년에 대하여 형의 선고를 유예하는 경우에는 반드시 보호관찰을 명하여야 한다.
② 법원은 아동·청소년대상 성범죄를 범한 자에 대하여 유죄판결을 선고하거나 약식명령을 고지하는 경우에는 500시간의 범위에서 재범예방에 필요한 수강명령 또는 성폭력 치료프로그램의 이수명령(이하 "이수명령"이라 한다)을 병과(倂科)하여야 한다. 다만, 수강명령 또는 이수명령을 부과할 수 없는 특별한 사정이 있는 경우에는 그러하지 아니하다. 〈개정 2018. 1. 16.〉
③ 아동·청소년대상 성범죄를 범한 자에 대하여 제2항의 수강명령은 형의 집행을 유예할 경우에 그 집행유예기간 내에서 병과하고, 이수명령은 벌금 이상의 형을 선고하거나 약식명령을 고지할 경우에 병과한다. 다만, 이수명령은 아동·청소년대상 성범죄자가 「전자장치 부착 등에 관한 법률」 제9조의2제1항제4호에 따른 성폭력 치료 프로그램의 이수명령을 부과 받은 경우에는 병과하지 아니한다. 〈개정 2018. 1. 16., 2020. 2. 4.〉
④ 법원이 아동·청소년대상 성범죄를 범한 사람에 대하여 형의 집행을 유예하는 경우에는 제2항에 따른 수강명령 외에 그 집행유예기간 내에서 보호관찰 또는 사회봉사 중 하나 이상의 처분을 병과할 수 있다.
⑤ 제2항에 따른 수강명령 또는 이수명령은 형의 집행을 유예할 경우에는 그 집행유예기간 내에, 벌금형을 선고할 경우에는 형 확정일부터 6개월 이내에, 징역형 이상의 실형(實刑)을 선고할 경우에는 형기 내에 각각 집행한다. 다만, 수강명령 또는 이수명령은 아동·청소년대상 성범죄를 범한 사람이 「성폭력범죄의 처벌 등에 관한 특례법」 제16조에 따른 수강명령 또는 이수명령을 부과받은 경우에는 병과하지 아니한다.
⑥ 제2항에 따른 수강명령 또는 이수명령이 형의 집행유예 또는 벌금형과 병과된 경

우에는 보호관찰소의 장이 집행하고, 징역형 이상의 실형과 병과된 경우에는 교정시설의 장이 집행한다. 다만, 징역형 이상의 실형과 병과된 수강명령 또는 이수명령을 모두 이행하기 전에 석방 또는 가석방되거나 미결구금일수 산입 등의 사유로 형을 집행할 수 없게 된 경우에는 보호관찰소의 장이 남은 수강명령 또는 이수명령을 집행한다.
⑦ 제2항에 따른 수강명령 또는 이수명령은 다음 각 호의 내용으로 한다.
  1. 일탈적 이상행동의 진단·상담
  2. 성에 대한 건전한 이해를 위한 교육
  3. 그 밖에 성범죄를 범한 사람의 재범예방을 위하여 필요한 사항
⑧ 보호관찰소의 장 또는 교정시설의 장은 제2항에 따른 수강명령 또는 이수명령 집행의 전부 또는 일부를 여성가족부장관에게 위탁할 수 있다.
⑨ 보호관찰, 사회봉사, 수강명령 및 이수명령에 관하여 이 법에 규정한 사항 외의 사항에 대하여는「보호관찰 등에 관한 법률」을 준용한다.

제21조의2(재범여부 조사) ① 법무부장관은 제21조제2항에 따라 수강명령 또는 이수명령을 선고받아 그 집행을 마친 사람에 대하여 그 효과를 평가하기 위하여 아동·청소년대상 성범죄 재범여부를 조사할 수 있다.
② 법무부장관은 제1항에 따른 재범여부 조사를 위하여 수강명령 또는 이수명령의 집행을 마친 때부터 5년 동안 관계 기관의 장에게 그 사람에 관한 범죄경력자료 및 수사경력자료를 요청할 수 있다.

[본조신설 2016. 5. 29.]

제22조(판결 전 조사) ① 법원은 피고인에 대하여 제21조에 따른 보호관찰, 사회봉사, 수강명령 또는 이수명령을 부과하거나 제56조에 따른 취업제한 명령을 부과하기 위하여 필요하다고 인정하면 그 법원의 소재지 또는 피고인의 주거지를 관할하는 보호관찰소의 장에게 피고인의 신체적·심리적 특성 및 상태, 정신성적 발달과정, 성장배경, 가정환경, 직업, 생활환경, 교우관계, 범행동기, 병력(病歷), 피해자와의 관계, 재범위험성 등 피고인에 관한 사항의 조사를 요구할 수 있다. 〈개정 2018. 1. 16.〉
② 제1항의 요구를 받은 보호관찰소의 장은 지체 없이 이를 조사하여 서면으로 해당 법원에 알려야 한다. 이 경우 필요하다고 인정하면 피고인이나 그 밖의 관계인을 소환하여 심문하거나 소속 보호관찰관에게 필요한 사항을 조사하게 할 수 있다.
③ 법원은 제1항의 요구를 받은 보호관찰소의 장에게 조사진행상황에 관한 보고를 요구할 수 있다

제23조(친권상실청구 등) ① 아동·청소년대상 성범죄 사건을 수사하는 검사는 그 사건의 가해자가 피해아동·청소년의 친권자나 후견인인 경우에 법원에「민법」제924조의 친권상실선고 또는 같은 법 제940조의 후견인 변경 결정을 청구하여야 한다. 다만, 친권상실선고 또는 후견인 변경 결정을 하여서는 아니 될 특별한 사정이 있는

경우에는 그러하지 아니하다.
② 다음 각 호의 기관·시설 또는 단체의 장은 검사에게 제1항의 청구를 하도록 요청할 수 있다. 이 경우 청구를 요청받은 검사는 요청받은 날부터 30일 내에 해당 기관·시설 또는 단체의 장에게 그 처리 결과를 통보하여야 한다. 〈개정 2019. 1. 15.〉
  1. 「아동복지법」 제10조의2에 따른 아동권리보장원 또는 같은 법 제45조에 따른 아동보호전문기관
  2. 「성폭력방지 및 피해자보호 등에 관한 법률」 제10조의 성폭력피해상담소 및 같은 법 제12조의 성폭력피해자보호시설
  3. 「청소년복지 지원법」 제29조제1항에 따른 청소년상담복지센터 및 같은 법 제31조제1호에 따른 청소년쉼터
③ 제2항 각 호 외의 부분 후단에 따라 처리 결과를 통보받은 기관·시설 또는 단체의 장은 그 처리 결과에 대하여 이의가 있을 경우 통보받은 날부터 30일 내에 직접 법원에 제1항의 청구를 할 수 있다.

제24조(피해아동·청소년의 보호조치 결정) 법원은 아동·청소년대상 성범죄 사건의 가해자에게 「민법」 제924조에 따라 친권상실선고를 하는 경우에는 피해아동·청소년을 다른 친권자 또는 친족에게 인도하거나 제45조 또는 제46조의 기관·시설 또는 단체에 인도하는 등의 보호조치를 결정할 수 있다. 이 경우 그 아동·청소년의 의견을 존중하여야 한다.

제25조(수사 및 재판 절차에서의 배려) ① 수사기관과 법원 및 소송관계인은 아동·청소년대상 성범죄를 당한 피해자의 나이, 심리 상태 또는 후유장애의 유무 등을 신중하게 고려하여 조사 및 심리·재판 과정에서 피해자의 인격이나 명예가 손상되거나 사적인 비밀이 침해되지 아니하도록 주의하여야 한다.
② 수사기관과 법원은 아동·청소년대상 성범죄의 피해자를 조사하거나 심리·재판할 때 피해자가 편안한 상태에서 진술할 수 있는 환경을 조성하여야 하며, 조사 및 심리·재판 횟수는 필요한 범위에서 최소한으로 하여야 한다.
③ 수사기관과 법원은 제2항에 따른 조사나 심리·재판을 할 때 피해아동·청소년이 13세 미만이거나 신체적인 또는 정신적인 장애로 의사소통이나 의사표현에 어려움이 있는 경우 조력을 위하여 「성폭력범죄의 처벌 등에 관한 특례법」 제36조부터 제39조까지를 준용한다. 이 경우 "성폭력범죄"는 "아동·청소년대상 성범죄"로, "피해자"는 "피해아동·청소년"으로 본다. 〈신설 2020. 12. 8.〉

제25조의2(아동·청소년대상 디지털 성범죄의 수사 특례) ① 사법경찰관리는 다음 각 호의 어느 하나에 해당하는 범죄(이하 "디지털 성범죄"라 한다)에 대하여 신분을 비공개하고 범죄현장(정보통신망을 포함한다) 또는 범인으로 추정되는 자들에게 접근하여 범죄행위의 증거 및 자료 등을 수집(이하 "신분비공개수사"라 한다)할 수 있다.
  1. 제11조 및 제15조의2의 죄
  2. 아동·청소년에 대한 「성폭력범죄의 처벌 등에 관한 특례법」 제14조제2항 및 제3항의 죄

② 사법경찰관리는 디지털 성범죄를 계획 또는 실행하고 있거나 실행하였다고 의심할 만한 충분한 이유가 있고, 다른 방법으로는 그 범죄의 실행을 저지하거나 범인의 체포 또는 증거의 수집이 어려운 경우에 한정하여 수사 목적을 달성하기 위하여 부득이한 때에는 다음 각 호의 행위(이하 "신분위장수사"라 한다)를 할 수 있다.
  1. 신분을 위장하기 위한 문서, 도화 및 전자기록 등의 작성, 변경 또는 행사
  2. 위장 신분을 사용한 계약ㆍ거래
  3. 아동ㆍ청소년성착취물 또는 「성폭력범죄의 처벌 등에 관한 특례법」 제14조제2항의 촬영물 또는 복제물(복제물의 복제물을 포함한다)의 소지, 판매 또는 광고
③ 제1항에 따른 수사의 방법 등에 필요한 사항은 대통령령으로 정한다.

[본조신설 2021. 3. 23.]

제25조의3(아동ㆍ청소년대상 디지털 성범죄 수사 특례의 절차) ① 사법경찰관리가 신분비공개수사를 진행하고자 할 때에는 사전에 상급 경찰관서 수사부서의 장의 승인을 받아야 한다. 이 경우 그 수사기간은 3개월을 초과할 수 없다.
② 제1항에 따른 승인의 절차 및 방법 등에 필요한 사항은 대통령령으로 정한다.
③ 사법경찰관리는 신분위장수사를 하려는 경우에는 검사에게 신분위장수사에 대한 허가를 신청하고, 검사는 법원에 그 허가를 청구한다.
④ 제3항의 신청은 필요한 신분위장수사의 종류ㆍ목적ㆍ대상ㆍ범위ㆍ기간ㆍ장소ㆍ방법 및 해당 신분위장수사가 제25조의2제2항의 요건을 충족하는 사유 등의 신청사유를 기재한 서면으로 하여야 하며, 신청사유에 대한 소명자료를 첨부하여야 한다.
⑤ 법원은 제3항의 신청이 이유 있다고 인정하는 경우에는 신분위장수사를 허가하고, 이를 증명하는 서류(이하 "허가서"라 한다)를 신청인에게 발부한다.
⑥ 허가서에는 신분위장수사의 종류ㆍ목적ㆍ대상ㆍ범위ㆍ기간ㆍ장소ㆍ방법 등을 특정하여 기재하여야 한다.
⑦ 신분위장수사의 기간은 3개월을 초과할 수 없으며, 그 수사기간 중 수사의 목적이 달성되었을 경우에는 즉시 종료하여야 한다.
⑧ 제7항에도 불구하고 제25조의2제2항의 요건이 존속하여 그 수사기간을 연장할 필요가 있는 경우에는 사법경찰관리는 소명자료를 첨부하여 3개월의 범위에서 수사기간의 연장을 검사에게 신청하고, 검사는 법원에 그 연장을 청구한다. 이 경우 신분위장수사의 총 기간은 1년을 초과할 수 없다.

[본조신설 2021. 3. 23.]

제25조의4(아동ㆍ청소년대상 디지털 성범죄에 대한 긴급 신분비공개수사) ① 사법경찰관리는 디지털 성범죄에 대하여 제25조의3제1항 및 제2항에 따른 절차를 거칠 수 없는 긴급을 요하는 때에는 상급 경찰관서 수사부서의 장의 승인 없이 신분비공개수사를 할 수 있다.
② 사법경찰관리는 제1항에 따른 신분비공개수사 개시 후 지체 없이 상급 경찰관서 수

사부서의 장에게 보고하여야 하고, 사법경찰관리는 48시간 이내에 상급 경찰관서 수사부서의 장의 승인을 받지 못한 때에는 즉시 신분비공개수사를 중지하여야 한다.
③ 제1항 및 제2항에 따른 신분비공개수사 기간에 대해서는 제25조의3제1항 후단을 준용한다.

[본조신설 2024. 10. 16.]

[종전 제25조의4는 제25조의5로 이동 〈2024. 10. 16.〉]

제25조의5(아동·청소년대상 디지털 성범죄에 대한 긴급 신분위장수사) ① 사법경찰관리는 제25조의2제2항의 요건을 구비하고, 제25조의3제3항부터 제8항까지에 따른 절차를 거칠 수 없는 긴급을 요하는 때에는 법원의 허가 없이 신분위장수사를 할 수 있다.
② 사법경찰관리는 제1항에 따른 신분위장수사 개시 후 지체 없이 검사에게 허가를 신청하여야 하고, 사법경찰관리는 48시간 이내에 법원의 허가를 받지 못한 때에는 즉시 신분위장수사를 중지하여야 한다.
③ 제1항 및 제2항에 따른 신분위장수사 기간에 대해서는 제25조의3제7항 및 제8항을 준용한다.

[본조신설 2021. 3. 23.]

[제25조의4에서 이동, 종전 제25조의5는 제25조의6으로 이동 〈2024. 10. 16.〉]

제25조의6(아동·청소년대상 디지털 성범죄에 대한 신분비공개수사 또는 신분위장수사로 수집한 증거 및 자료 등의 사용제한) 사법경찰관리가 제25조의2부터 제25조의5까지에 따라 수집한 증거 및 자료 등은 다음 각 호의 어느 하나에 해당하는 경우 외에는 사용할 수 없다. 〈개정 2024. 10. 16.〉
  1. 신분비공개수사 또는 신분위장수사의 목적이 된 디지털 성범죄나 이와 관련되는 범죄를 수사·소추하거나 그 범죄를 예방하기 위하여 사용하는 경우
  2. 신분비공개수사 또는 신분위장수사의 목적이 된 디지털 성범죄나 이와 관련되는 범죄로 인한 징계절차에 사용하는 경우
  3. 증거 및 자료 수집의 대상자가 제기하는 손해배상청구소송에서 사용하는 경우
  4. 그 밖에 다른 법률의 규정에 의하여 사용하는 경우

[본조신설 2021. 3. 23.]

[제25조의5에서 이동, 종전 제25조의6은 제25조의7로 이동 〈2024. 10. 16.〉]

제25조의7(국가경찰위원회와 국회의 통제) ① 「국가경찰과 자치경찰의 조직 및 운영에 관한 법률」 제16조제1항에 따른 국가수사본부장(이하 "국가수사본부장"이라 한다)은 신분비공개수사가 종료된 즉시 대통령령으로 정하는 바에 따라 같은 법 제7조제1항에 따른 국가경찰위원회에 수사 관련 자료를 보고하여야 한다.
② 국가수사본부장은 대통령령으로 정하는 바에 따라 국회 소관 상임위원회에 신분

비공개수사 관련 자료를 반기별로 보고하여야 한다.

[본조신설 2021. 3. 23.]

[제25조의6에서 이동, 종전 제25조의7은 제25조의8로 이동 〈2024. 10. 16.〉]

제25조의8(비밀준수의 의무) ① 제25조의2부터 제25조의7까지에 따른 신분비공개수사 또는 신분위장수사에 대한 승인·집행·보고 및 각종 서류작성 등에 관여한 공무원 또는 그 직에 있었던 자는 직무상 알게 된 신분비공개수사 또는 신분위장수사에 관한 사항을 외부에 공개하거나 누설하여서는 아니 된다. 〈개정 2024. 10. 16.〉
② 제1항의 비밀유지에 관하여 필요한 사항은 대통령령으로 정한다.

[본조신설 2021. 3. 23.]

[제25조의7에서 이동, 종전 제25조의8은 제25조의9로 이동 〈2024. 10. 16.〉]

제25조의9(면책) ① 사법경찰관리가 신분비공개수사 또는 신분위장수사 중 부득이한 사유로 위법행위를 한 경우 그 행위에 고의나 중대한 과실이 없는 경우에는 벌하지 아니한다.
② 제1항에 따른 위법행위가 「국가공무원법」 제78조제1항에 따른 징계 사유에 해당하더라도 그 행위에 고의나 중대한 과실이 없는 경우에는 징계 요구 또는 문책 요구 등 책임을 묻지 아니한다.
③ 신분비공개수사 또는 신분위장수사 행위로 타인에게 손해가 발생한 경우라도 사법경찰관리는 그 행위에 고의나 중대한 과실이 없는 경우에는 그 손해에 대한 책임을 지지 아니한다.

[본조신설 2021. 3. 23.]

[제25조의8에서 이동, 종전 제25조의9는 제25조의10으로 이동 〈2024. 10. 16.〉]

제25조의10(수사 지원 및 교육) 상급 경찰관서 수사부서의 장은 신분비공개수사 또는 신분위장수사를 승인하거나 보고받은 경우 사법경찰관리에게 수사에 필요한 인적·물적 지원을 하고, 전문지식과 피해자 보호를 위한 수사방법 및 수사절차 등에 관한 교육을 실시하여야 한다.

[본조신설 2021. 3. 23.]

[제25조의9에서 이동 〈2024. 10. 16.〉]

제26조(영상물의 촬영·보존 등) ① 아동·청소년대상 성범죄 피해자의 진술내용과 조사과정은 비디오녹화기 등 영상물 녹화장치로 촬영·보존하여야 한다.
② 제1항에 따른 영상물 녹화는 피해자 또는 법정대리인이 이를 원하지 아니하는 의사를 표시한 때에는 촬영을 하여서는 아니 된다. 다만, 가해자가 친권자 중 일방인 경우는 그러하지 아니하다.

③ 제1항에 따른 영상물 녹화는 조사의 개시부터 종료까지의 전 과정 및 객관적 정황을 녹화하여야 하고, 녹화가 완료된 때에는 지체 없이 그 원본을 피해자 또는 변호사 앞에서 봉인하고 피해자로 하여금 기명날인 또는 서명하게 하여야 한다.
④ 검사 또는 사법경찰관은 피해자가 제1항의 녹화장소에 도착한 시각, 녹화를 시작하고 마친 시각, 그 밖에 녹화과정의 진행경과를 확인하기 위하여 필요한 사항을 조서 또는 별도의 서면에 기록한 후 수사기록에 편철하여야 한다.
⑤ 검사 또는 사법경찰관은 피해자 또는 법정대리인이 신청하는 경우에는 영상물 촬영과정에서 작성한 조서의 사본을 신청인에게 교부하거나 영상물을 재생하여 시청하게 하여야 한다.
⑥ 제1항부터 제4항까지의 절차에 따라 촬영한 영상물에 수록된 피해자의 진술은 공판준비기일 또는 공판기일에 피해자 또는 조사과정에 동석하였던 신뢰관계에 있는 자의 진술에 의하여 그 성립의 진정함이 인정된 때에는 증거로 할 수 있다.
⑦ 누구든지 제1항에 따라 촬영한 영상물을 수사 및 재판의 용도 외에 다른 목적으로 사용하여서는 아니 된다.

제27조(증거보전의 특례) ① 아동·청소년대상 성범죄의 피해자, 그 법정대리인 또는 경찰은 피해자가 공판기일에 출석하여 증언하는 것에 현저히 곤란한 사정이 있을 때에는 그 사유를 소명하여 제26조에 따라 촬영된 영상물 또는 그 밖의 다른 증거물에 대하여 해당 성범죄를 수사하는 검사에게 「형사소송법」 제184조제1항에 따른 증거보전의 청구를 할 것을 요청할 수 있다.
② 제1항의 요청을 받은 검사는 그 요청이 상당한 이유가 있다고 인정하는 때에는 증거보전의 청구를 하여야 한다.

제28조(신뢰관계에 있는 사람의 동석) ① 법원은 아동·청소년대상 성범죄의 피해자를 증인으로 신문하는 경우에 검사, 피해자 또는 법정대리인이 신청하는 경우에는 재판에 지장을 줄 우려가 있는 등 부득이한 경우가 아니면 피해자와 신뢰관계에 있는 사람을 동석하게 하여야 한다.
② 제1항은 수사기관이 제1항의 피해자를 조사하는 경우에 관하여 준용한다.
③ 제1항 및 제2항의 경우 법원과 수사기관은 피해자와 신뢰관계에 있는 사람이 피해자에게 불리하거나 피해자가 원하지 아니하는 경우에는 동석하게 하여서는 아니 된다.

제29조(서류·증거물의 열람·등사) 아동·청소년대상 성범죄의 피해자, 그 법정대리인 또는 변호사는 재판장의 허가를 받아 소송계속 중의 관계 서류 또는 증거물을 열람하거나 등사할 수 있다.

제30조(피해아동·청소년 등에 대한 변호사선임의 특례) ① 아동·청소년대상 성범죄의 피해자 및 그 법정대리인은 형사절차상 입을 수 있는 피해를 방어하고 법률적 조력을 보장하기 위하여 변호사를 선임할 수 있다.

② 제1항에 따른 변호사에 관하여는 「성폭력범죄의 처벌 등에 관한 특례법」 제27조제2항부터 제6항까지를 준용한다.

제31조(비밀누설 금지) ① 아동·청소년대상 성범죄의 수사 또는 재판을 담당하거나 이에 관여하는 공무원 또는 그 직에 있었던 사람은 피해아동·청소년의 주소·성명·연령·학교 또는 직업·용모 등 그 아동·청소년을 특정할 수 있는 인적사항이나 사진 등 또는 그 아동·청소년의 사생활에 관한 비밀을 공개하거나 타인에게 누설하여서는 아니 된다. 〈개정 2020. 5. 19.〉
② 제45조 및 제46조의 기관·시설 또는 단체의 장이나 이를 보조하는 자 또는 그 직에 있었던 자는 직무상 알게 된 비밀을 타인에게 누설하여서는 아니 된다.
③ 누구든지 피해아동·청소년의 주소·성명·연령·학교 또는 직업·용모 등 그 아동·청소년을 특정하여 파악할 수 있는 인적사항이나 사진 등을 신문 등 인쇄물에 싣거나 「방송법」 제2조제1호에 따른 방송(이하 "방송"이라 한다) 또는 정보통신망을 통하여 공개하여서는 아니 된다. 〈개정 2020. 5. 19.〉
④ 제1항부터 제3항까지를 위반한 자는 7년 이하의 징역 또는 5천만원 이하의 벌금에 처한다. 이 경우 징역형과 벌금형은 병과할 수 있다.

제32조(양벌규정) 법인의 대표자나 법인 또는 개인의 대리인, 사용인, 그 밖의 종업원이 그 법인 또는 개인의 업무에 관하여 제14조제3항, 제15조제2항·제3항 또는 제31조제3항의 어느 하나에 해당하는 위반행위를 하면 그 행위자를 벌하는 외에 그 법인 또는 개인에게도 해당 조문의 벌금형을 과(科)하고, 제11조제1항부터 제6항까지, 제12조, 제14조제1항·제2항·제4항 또는 제15조제1항의 어느 하나에 해당하는 위반행위를 하면 그 행위자를 벌하는 외에 그 법인 또는 개인을 5천만원 이하의 벌금에 처한다. 다만, 법인 또는 개인이 그 위반행위를 방지하기 위하여 해당 업무에 관하여 상당한 주의와 감독을 게을리하지 아니한 경우에는 그러하지 아니하다. 〈개정 2023. 4. 11.〉

제33조(내국인의 국외범 처벌) 국가는 국민이 대한민국 영역 외에서 아동·청소년대상 성범죄를 범하여 「형법」 제3조에 따라 형사처벌하여야 할 경우에는 외국으로부터 범죄정보를 신속히 입수하여 처벌하도록 노력하여야 한다.

제3장 아동·청소년대상 성범죄의 신고·응급조치와 피해아동·청소년의 보호·지원

〈개정 2020. 5. 19.〉

제34조(아동·청소년대상 성범죄의 신고) ① 누구든지 아동·청소년대상 성범죄의 발생 사실을 알게 된 때에는 수사기관에 신고할 수 있다.
② 다음 각 호의 어느 하나에 해당하는 기관·시설 또는 단체의 장과 그 종사자는

직무상 아동·청소년대상 성범죄의 발생 사실을 알게 된 때에는 즉시 수사기관에 신고하여야 한다. 〈개정 2014. 1. 21., 2018. 1. 16., 2019. 11. 26., 2020. 12. 8., 2023. 4. 11.〉
1. 「유아교육법」 제2조제2호의 유치원
2. 「초·중등교육법」 제2조의 학교, 같은 법 제28조와 같은 법 시행령 제54조에 따른 위탁 교육기관 및 「고등교육법」 제2조의 학교
2의2. 특별시·광역시·특별자치시·도·특별자치도 교육청 또는 「지방교육자치에 관한 법률」 제34조에 따른 교육지원청이 「초·중등교육법」 제28조에 따라 직접 설치·운영하거나 위탁하여 운영하는 학생상담지원시설 또는 위탁 교육시설
2의3. 「제주특별자치도 설치 및 국제자유도시 조성을 위한 특별법」 제223조에 따라 설립된 국제학교
3. 「의료법」 제3조의 의료기관
4. 「아동복지법」 제3조제10호의 아동복지시설 및 같은 법 제37조에 따른 통합서비스 수행기관
5. 「장애인복지법」 제58조의 장애인복지시설
6. 「영유아보육법」 제2조제3호의 어린이집, 같은 법 제7조에 따른 육아종합지원센터 및 같은 법 제26조의2에 따른 시간제보육서비스지정기관
7. 「학원의 설립·운영 및 과외교습에 관한 법률」 제2조제1호의 학원 및 같은 조 제2호의 교습소
8. 「성매매방지 및 피해자보호 등에 관한 법률」 제9조의 성매매피해자등을 위한 지원시설 및 같은 법 제17조의 성매매피해상담소
9. 「한부모가족지원법」 제19조에 따른 한부모가족복지시설
10. 「가정폭력방지 및 피해자보호 등에 관한 법률」 제5조의 가정폭력 관련 상담소 및 같은 법 제7조의 가정폭력피해자 보호시설
11. 「성폭력방지 및 피해자보호 등에 관한 법률」 제10조의 성폭력피해상담소 및 같은 법 제12조의 성폭력피해자보호시설
12. 「청소년활동 진흥법」 제2조제2호의 청소년활동시설
13. 「청소년복지 지원법」 제29조제1항에 따른 청소년상담복지센터 및 같은 법 제31조제1호에 따른 청소년쉼터
13의2. 「학교 밖 청소년 지원에 관한 법률」 제12조에 따른 학교 밖 청소년 지원센터
14. 「청소년 보호법」 제35조의 청소년 보호·재활센터
15. 「국민체육진흥법」 제2조제9호가목 및 나목의 체육단체
16. 「대중문화예술산업발전법」 제2조제7호에 따른 대중문화예술기획업자가 같은 조 제6호에 따른 대중문화예술기획업 중 같은 조 제3호에 따른 대중문화예술인에 대한 훈련·지도·상담 등을 하는 영업장(이하 "대중문화예술기획업소"라 한다)
③ 다른 법률에 규정이 있는 경우를 제외하고는 누구든지 신고자 등의 인적사항이나 사진 등 그 신원을 알 수 있는 정보나 자료를 출판물에 게재하거나 방송 또는 정보통신망을 통하여 공개하여서는 아니 된다.

제35조(신고의무자에 대한 교육) ① 관계 행정기관의 장은 제34조제2항 각 호의 기관·시설 또는 단체의 장과 그 종사자의 자격취득 과정에 아동·청소년대상 성범죄 예

방 및 신고의무와 관련된 교육내용을 포함시켜야 한다.
② 여성가족부장관은 제34조제2항 각 호의 기관·시설 또는 단체의 장과 그 종사자에 대하여 성범죄 예방 및 신고의무와 관련된 교육을 실시할 수 있다.
③ 제2항의 교육에 필요한 사항은 대통령령으로 정한다.

제36조(피해아동·청소년의 보호) 아동·청소년대상 성범죄를 저지른 자가 피해아동·청소년과 「가정폭력범죄의 처벌 등에 관한 특례법」 제2조제2호의 가정구성원인 관계에 있는 경우로서 피해아동·청소년을 보호할 필요가 있는 때에는 같은 법 제5조, 제8조, 제29조 및 제49조부터 제53조까지의 규정을 준용한다.

제37조(피해아동·청소년 등의 상담 및 치료) ① 국가는 피해아동·청소년 등의 신체적·정신적 회복을 위하여 제46조의 상담시설 또는 「성폭력방지 및 피해자보호 등에 관한 법률」 제27조의 성폭력 전담의료기관으로 하여금 다음 각 호의 사람에게 상담이나 치료프로그램(이하 "상담·치료프로그램"이라 한다)을 제공하도록 요청할 수 있다.
   1. 피해아동·청소년
   2. 피해아동·청소년의 보호자 및 형제·자매
   3. 그 밖에 대통령령으로 정하는 사람
② 제1항에 따라 상담·치료프로그램 제공을 요청받은 기관은 정당한 이유 없이 그 요청을 거부할 수 없다.

제38조(성매매 피해아동·청소년에 대한 조치 등) ① 「성매매알선 등 행위의 처벌에 관한 법률」 제21조제1항에도 불구하고 제13조제1항의 죄의 상대방이 된 아동·청소년에 대하여는 보호를 위하여 처벌하지 아니한다. 〈개정 2020. 5. 19.〉
② 검사 또는 사법경찰관은 성매매 피해아동·청소년을 발견한 경우 신속하게 사건을 수사한 후 지체 없이 여성가족부장관 및 제47조의2에 따른 성매매 피해아동·청소년 지원센터를 관할하는 특별시장·광역시장·특별자치시장·도지사·특별자치도지사(이하 "시·도지사"라 한다)에게 통지하여야 한다. 〈개정 2020. 5. 19.〉
③ 여성가족부장관은 제2항에 따른 통지를 받은 경우 해당 성매매 피해아동·청소년에 대하여 다음 각 호의 어느 하나에 해당하는 조치를 하여야 한다. 〈개정 2020. 5. 19.〉
   1. 제45조에 따른 보호시설 또는 제46조에 따른 상담시설과의 연계
   2. 제47조의2에 따른 성매매 피해아동·청소년 지원센터에서 제공하는 교육·상담 및 지원 프로그램 등의 참여
④ 삭제 〈2020. 5. 19.〉

[제목개정 2020. 5. 19.]

제38조의2(아동·청소년대상 디지털 성범죄의 피해확대 방지 및 피해자 보호 등을 위한 조치) ① 사법경찰관리는 아동·청소년성착취물에 대한 신고를 받고 해당 아동·청소년성착취물이 정보통신망을 통하여 게시·상영 또는 유통되고 있다는 사실을 확인한 경우에는 지체 없이 「방송통신위원회의 설치 및 운영에 관한 법률」 제18조에 따른

방송통신심의위원회에 해당 아동·청소년성착취물에 대한 삭제 또는 접속차단 등의 조치를 하여줄 것을 요청하여야 한다. 이 경우 사법경찰관리는 아동·청소년성착취물의 삭제 또는 접속차단 등의 처리절차에 관하여 특별한 사정이 없으면 해당 피해아동·청소년(보호자가 있는 경우에는 그 보호자를 포함한다)에게 안내하여야 한다.

② 사법경찰관리는 제15조의2에 해당하는 위반행위에 대한 신고를 받은 경우 그 위반행위를 하고 있다고 의심될 만한 상당한 이유가 있는 사람에 대하여는 즉시 그 위반행위를 중단할 것을 통보하고, 그 위반행위를 중단하지 아니할 경우 처벌받을 수 있음을 서면으로 경고하여야 한다. 다만, 사법경찰관리가 신분비공개수사 및 신분위장수사가 필요하다고 판단하는 경우에는 그러하지 아니하다.

③ 사법경찰관리는 디지털 성범죄의 피해아동·청소년이 재차 피해를 입을 위험이 현저하여 신변을 보호할 필요가 있다고 인정되는 경우 해당 피해아동·청소년을 제45조에 따른 보호시설 또는 제46조에 따른 상담시설로 인도할 수 있다. 이 경우 그 피해아동·청소년의 동의를 얻어야 한다.

[본조신설 2024. 10. 16.]

제39조 삭제 〈2020. 5. 19.〉

제40조 삭제 〈2020. 5. 19.〉

제41조(피해아동·청소년 등을 위한 조치의 청구) 검사는 성범죄의 피해를 받은 아동·청소년을 위하여 지속적으로 위해의 배제와 보호가 필요하다고 인정하는 경우 법원에 제1호의 보호관찰과 함께 제2호부터 제5호까지의 조치를 청구할 수 있다. 다만, 「전자장치 부착 등에 관한 법률」 제9조의2제1항제2호 및 제3호에 따라 가해자에게 특정지역 출입금지 등의 준수사항을 부과하는 경우에는 그러하지 아니하다. 〈개정 2020. 2. 4., 2020. 12. 8.〉

1. 가해자에 대한 「보호관찰 등에 관한 법률」에 따른 보호관찰
2. 피해를 받은 아동·청소년의 주거 등으로부터 가해자를 분리하거나 퇴거하는 조치
3. 피해를 받은 아동·청소년의 주거, 학교, 유치원 등으로부터 100미터 이내에 가해자 또는 가해자의 대리인의 접근을 금지하는 조치
4. 「전기통신기본법」 제2조제1호의 전기통신이나 우편물을 이용하여 가해자가 피해를 받은 아동·청소년 또는 그 보호자와 접촉을 하는 행위의 금지
5. 제45조에 따른 보호시설에 대한 보호위탁결정 등 피해를 받은 아동·청소년의 보호를 위하여 필요한 조치

제42조(피해아동·청소년 등에 대한 보호처분의 판결 등) ① 법원은 제41조에 따른 보호처분의 청구가 이유 있다고 인정할 때에는 6개월의 범위에서 기간을 정하여 판결로 보호처분을 선고하여야 한다.

② 제41조 각 호의 보호처분은 병과할 수 있다.

③ 검사는 제1항에 따른 보호처분 기간의 연장이 필요하다고 인정하는 경우 법원에

그 기간의 연장을 청구할 수 있다. 이 경우 보호처분 기간의 연장 횟수는 3회 이내로 하고, 연장기간은 각각 6개월 이내로 한다.
④ 보호처분 청구사건의 판결은 아동·청소년대상 성범죄 사건의 판결과 동시에 선고하여야 한다.
⑤ 피해자 또는 법정대리인은 제41조제1호 및 제2호의 보호처분 후 주거 등을 옮긴 때에는 관할 법원에 보호처분 결정의 변경을 신청할 수 있다.
⑥ 법원은 제1항에 따른 보호처분을 결정한 때에는 검사, 피해자, 가해자, 보호관찰관 및 보호처분을 위탁받아 행하는 보호시설의 장에게 각각 통지하여야 한다. 다만, 보호시설이 민간에 의하여 운영되는 기관인 경우에는 그 시설의 장으로부터 수탁에 대한 동의를 받아야 한다.
⑦ 보호처분 결정의 집행에 관하여 필요한 사항은 「가정폭력범죄의 처벌 등에 관한 특례법」 제43조를 준용한다.

제43조(피해아동·청소년 등에 대한 보호처분의 변경과 종결) ① 검사는 제42조에 따른 보호처분에 대하여 그 내용의 변경 또는 종결을 법원에 청구할 수 있다.
② 법원은 제1항에 따른 청구가 있는 경우 해당 보호처분이 피해를 받은 아동·청소년의 보호에 적절한지 여부에 대하여 심사한 후 보호처분의 변경 또는 종결이 필요하다고 인정하는 경우에는 이를 변경 또는 종결하여야 한다.

제44조(가해아동·청소년의 처리) ① 10세 이상 14세 미만의 아동·청소년이 제2조제2호나목 및 다목의 죄와 제7조의 죄를 범한 경우에 수사기관은 신속히 수사하고, 그 사건을 관할 법원 소년부에 송치하여야 한다.
② 14세 이상 16세 미만의 아동·청소년이 제1항의 죄를 범하여 그 사건이 관할 법원 소년부로 송치된 경우 송치받은 법원 소년부 판사는 그 아동·청소년에게 다음 각 호의 어느 하나에 해당하는 보호처분을 할 수 있다.
 1. 「소년법」 제32조제1항 각 호의 보호처분
 2. 「청소년 보호법」 제35조의 청소년 보호·재활센터에 선도보호를 위탁하는 보호처분
③ 사법경찰관은 제1항에 따른 가해아동·청소년을 발견한 경우 특별한 사정이 없으면 그 사실을 가해아동·청소년의 법정대리인 등에게 통지하여야 한다.
④ 판사는 제1항 및 제2항에 따라 관할 법원 소년부에 송치된 가해아동·청소년에 대하여 「소년법」 제32조제1항제4호 또는 제5호의 처분을 하는 경우 재범예방에 필요한 수강명령을 하여야 한다.
⑤ 검사는 가해아동·청소년에 대하여 소년부 송치 여부를 검토한 결과 소년부 송치가 적절하지 아니한 경우 가해아동·청소년으로 하여금 재범예방에 필요한 교육과정이나 상담과정을 마치게 하여야 한다.
⑥ 제5항에 따른 교육과정이나 상담과정에 관하여 필요한 사항은 대통령령으로 정한다.

제45조(보호시설) 「성매매방지 및 피해자보호 등에 관한 법률」 제9조제1항제2호의 청

소년 지원시설, 「청소년복지 지원법」 제29조제1항에 따른 청소년상담복지센터 및 같은 법 제31조제1호에 따른 청소년쉼터 또는 「청소년 보호법」 제35조의 청소년 보호·재활센터는 다음 각 호의 업무를 수행할 수 있다. 〈개정 2020. 5. 19.〉
  1. 제46조제1항 각 호의 업무
  2. 성매매 피해아동·청소년의 보호·자립지원
  3. 장기치료가 필요한 성매매 피해아동·청소년의 다른 기관과의 연계 및 위탁

제46조(상담시설) ① 「성매매방지 및 피해자보호 등에 관한 법률」 제17조의 성매매피해상담소 및 「청소년복지 지원법」 제29조제1항에 따른 청소년상담복지센터는 다음 각 호의 업무를 수행할 수 있다. 〈개정 2020. 5. 19.〉
  1. 제7조부터 제18조까지의 범죄 신고의 접수 및 상담
  2. 성매매 피해아동·청소년과 병원 또는 관련 시설과의 연계 및 위탁
  3. 그 밖에 아동·청소년 성매매 등과 관련한 조사·연구
② 「성폭력방지 및 피해자보호 등에 관한 법률」 제10조의 성폭력피해상담소 및 같은 법 제12조의 성폭력피해자보호시설은 다음 각 호의 업무를 수행할 수 있다. 〈개정 2020. 5. 19.〉
  1. 제7조, 제8조, 제8조의2, 제9조부터 제11조까지 및 제16조의 범죄에 대한 신고의 접수 및 상담
  2. 아동·청소년대상 성폭력범죄로 인하여 정상적인 생활이 어렵거나 그 밖의 사정으로 긴급히 보호를 필요로 하는 피해아동·청소년을 병원이나 성폭력피해자보호시설로 데려다주거나 일시 보호하는 업무
  3. 피해아동·청소년의 신체적·정신적 안정회복과 사회복귀를 돕는 업무
  4. 가해자에 대한 민사상·형사상 소송과 피해배상청구 등의 사법처리절차에 관하여 대한변호사협회·대한법률구조공단 등 관계 기관에 필요한 협조와 지원을 요청하는 업무
  5. 아동·청소년대상 성폭력범죄의 가해아동·청소년과 그 법정대리인에 대한 교육·상담 프로그램의 운영
  6. 아동·청소년 관련 성보호 전문가에 대한 교육
  7. 아동·청소년대상 성폭력범죄의 예방과 방지를 위한 홍보
  8. 아동·청소년대상 성폭력범죄 및 그 피해에 관한 조사·연구
  9. 그 밖에 피해아동·청소년의 보호를 위하여 필요한 업무

제47조(아동·청소년대상 성교육 전문기관의 설치·운영) ① 국가와 지방자치단체는 아동·청소년의 건전한 성가치관 조성과 성범죄 예방을 위하여 아동·청소년대상 성교육 전문기관(이하 "성교육 전문기관"이라 한다)을 설치하거나 해당 업무를 전문단체에 위탁할 수 있다.
② 제1항에 따른 위탁 관련 사항, 성교육 전문기관에 두는 종사자 등 직원의 자격 및 설치기준과 운영에 관하여 필요한 사항은 대통령령으로 정한다.

제47조의2(성매매 피해아동·청소년 지원센터의 설치) ① 여성가족부장관 또는 시·도지사 및 시장·군수·구청장(자치구의 구청장을 말한다. 이하 같다)은 성매매 피해아동·청소년의 보호를 위하여 성매매 피해아동·청소년 지원센터(이하 "성매매 피해아동·청소년 지원센터"라 한다)를 설치·운영할 수 있다.

② 성매매 피해아동·청소년 지원센터는 다음 각 호의 업무를 수행한다.
　1. 제12조부터 제15조까지의 범죄에 대한 신고의 접수 및 상담
　2. 성매매 피해아동·청소년의 교육·상담 및 지원
　3. 성매매 피해아동·청소년을 병원이나 「성매매방지 및 피해자보호 등에 관한 법률」 제9조에 따른 지원시설로 데려다 주거나 일시 보호하는 업무
　4. 성매매 피해아동·청소년의 신체적·정신적 치료·안정회복과 사회복귀를 돕는 업무
　5. 성매매 피해아동·청소년의 법정대리인을 대상으로 한 교육·상담프로그램 운영
　6. 아동·청소년 성매매 등에 관한 조사·연구
　7. 그 밖에 성매매 피해아동·청소년의 보호 및 지원을 위하여 필요한 업무로서 대통령령으로 정하는 업무
③ 국가와 지방자치단체는 제2항에 따른 성매매 피해아동·청소년 지원센터의 업무에 대하여 예산의 범위에서 그 경비의 일부를 보조하여야 한다.
④ 성매매 피해아동·청소년 지원센터의 운영은 여성가족부령으로 정하는 바에 따라 비영리법인 또는 단체에 위탁할 수 있다.

[본조신설 2020. 5. 19.]

제48조 삭제 〈2020. 5. 19.〉

제4장 성범죄로 유죄판결이 확정된 자의 신상정보 공개와 취업제한 등
〈개정 2020. 5. 19.〉

제49조(등록정보의 공개) ① 법원은 다음 각 호의 어느 하나에 해당하는 자에 대하여 판결로 제4항의 공개정보를 「성폭력범죄의 처벌 등에 관한 특례법」 제45조제1항의 등록기간 동안 정보통신망을 이용하여 공개하도록 하는 명령(이하 "공개명령"이라 한다)을 등록대상 사건의 판결과 동시에 선고하여야 한다. 다만, 피고인이 아동·청소년인 경우, 그 밖에 신상정보를 공개하여서는 아니 될 특별한 사정이 있다고 판단하는 경우에는 그러하지 아니하다. 〈개정 2019. 11. 26., 2020. 5. 19.〉
　1. 아동·청소년대상 성범죄를 저지른 자
　2. 「성폭력범죄의 처벌 등에 관한 특례법」 제2조제1항제3호·제4호, 같은 조 제2항(제1항제3호·제4호에 한정한다), 제3조부터 제15조까지의 범죄를 저지른 자
　3. 제1호 또는 제2호의 죄를 범하였으나 「형법」 제10조제1항에 따라 처벌할 수 없는 자로서 제1호 또는 제2호의 죄를 다시 범할 위험성이 있다고 인정되는 자
② 제1항에 따른 등록정보의 공개기간(「형의 실효 등에 관한 법률」 제7조에 따른 기간을 초과하지 못한다)은 판결이 확정된 때부터 기산한다. 〈개정 2016. 5. 29., 2019. 11. 26.〉
③ 다음 각 호의 기간은 제1항에 따른 공개기간에 넣어 계산하지 아니한다. 〈신설 2019. 11. 26.〉
　1. 공개명령을 받은 자(이하 "공개대상자"라 한다)가 신상정보 공개의 원인이 된 성범죄로 교정시설 또는 치료감호시설에 수용된 기간. 이 경우 신상정보 공개의 원인이 된 성범죄와 다른 범죄가 「형법」 제37조(판결이 확정되지 아니한 수개의 죄를 경합범으로 하는 경

우로 한정한다)에 따라 경합되어 같은 법 제38조에 따라 형이 선고된 경우에는 그 선고형 전부를 신상정보 공개의 원인이 된 성범죄로 인한 선고형으로 본다.
2. 제1호에 따른 기간 이전의 기간으로서 제1호에 따른 기간과 이어져 공개대상자가 다른 범죄로 교정시설 또는 치료감호시설에 수용된 기간
3. 제1호에 따른 기간 이후의 기간으로서 제1호에 따른 기간과 이어져 공개대상자가 다른 범죄로 교정시설 또는 치료감호시설에 수용된 기간
④ 제1항에 따라 공개하도록 제공되는 등록정보(이하 "공개정보"라 한다)는 다음 각 호와 같다. 〈개정 2019. 11. 26., 2020. 2. 4., 2020. 12. 8.〉
1. 성명
2. 나이
3. 주소 및 실제거주지(「도로명주소법」 제2조제3호에 따른 도로명 및 같은 조 제5호에 따른 건물번호까지로 한다)
4. 신체정보(키와 몸무게)
5. 사진
6. 등록대상 성범죄 요지(판결일자, 죄명, 선고형량을 포함한다)
7. 성폭력범죄 전과사실(죄명 및 횟수)
8. 「전자장치 부착 등에 관한 법률」에 따른 전자장치 부착 여부
⑤ 공개정보의 구체적인 형태와 내용에 관하여는 대통령령으로 정한다. 〈개정 2019. 11. 26.〉
⑥ 공개정보를 정보통신망을 이용하여 열람하고자 하는 자는 실명인증 절차를 거쳐야 한다. 〈개정 2019. 11. 26.〉
⑦ 실명인증, 공개정보 유출 방지를 위한 기술 및 관리에 관한 구체적인 방법과 절차는 대통령령으로 정한다. 〈개정 2019. 11. 26.〉

제50조(등록정보의 고지) ① 법원은 공개대상자 중 다음 각 호의 어느 하나에 해당하는 자에 대하여 판결로 제49조에 따른 공개명령 기간 동안 제4항에 따른 고지정보를 제5항에 규정된 사람에 대하여 고지하도록 하는 명령(이하 "고지명령"이라 한다)을 등록대상 성범죄 사건의 판결과 동시에 선고하여야 한다. 다만, 피고인이 아동·청소년인 경우, 그 밖에 신상정보를 고지하여서는 아니 될 특별한 사정이 있다고 판단하는 경우에는 그러하지 아니하다. 〈개정 2020. 5. 19.〉
1. 아동·청소년대상 성범죄를 저지른 자
2. 「성폭력범죄의 처벌 등에 관한 특례법」 제2조제1항제3호·제4호, 같은 조 제2항(제1항제3호·제4호에 한정한다), 제3조부터 제15조까지의 범죄를 저지른 자
3. 제1호 또는 제2호의 죄를 범하였으나 「형법」 제10조제1항에 따라 처벌할 수 없는 자로서 제1호 또는 제2호의 죄를 다시 범할 위험성이 있다고 인정되는 자
② 고지명령을 선고받은 자(이하 "고지대상자"라 한다)는 공개명령을 선고받은 자로 본다.
③ 고지명령은 다음 각 호의 기간 내에 하여야 한다.
1. 집행유예를 선고받은 고지대상자는 신상정보 최초 등록일부터 1개월 이내
2. 금고 이상의 실형을 선고받은 고지대상자는 출소 후 거주할 지역에 전입한 날부터 1개월 이내
3. 고지대상자가 다른 지역으로 전출하는 경우에는 변경정보 등록일부터 1개월 이내

④ 제1항에 따라 고지하여야 하는 고지정보는 다음 각 호와 같다. 〈개정 2019. 11. 26.〉
  1. 고지대상자가 이미 거주하고 있거나 전입하는 경우에는 제49조제4항의 공개정보. 다만, 제49조제4항제3호에 따른 주소 및 실제거주지는 상세주소를 포함한다.
  2. 고지대상자가 전출하는 경우에는 제1호의 고지정보와 그 대상자의 전출 정보
⑤ 제4항의 고지정보는 고지대상자가 거주하는 읍·면·동의 아동·청소년이 속한 세대의 세대주와 다음 각 호의 자에게 고지한다. 〈개정 2014. 1. 21., 2023. 4. 11.〉
  1. 「영유아보육법」에 따른 어린이집의 원장 및 육아종합지원센터·시간제보육서비스지정기관의 장
  2. 「유아교육법」에 따른 유치원의 장
  3. 「초·중등교육법」 제2조에 따른 학교의 장
  4. 읍·면사무소와 동 주민센터의 장(경계를 같이 하는 읍·면 또는 동을 포함한다)
  5. 「학원의 설립·운영 및 과외교습에 관한 법률」 제2조제2호에 따른 교습소의 장, 같은 조 제3호에 따른 개인과외교습자 및 제2조의2에 따른 학교교과교습학원의 장
  6. 「아동복지법」 제52조제1항에 따른 아동복지시설 중 다음 각 목의 시설의 장
      가. 아동양육시설
      나. 아동일시보호시설
      다. 아동보호치료시설
      라. 공동생활가정
      마. 지역아동센터
  7. 「청소년복지 지원법」 제31조에 따른 청소년복지시설의 장
  8. 「청소년활동 진흥법」 제10조제1호에 따른 청소년수련시설의 장

제51조(고지명령의 집행) ① 고지명령의 집행은 여성가족부장관이 한다.
② 법원은 고지명령의 판결이 확정되면 판결문 등본을 판결이 확정된 날부터 14일 이내에 법무부장관에게 송달하여야 하며, 법무부장관은 제50조제3항에 따른 기간 내에 고지명령이 집행될 수 있도록 최초등록 및 변경등록 시 고지대상자, 고지기간 및 같은 조 제4항 각 호에 규정된 고지정보를 지체 없이 여성가족부장관에게 송부하여야 한다.
③ 법무부장관은 고지대상자가 출소하는 경우 출소 1개월 전까지 다음 각 호의 정보를 여성가족부장관에게 송부하여야 한다.
  1. 고지대상자의 출소 예정일
  2. 고지대상자의 출소 후 거주지 상세주소
④ 여성가족부장관은 제50조제4항에 따른 고지정보를 관할구역에 거주하는 아동·청소년이 속한 세대의 세대주와 다음 각 호의 자에게 우편·이동통신단말장치 등 여성가족부령으로 정하는 바에 따라 송부하고, 읍·면 사무소 또는 동(경계를 같이 하는 읍·면 또는 동을 포함한다) 주민센터 게시판에 30일간 게시하는 방법으로 고지명령을 집행한다. 〈개정 2014. 1. 21., 2023. 4. 11.〉
  1. 「영유아보육법」에 따른 어린이집의 원장 및 육아종합지원센터·시간제보육서비스지정기관의 장
  2. 「유아교육법」에 따른 유치원의 장
  3. 「초·중등교육법」 제2조에 따른 학교의 장

4. 읍·면사무소와 동 주민센터의 장(경계를 같이 하는 읍·면 또는 동을 포함한다)
5. 「학원의 설립·운영 및 과외교습에 관한 법률」 제2조제2호에 따른 교습소의 장, 제2조제3호에 따른 개인과외교습자 및 제2조의2에 따른 학교교과교습학원의 장
6. 「아동복지법」 제52조제1항에 따른 아동복지시설 중 다음 각 목의 시설의 장
    가. 아동양육시설
    나. 아동일시보호시설
    다. 아동보호치료시설
    라. 공동생활가정
    마. 지역아동센터
7. 「청소년복지 지원법」 제31조에 따른 청소년복지시설의 장
8. 「청소년활동 진흥법」 제10조제1호에 따른 청소년수련시설의 장

⑤ 여성가족부장관은 제4항에 따른 고지명령의 집행 이후 관할구역에 출생신고·입양신고·전입신고가 된 아동·청소년이 속한 세대의 세대주와 관할구역에 설립·설치된 다음 각 호의 자로서 고지대상자의 고지정보를 송부받지 못한 자에 대하여 제50조제4항에 따른 고지정보를 우편·이동통신단말장치 등 여성가족부령으로 정하는 바에 따라 송부한다. 〈개정 2014. 1. 21., 2023. 4. 11.〉
1. 「영유아보육법」에 따른 어린이집의 원장 및 육아종합지원센터·시간제보육서비스지정기관의 장
2. 「유아교육법」에 따른 유치원의 장
3. 「초·중등교육법」 제2조에 따른 학교의 장
4. 「학원의 설립·운영 및 과외교습에 관한 법률」 제2조제2호에 따른 교습소의 장, 제2조제3호에 따른 개인과외교습자 및 제2조의2에 따른 학교교과교습학원의 장
5. 「아동복지법」 제52조제1항에 따른 아동복지시설 중 다음 각 목의 시설의 장
    가. 아동양육시설
    나. 아동일시보호시설
    다. 아동보호치료시설
    라. 공동생활가정
    마. 지역아동센터ㄴ
6. 「청소년복지 지원법」 제31조에 따른 청소년복지시설의 장
7. 「청소년활동 진흥법」 제10조제1호에 따른 청소년수련시설의 장

⑥ 여성가족부장관은 고지명령의 집행에 관한 업무 중 제4항 및 제5항에 따른 송부 및 게시판 게시 업무를 고지대상자가 실제 거주하는 읍·면사무소의 장 또는 동 주민센터의 장에게 위임할 수 있다. 〈개정 2023. 4. 11.〉
⑦ 제6항에 따른 위임을 받은 읍·면사무소의 장 또는 동 주민센터의 장은 송부 및 게시판 게시 업무를 집행하여야 한다. 〈개정 2023. 4. 11.〉
⑧ 삭제 〈2023. 4. 11.〉
⑨ 고지명령의 집행 및 고지절차 등에 필요한 사항은 여성가족부령으로 정한다.

제51조의2 삭제 〈2023. 4. 11.〉

제52조(공개명령의 집행) ① 공개명령은 여성가족부장관이 정보통신망을 이용하여 집행한다.
② 법원은 공개명령의 판결이 확정되면 판결문 등본을 판결이 확정된 날부터 14일 이내에 법무부장관에게 송달하여야 하며, 법무부장관은 제49조제2항에 따른 공개기간 동안 공개명령이 집행될 수 있도록 최초등록 및 변경등록 시 공개대상자, 공개기간 및 같은 조 제4항 각 호에 규정된 공개정보를 지체 없이 여성가족부장관에게 송부하여야 한다. 〈개정 2019. 11. 26.〉
③ 공개명령의 집행·공개절차·관리 등에 관한 세부사항은 대통령령으로 정한다.

제52조의2(고지정보 및 공개정보의 정정 등) ① 누구든지 제51조에 따라 집행된 고지정보 또는 제52조에 따라 집행된 공개정보에 오류가 있음을 발견한 경우 여성가족부장관에게 그 정정을 요청할 수 있다.
② 여성가족부장관은 제1항에 따른 정정 요청을 받은 경우 법무부장관에게 그 사실을 통보하고, 법무부장관은 해당 정보의 진위와 변경 여부를 확인하기 위하여 고지대상자 또는 공개대상자의 주소지를 관할하는 경찰서의 장에게 직접 대면 등의 방법으로 진위와 변경 여부를 확인하도록 요구할 수 있다.
③ 법무부장관은 제2항에 따라 고지정보 또는 공개정보에 오류가 있음을 확인한 경우 대통령령으로 정하는 바에 따라 변경정보를 등록한 후 여성가족부장관에게 그 결과를 송부하고, 여성가족부장관은 제51조제4항 또는 같은 조 제5항에 따른 방법으로 집행된 고지정보 나 제52조제1항에 따른 방법으로 집행된 공개정보에 정정 사항이 있음을 알려야 한다.
④ 여성가족부장관은 제3항에 따른 처리 결과를 제1항에 따라 고지정보 또는 공개정보의 정정을 요청한 자에게 알려야 한다.
⑤ 제1항에 따른 고지정보 또는 공개정보의 정정 요청의 방법 및 절차, 제2항에 따른 법무부장관에 대한 통보, 조회 또는 정보 제공의 요청, 확인 요구 방법 및 절차, 제4항에 따른 처리 결과 통지 방법 등에 필요한 사항은 대통령령으로 정한다.

[본조신설 2023. 4. 11.]

제53조(계도 및 범죄정보의 공표) ① 여성가족부장관은 아동·청소년대상 성범죄의 발생추세와 동향, 그 밖에 계도에 필요한 사항을 연 2회 이상 공표하여야 한다.
② 여성가족부장관은 제1항에 따른 성범죄 동향 분석 등을 위하여 성범죄로 유죄판결이 확정된 자에 대한 자료를 관계 행정기관에 요청할 수 있다.

제53조의2(아동·청소년성착취물 관련 범죄 실태조사) ① 여성가족부장관은 아동·청소년성착취물과 관련한 범죄 예방과 재발 방지 등을 위하여 정기적으로 아동·청소년성착취물 관련 범죄에 대한 실태조사를 하여야 한다.
② 제1항에 따른 실태조사의 주기, 방법과 내용 등에 관하여 필요한 사항은 여성가족부령으로 정한다.

[본조신설 2020. 12. 8.]

제54조(비밀준수) 등록대상 성범죄자의 신상정보의 공개 및 고지 업무에 종사하거나 종사하였던 자는 직무상 알게 된 등록정보를 누설하여서는 아니 된다.

제55조(공개정보의 악용금지) ① 공개정보는 아동·청소년 등을 등록대상 성범죄로부터 보호하기 위하여 성범죄 우려가 있는 자를 확인할 목적으로만 사용되어야 한다.
② 공개정보를 확인한 자는 공개정보를 활용하여 다음 각 호의 행위를 하여서는 아니 된다.
  1. 신문·잡지 등 출판물, 방송 또는 정보통신망을 이용한 공개
  2. 공개정보의 수정 또는 삭제
③ 공개정보를 확인한 자는 공개정보를 등록대상 성범죄로부터 보호할 목적 외에 다음 각 호와 관련된 목적으로 사용하여 공개대상자를 차별하여서는 아니 된다. 〈개정 2018. 1. 16.〉
  1. 고용(제56조제1항의 아동·청소년 관련기관등에의 고용은 제외한다)
  2. 주택 또는 사회복지시설의 이용
  3. 교육기관의 교육 및 직업훈련

제56조(아동·청소년 관련기관등에의 취업제한 등) ① 법원은 아동·청소년대상 성범죄 또는 성인대상 성범죄(이하 "성범죄"라 한다)로 형 또는 치료감호를 선고하는 경우에는 판결(약식명령을 포함한다. 이하 같다)로 그 형 또는 치료감호의 전부 또는 일부의 집행을 종료하거나 집행이 유예·면제된 날(벌금형을 선고받은 경우에는 그 형이 확정된 날)부터 일정기간(이하 "취업제한 기간"이라 한다) 동안 다음 각 호에 따른 시설·기관 또는 사업장(이하 "아동·청소년 관련기관등"이라 한다)을 운영하거나 아동·청소년 관련기관등에 취업 또는 사실상 노무를 제공할 수 없도록 하는 명령(이하 "취업제한 명령"이라 한다)을 성범죄 사건의 판결과 동시에 선고(약식명령의 경우에는 고지)하여야 한다. 다만, 재범의 위험성이 현저히 낮은 경우, 그 밖에 취업을 제한하여서는 아니 되는 특별한 사정이 있다고 판단하는 경우에는 그러하지 아니한다. 〈개정 2013. 3. 23., 2014. 1. 21., 2016. 1. 19., 2016. 5. 29., 2018. 1. 16., 2018. 3. 13., 2019. 11. 26., 2020. 6. 2., 2020. 12. 8., 2021. 1. 12., 2023. 4. 11.〉
  1. 「유아교육법」 제2조제2호의 유치원
  2. 「초·중등교육법」 제2조의 학교, 같은 법 제28조와 같은 법 시행령 제54조에 따른 위탁교육기관 및 「고등교육법」 제2조의 학교
  2의2. 특별시·광역시·특별자치시·도·특별자치도 교육청 또는 「지방교육자치에 관한 법률」 제34조에 따른 교육지원청이 「초·중등교육법」 제28조에 따라 직접 설치·운영하거나 위탁하여 운영하는 학생상담지원시설 또는 위탁 교육시설
  2의3. 「제주특별자치도 설치 및 국제자유도시 조성을 위한 특별법」 제223조에 따라 설립된 국제학교
  3. 「학원의 설립·운영 및 과외교습에 관한 법률」 제2조제1호의 학원, 같은 조 제2호의 교습소 및 같은 조 제3호의 개인과외교습자(아동·청소년의 이용이 제한되지 아니하는 학

원·교습소로서 교육부장관이 지정하는 학원·교습소 및 아동·청소년을 대상으로 하는 개인과외교습자를 말한다)
4. 「청소년 보호법」 제35조의 청소년 보호·재활센터
5. 「청소년활동 진흥법」 제2조제2호의 청소년활동시설
6. 「청소년복지 지원법」 제29조제1항에 따른 청소년상담복지센터, 같은 법 제30조제1항에 따른 이주배경청소년지원센터 및 같은 법 제31조에 따른 청소년복지시설
6의2. 「학교 밖 청소년 지원에 관한 법률」 제12조의 학교 밖 청소년 지원센터
7. 「영유아보육법」 제2조제3호의 어린이집, 같은 법 제7조에 따른 육아종합지원센터 및 같은 법 제26조의2에 따른 시간제보육서비스지정기관
8. 「아동복지법」 제3조제10호의 아동복지시설, 같은 법 제37조에 따른 통합서비스 수행기관 및 같은 법 제44조의2에 따른 다함께돌봄센터
9. 「성매매방지 및 피해자보호 등에 관한 법률」 제9조의 성매매피해자등을 위한 지원시설 및 같은 법 제17조의 성매매피해상담소
9의2. 성교육 전문기관 및 성매매 피해아동·청소년 지원센터
10. 「주택법」 제2조제3호의 공동주택의 관리사무소. 이 경우 경비업무에 직접 종사하는 사람에 한정한다.
11. 「체육시설의 설치·이용에 관한 법률」 제3조에 따라 설립된 체육시설 중 아동·청소년의 이용이 제한되지 아니하는 체육시설로서 문화체육관광부장관이 지정하는 체육시설
12. 「의료법」 제3조의 의료기관(같은 법 제2조의 의료인, 같은 법 제80조의 간호조무사 및 「의료기사 등에 관한 법률」 제2조의 의료기사로 한정한다)
13. 「게임산업진흥에 관한 법률」에 따른 다음 각 목의 영업을 하는 사업장
 가. 「게임산업진흥에 관한 법률」 제2조제7호의 인터넷컴퓨터게임시설제공업
 나. 「게임산업진흥에 관한 법률」 제2조제8호의 복합유통게임제공업
14. 「경비업법」 제2조제1호의 경비업을 행하는 법인. 이 경우 경비업무에 직접 종사하는 사람에 한정한다.
15. 영리의 목적으로 「청소년기본법」 제3조제3호의 청소년활동의 기획·주관·운영을 하는 사업장(이하 "청소년활동기획업소"라 한다)
16. 대중문화예술기획업소
17. 아동·청소년의 고용 또는 출입이 허용되는 다음 각 목의 어느 하나에 해당하는 기관·시설 또는 사업장(이하 이 호에서 "시설등"이라 한다)으로서 대통령령으로 정하는 유형의 시설등
 가. 아동·청소년과 해당 시설등의 운영자·근로자 또는 사실상 노무 제공자 사이에 업무상 또는 사실상 위력 관계가 존재하거나 존재할 개연성이 있는 시설등
 나. 아동·청소년이 선호하거나 자주 출입하는 시설등으로서 해당 시설등의 운영 과정에서 운영자·근로자 또는 사실상 노무 제공자에 의한 아동·청소년대상 성범죄의 발생이 우려되는 시설등
18. 가정을 방문하거나 아동·청소년이 찾아오는 방식 등으로 아동·청소년에게 직접교육서비스를 제공하는 사람을 모집하거나 채용하는 사업장(이하 "가정방문 등 학습교사 사업장"이라 한다). 이 경우 아동·청소년에게 직접교육서비스를 제공하는 업무에 종사하는 사람에 한정한다.
19. 「장애인 등에 대한 특수교육법」 제11조의 특수교육지원센터 및 같은 법 제28조에 따라

특수교육 관련서비스를 제공하는 기관·단체
20. 「지방자치법」 제161조에 따른 공공시설 중 아동·청소년이 이용하는 시설로서 행정안전부장관이 지정하는 공공시설
21. 「지방교육자치에 관한 법률」 제32조에 따른 교육기관 중 아동·청소년을 대상으로 하는 교육기관
22. 「어린이 식생활안전관리 특별법」 제21조제1항의 어린이급식관리지원센터
23. 「아이돌봄 지원법」 제11조에 따른 서비스제공기관
24. 「건강가정기본법」 제35조에 따른 건강가정지원센터
25. 「다문화가족지원법」 제12조에 따른 다문화가족지원센터

② 제1항에 따른 취업제한 기간은 10년을 초과하지 못한다. 〈신설 2018. 1. 16.〉
③ 법원은 제1항에 따라 취업제한 명령을 선고하려는 경우에는 정신건강의학과 의사, 심리학자, 사회복지학자, 그 밖의 관련 전문가로부터 취업제한 명령 대상자의 재범 위험성 등에 관한 의견을 들을 수 있다. 〈신설 2018. 1. 16.〉
④ 제1항 각 호(제10호는 제외한다)의 아동·청소년 관련기관등의 설치 또는 설립인가·신고를 관할하는 지방자치단체의 장, 교육감 또는 교육장은 아동·청소년 관련기관등을 운영하려는 자에 대한 성범죄 경력 조회를 관계 기관의 장에게 요청하여야 한다. 다만, 아동·청소년 관련기관등을 운영하려는 자가 성범죄 경력 조회 회신서를 지방자치단체의 장, 교육감 또는 교육장에게 직접 제출한 경우에는 성범죄 경력 조회를 한 것으로 본다. 〈개정 2016. 5. 29., 2018. 1. 16.〉
⑤ 아동·청소년 관련기관등의 장은 그 기관에 취업 중이거나 사실상 노무를 제공 중인 자 또는 취업하려 하거나 사실상 노무를 제공하려는 자(이하 "취업자등"이라 한다)에 대하여 성범죄의 경력을 확인하여야 하며, 이 경우 본인의 동의를 받아 관계 기관의 장에게 성범죄의 경력 조회를 요청하여야 한다. 다만, 취업자등이 성범죄 경력 조회 회신서를 아동·청소년 관련기관등의 장에게 직접 제출한 경우에는 성범죄 경력 조회를 한 것으로 본다. 〈개정 2016. 5. 29., 2018. 1. 16.〉
⑥ 제4항 및 제5항에 따라 성범죄 경력 조회 요청을 받은 관계 기관의 장은 성범죄 경력 조회 회신서를 발급하여야 한다. 〈신설 2016. 5. 29., 2018. 1. 16.〉
⑦ 제1항제7호의 육아종합지원센터 및 같은 항 제22호의 어린이급식관리지원센터의 장이 제5항에 따라 취업자등에 대하여 성범죄 경력 조회를 한 경우, 그 취업자등이 직무를 집행함에 있어서 다른 아동·청소년 관련기관등에 사실상 노무를 제공하는 경우에는 제5항에도 불구하고 다른 아동·청소년 관련기관등의 장이 성범죄 경력 조회를 한 것으로 본다. 〈신설 2019. 11. 26., 2023. 4. 11.〉
⑧ 제5항에도 불구하고 교육감 또는 교육장은 다음 각 호의 아동·청소년 관련기관등의 취업자등에 대하여는 본인의 동의를 받아 성범죄의 경력을 확인할 수 있다. 이 경우 아동·청소년 관련기관등의 장이 성범죄 경력 조회를 한 것으로 본다. 〈신설 2023. 4. 11.〉
  1. 제1항제1호의 유치원

2. 제1항제2호의 학교 및 위탁 교육기관
   3. 제1항제2호의2의 학생상담지원시설 및 위탁 교육시설
   4. 제1항제19호의 특수교육지원센터 및 특수교육 관련서비스를 제공하는 기관·단체
   5. 제1항제21호의 아동·청소년을 대상으로 하는 교육기관
⑨ 제4항부터 제6항까지에 따른 성범죄경력 조회의 요청 절차·범위 등에 관하여 필요한 사항은 대통령령으로 정한다. 〈개정 2016. 5. 29., 2018. 1. 16., 2019. 11. 26., 2023. 4. 11.〉

[제목개정 2018. 1. 16.]

제56조(아동·청소년 관련기관등에의 취업제한 등) ① 법원은 아동·청소년대상 성범죄 또는 성인대상 성범죄(이하 "성범죄"라 한다)로 형 또는 치료감호를 선고하는 경우에는 판결(약식명령을 포함한다. 이하 같다)로 그 형 또는 치료감호의 전부 또는 일부의 집행을 종료하거나 집행이 유예·면제된 날(벌금형을 선고받은 경우에는 그 형이 확정된 날)부터 일정기간(이하 "취업제한 기간"이라 한다) 동안 다음 각 호에 따른 시설·기관 또는 사업장(이하 "아동·청소년 관련기관등"이라 한다)을 운영하거나 아동·청소년 관련기관등에 취업 또는 사실상 노무를 제공할 수 없도록 하는 명령(이하 "취업제한 명령"이라 한다)을 성범죄 사건의 판결과 동시에 선고(약식명령의 경우에는 고지)하여야 한다. 다만, 재범의 위험성이 현저히 낮은 경우, 그 밖에 취업을 제한하여서는 아니 되는 특별한 사정이 있다고 판단하는 경우에는 그러하지 아니한다. 〈개정 2013. 3. 23., 2014. 1. 21., 2016. 1. 19., 2016. 5. 29., 2018. 1. 16., 2018. 3. 13., 2019. 11. 26., 2020. 6. 2., 2020. 12. 8., 2021. 1. 12., 2023. 4. 11., 2024. 9. 20.〉
   1. 「유아교육법」 제2조제2호의 유치원
   2. 「초·중등교육법」 제2조의 학교, 같은 법 제28조와 같은 법 시행령 제54조에 따른 위탁 교육기관 및 「고등교육법」 제2조의 학교
   2의2. 특별시·광역시·특별자치시·도·특별자치도 교육청 또는 「지방교육자치에 관한 법률」 제34조에 따른 교육지원청이 「초·중등교육법」 제28조에 따라 직접 설치·운영하거나 위탁하여 운영하는 학생상담지원시설 또는 위탁 교육시설
   2의3. 「제주특별자치도 설치 및 국제자유도시 조성을 위한 특별법」 제223조에 따라 설립된 국제학교
   3. 「학원의 설립·운영 및 과외교습에 관한 법률」 제2조제1호의 학원, 같은 조 제2호의 교습소 및 같은 조 제3호의 개인과외교습자(아동·청소년의 이용이 제한되지 아니하는 학원·교습소로서 교육부장관이 지정하는 학원·교습소 및 아동·청소년을 대상으로 하는 개인과외교습자를 말한다)
   4. 「청소년 보호법」 제35조의 청소년 보호·재활센터
   5. 「청소년활동 진흥법」 제2조제2호의 청소년활동시설
   6. 「청소년복지 지원법」 제29조제1항에 따른 청소년상담복지센터, 같은 법 제30조제1항에 따른 이주배경청소년지원센터 및 같은 법 제31조에 따른 청소년복지시설
   6의2. 「학교 밖 청소년 지원에 관한 법률」 제12조의 학교 밖 청소년 지원센터
   7. 「영유아보육법」 제2조제3호의 어린이집, 같은 법 제7조에 따른 육아종합지원센터 및 같

은 법 제26조의2에 따른 시간제보육서비스지정기관
8. 「아동복지법」 제3조제10호의 아동복지시설, 같은 법 제37조에 따른 통합서비스 수행기관 및 같은 법 제44조의2에 따른 다함께돌봄센터
9. 「성매매방지 및 피해자보호 등에 관한 법률」 제9조의 성매매피해자등을 위한 지원시설 및 같은 법 제17조의 성매매피해상담소
9의2. 성교육 전문기관 및 성매매 피해아동·청소년 지원센터
10. 「주택법」 제2조제3호의 공동주택의 관리사무소. 이 경우 경비업무에 직접 종사하는 사람에 한정한다.
11. 「체육시설의 설치·이용에 관한 법률」 제3조에 따라 설립된 체육시설 중 아동·청소년의 이용이 제한되지 아니하는 체육시설로서 문화체육관광부장관이 지정하는 체육시설
12. 「의료법」 제3조의 의료기관(같은 법 제2조의 의사·치과의사·한의사·조산사, 「간호법」 제2조의 간호사·간호조무사 및 「의료기사 등에 관한 법률」 제2조의 의료기사로 한정한다)
13. 「게임산업진흥에 관한 법률」에 따른 다음 각 목의 영업을 하는 사업장
    가. 「게임산업진흥에 관한 법률」 제2조제7호의 인터넷컴퓨터게임시설제공업
    나. 「게임산업진흥에 관한 법률」 제2조제8호의 복합유통게임제공업
14. 「경비업법」 제2조제1호의 경비업을 행하는 법인. 이 경우 경비업무에 직접 종사하는 사람에 한정한다.
15. 영리의 목적으로 「청소년기본법」 제3조제3호의 청소년활동의 기획·주관·운영을 하는 사업장(이하 "청소년활동기획업소"라 한다)
16. 대중문화예술기획업소
17. 아동·청소년의 고용 또는 출입이 허용되는 다음 각 목의 어느 하나에 해당하는 기관·시설 또는 사업장(이하 이 호에서 "시설등"이라 한다)으로서 대통령령으로 정하는 유형의 시설등
    가. 아동·청소년과 해당 시설등의 운영자·근로자 또는 사실상 노무 제공자 사이에 업무상 또는 사실상 위력 관계가 존재하거나 존재할 개연성이 있는 시설등
    나. 아동·청소년이 선호하거나 자주 출입하는 시설등으로서 해당 시설등의 운영 과정에서 운영자·근로자 또는 사실상 노무 제공자에 의한 아동·청소년대상 성범죄의 발생이 우려되는 시설등
18. 가정을 방문하거나 아동·청소년이 찾아오는 방식 등으로 아동·청소년에게 직접교육서비스를 제공하는 사람을 모집하거나 채용하는 사업장(이하 "가정방문 등 학습교사 사업장"이라 한다). 이 경우 아동·청소년에게 직접교육서비스를 제공하는 업무에 종사하는 사람에 한정한다.
19. 「장애인 등에 대한 특수교육법」 제11조의 특수교육지원센터 및 같은 법 제28조에 따라 특수교육 관련서비스를 제공하는 기관·단체
20. 「지방자치법」 제161조에 따른 공공시설 중 아동·청소년이 이용하는 시설로서 행정안전부장관이 지정하는 공공시설
21. 「지방교육자치에 관한 법률」 제32조에 따른 교육기관 중 아동·청소년을 대상으로 하는 교육기관
22. 「어린이 식생활안전관리 특별법」 제21조제1항의 어린이급식관리지원센터
23. 「아이돌봄 지원법」 제11조에 따른 서비스제공기관

24. 「건강가정기본법」 제35조에 따른 건강가정지원센터
25. 「다문화가족지원법」 제12조에 따른 다문화가족지원센터
② 제1항에 따른 취업제한 기간은 10년을 초과하지 못한다. 〈신설 2018. 1. 16.〉
③ 법원은 제1항에 따라 취업제한 명령을 선고하려는 경우에는 정신건강의학과 의사, 심리학자, 사회복지학자, 그 밖의 관련 전문가로부터 취업제한 명령 대상자의 재범 위험성 등에 관한 의견을 들을 수 있다. 〈신설 2018. 1. 16.〉
④ 제1항 각 호(제10호는 제외한다)의 아동ㆍ청소년 관련기관등의 설치 또는 설립인가ㆍ신고를 관할하는 지방자치단체의 장, 교육감 또는 교육장은 아동ㆍ청소년 관련기관등을 운영하려는 자에 대한 성범죄 경력 조회를 관계 기관의 장에게 요청하여야 한다. 다만, 아동ㆍ청소년 관련기관등을 운영하려는 자가 성범죄 경력 조회 회신서를 지방자치단체의 장, 교육감 또는 교육장에게 직접 제출한 경우에는 성범죄 경력 조회를 한 것으로 본다. 〈개정 2016. 5. 29., 2018. 1. 16.〉
⑤ 아동ㆍ청소년 관련기관등의 장은 그 기관에 취업 중이거나 사실상 노무를 제공 중인 자 또는 취업하려 하거나 사실상 노무를 제공하려는 자(이하 "취업자등"이라 한다)에 대하여 성범죄의 경력을 확인하여야 하며, 이 경우 본인의 동의를 받아 관계 기관의 장에게 성범죄의 경력 조회를 요청하여야 한다. 다만, 취업자등이 성범죄 경력 조회 회신서를 아동ㆍ청소년 관련기관등의 장에게 직접 제출한 경우에는 성범죄 경력 조회를 한 것으로 본다. 〈개정 2016. 5. 29., 2018. 1. 16.〉
⑥ 제4항 및 제5항에 따라 성범죄 경력 조회 요청을 받은 관계 기관의 장은 성범죄 경력 조회 회신서를 발급하여야 한다. 〈신설 2016. 5. 29., 2018. 1. 16.〉
⑦ 제1항제7호의 육아종합지원센터 및 같은 항 제22호의 어린이급식관리지원센터의 장이 제5항에 따라 취업자등에 대하여 성범죄 경력 조회를 한 경우, 그 취업자등이 직무를 집행함에 있어서 다른 아동ㆍ청소년 관련기관등에 사실상 노무를 제공하는 경우에는 제5항에도 불구하고 다른 아동ㆍ청소년 관련기관등의 장이 성범죄 경력 조회를 한 것으로 본다. 〈신설 2019. 11. 26., 2023. 4. 11.〉
⑧ 제5항에도 불구하고 교육감 또는 교육장은 다음 각 호의 아동ㆍ청소년 관련기관등의 취업자등에 대하여는 본인의 동의를 받아 성범죄의 경력을 확인할 수 있다. 이 경우 아동ㆍ청소년 관련기관등의 장이 성범죄 경력 조회를 한 것으로 본다. 〈신설 2023. 4. 11.〉
  1. 제1항제1호의 유치원
  2. 제1항제2호의 학교 및 위탁 교육기관
  3. 제1항제2호의2의 학생상담지원시설 및 위탁 교육시설
  4. 제1항제19호의 특수교육지원센터 및 특수교육 관련서비스를 제공하는 기관ㆍ단체
  5. 제1항제21호의 아동ㆍ청소년을 대상으로 하는 교육기관
⑨ 제4항부터 제6항까지에 따른 성범죄경력 조회의 요청 절차ㆍ범위 등에 관하여 필요한 사항은 대통령령으로 정한다. 〈개정 2016. 5. 29., 2018. 1. 16., 2019. 11. 26.,

2023. 4. 11.〉

[제목개정 2018. 1. 16.]

제57조(성범죄의 경력자 점검·확인) ① 여성가족부장관 또는 관계 중앙행정기관의 장은 다음 각 호의 구분에 따라 성범죄로 취업제한 명령을 선고받은 자가 아동·청소년 관련기관등을 운영하거나 아동·청소년 관련기관등에 취업 또는 사실상 노무를 제공하고 있는지를 직접 또는 관계 기관 조회 등의 방법으로 연 1회 이상 점검·확인하여야 한다. 〈개정 2023. 4. 11.〉
  1. 교육부장관: 제56조제1항제2호의 기관 중 「고등교육법」 제2조의 학교
  2. 행정안전부장관: 제56조제1항제20호의 공공시설
  3. 여성가족부장관: 제56조제1항제4호의 청소년 보호·재활센터, 같은 항 제6호의 이주배경청소년지원센터 및 같은 항 제18호의 가정방문 등 학습교사 사업장
  4. 삭제 〈2023. 4. 11.〉
  5. 경찰청장: 제56조제1항제14호의 경비업을 행하는 법인
② 제1항 각 호에 해당하지 아니하는 아동·청소년 관련기관등으로서 교육부, 행정안전부, 문화체육관광부, 보건복지부, 여성가족부, 국토교통부 등 관계 중앙행정기관이 설치하여 운영하는 아동·청소년 관련기관등의 경우에는 해당 중앙행정기관의 장이 제1항에 따른 점검·확인을 하여야 한다.
③ 시·도지사 또는 시장·군수·구청장은 성범죄로 취업제한 명령을 선고받은 자가 다음 각 호의 아동·청소년 관련기관등을 운영하거나 아동·청소년 관련기관등에 취업 또는 사실상 노무를 제공하고 있는지를 직접 또는 관계 기관 조회 등의 방법으로 연 1회 이상 점검·확인하여야 한다. 다만, 제2항에 해당하는 아동·청소년 관련기관등의 경우에는 그러하지 아니하다. 〈개정 2020. 5. 19., 2020. 12. 8., 2023. 4. 11.〉
  1. 제56조제1항제5호의 청소년활동시설
  2. 제56조제1항제6호의 청소년상담복지센터 및 청소년복지시설
  2의2. 제56조제1항제6호의2의 학교 밖 청소년 지원센터
  3. 제56조제1항제7호의 어린이집, 육아종합지원센터 및 시간제보육서비스지정기관
  4. 제56조제1항제8호의 아동복지시설, 통합서비스 수행기관 및 다함께돌봄센터
  5. 제56조제1항제9호의 성매매피해자등을 위한 지원시설 및 성매매피해상담소
  5의2. 제56조제1항제9호의2의 아동·청소년대상 성교육 전문기관 및 성매매 피해아동·청소년 지원센터
  6. 제56조제1항제10호의 공동주택의 관리사무소
  7. 제56조제1항제11호의 체육시설
  8. 제56조제1항제12호의 의료기관
  9. 제56조제1항제13호 각 목의 인터넷컴퓨터게임시설제공업 또는 복합유통게임제공업을 하는 사업장
  10. 제56조제1항제15호의 청소년활동기획업소
  11. 대중문화예술기획업소

12. 제56조제1항제17호의 아동·청소년의 고용 또는 출입이 허용되는 시설등으로서 대통령령으로 정하는 유형의 시설등
13. 삭제 〈2023. 4. 11.〉
14. 제56조제1항제22호의 어린이급식관리지원센터
15. 제56조제1항제23호의 서비스제공기관
16. 제56조제1항제24호의 건강가정지원센터
17. 제56조제1항제25호의 다문화가족지원센터

④ 교육감은 성범죄로 취업제한 명령을 선고받은 자가 다음 각 호의 아동·청소년 관련기관등을 운영하거나 아동·청소년 관련기관등에 취업 또는 사실상 노무를 제공하고 있는지를 직접 또는 관계 기관 조회 등의 방법으로 연 1회 이상 점검·확인하여야 한다. 다만, 제2항에 해당하는 아동·청소년 관련기관등의 경우에는 그러하지 아니하다.

1. 제56조제1항제1호의 유치원
2. 제56조제1항제2호의 기관 중 「초·중등교육법」 제2조의 학교 및 같은 법 제28조에 따른 위탁 교육기관
3. 제56조제1항제2호의2의 학생상담지원시설 및 위탁 교육시설
4. 제56조제1항제2호의3의 국제학교
5. 제56조제1항제3호의 학원, 교습소 및 개인과외교습자
6. 제56조제1항제19호의 특수교육지원센터 및 특수교육 관련서비스를 제공하는 기관·단체
7. 제56조제1항제21호의 아동·청소년을 대상으로 하는 교육기관

⑤ 제1항 각 호 및 제2항에 따른 중앙행정기관의 장, 시·도지사, 시장·군수·구청장 또는 교육감은 제1항부터 제4항까지의 규정에 따른 점검·확인을 위하여 필요한 경우에는 아동·청소년 관련기관등의 장 또는 관련 감독기관에 해당 자료의 제출을 요구할 수 있다.

⑥ 여성가족부장관, 관계 중앙행정기관의 장, 시·도지사, 시장·군수·구청장 또는 교육감은 제1항부터 제4항까지의 규정에 따른 점검·확인 결과를 대통령령으로 정하는 바에 따라 인터넷 홈페이지 등을 이용하여 공개하여야 한다.

[전문개정 2020. 2. 18.]

제58조(취업자의 해임요구 등) ① 제57조제1항 각 호 및 같은 조 제2항에 따른 중앙행정기관의 장, 시·도지사, 시장·군수·구청장 또는 교육감은 제56조제1항에 따른 취업제한 기간 중에 아동·청소년 관련기관등에 취업하거나 사실상 노무를 제공하는 자가 있으면 아동·청소년 관련기관등의 장에게 그의 해임을 요구할 수 있다. 〈개정 2020. 2. 18.〉

② 제57조제1항 각 호 및 같은 조 제2항에 따른 중앙행정기관의 장, 시·도지사, 시장·군수·구청장 또는 교육감은 제56조제1항에 따른 취업제한 기간 중에 아동·청소년 관련기관등을 운영 중인 아동·청소년 관련기관등의 장에게 운영 중인 아동·청소년 관련기관등의 폐쇄를 요구할 수 있다. 〈개정 2020. 2. 18.〉

③ 제57조제1항 각 호 및 같은 조 제2항에 따른 중앙행정기관의 장, 시·도지사, 시장·군수·구청장 또는 교육감은 아동·청소년 관련기관등의 장이 제2항의 폐쇄요구를 정당한 사유 없이 거부하거나 1개월 이내에 요구사항을 이행하지 아니하는 경우에는 관계 행정기관의 장에게 해당 아동·청소년 관련기관등의 폐쇄, 등록·허가 등의 취소를 요구할 수 있다. 〈개정 2020. 2. 18.〉
④ 제3항에 따른 폐쇄, 등록·허가 등의 취소요구에 대하여는 대통령령으로 정하는 바에 따른다.

제59조(포상금) ① 여성가족부장관은 제8조, 제8조의2, 제11조제1항·제2항·제4항 및 제13조부터 제15조까지에 해당하는 범죄를 저지른 사람을 수사기관에 신고한 사람에 대하여는 예산의 범위에서 포상금을 지급할 수 있다. 〈개정 2019. 1. 15., 2020. 6. 2.〉
② 제1항에 따른 포상금의 지급 기준, 방법과 절차 및 구체적인 지급액 등에 필요한 사항은 대통령령으로 정한다.

제60조(권한의 위임) ① 제57조제1항 각 호 및 같은 조 제2항에 따른 중앙행정기관의 장(교육부장관은 제외한다)은 제67조에 따른 권한의 일부를 대통령령으로 정하는 바에 따라 그 일부를 시·도지사 또는 시장·군수·구청장에게 위임할 수 있다. 〈개정 2013. 3. 23., 2020. 2. 18., 2020. 5. 19.〉
② 제67조에 따른 교육부장관 또는 교육감의 권한은 대통령령으로 정하는 바에 따라 그 일부를 교육감·교육장에게 위임할 수 있다. 〈개정 2013. 3. 23., 2020. 2. 18.〉
③ 제57조, 제58조 및 제67조에 따른 식품의약품안전처장의 권한은 대통령령으로 정하는 바에 따라 그 일부를 지방식품의약품안전청장에게 위임할 수 있다. 〈신설 2019. 11. 26.〉
④ 제57조, 제58조 및 제67조에 따른 경찰청장의 권한은 대통령령으로 정하는 바에 따라 그 일부를 시·도경찰청장에게 위임할 수 있다. 〈개정 2019. 11. 26., 2020. 12. 22.〉

제5장 보호관찰

〈개정 2020. 5. 19.〉

제61조(보호관찰) ① 검사는 아동·청소년대상 성범죄를 범하고 재범의 위험성이 있다고 인정되는 사람에 대하여는 형의 집행이 종료한 때부터 「보호관찰 등에 관한 법률」에 따른 보호관찰을 받도록 하는 명령(이하 "보호관찰명령"이라 한다)을 법원에 청구하여야 한다. 다만, 검사가 「전자장치 부착 등에 관한 법률」 제21조의2에 따른 보호관찰명령을 청구한 경우에는 그러하지 아니하다. 〈개정 2020. 2. 4.〉
② 법원은 공소가 제기된 아동·청소년대상 성범죄 사건을 심리한 결과 보호관찰명령을 선고할 필요가 있다고 인정하는 때에는 검사에게 보호관찰명령의 청구를 요청할 수 있다.
③ 법원은 아동·청소년대상 성범죄를 범한 사람이 금고 이상의 선고형에 해당하고 보호관찰명령 청구가 이유있다고 인정하는 때에는 2년 이상 5년 이하의 범위에서

기간을 정하여 보호관찰명령을 병과하여 선고하여야 한다.
④ 법원은 보호관찰을 명하기 위하여 필요한 때에는 피고인의 주거지 또는 소속 법원(지원을 포함한다. 이하 같다) 소재지를 관할하는 보호관찰소(지소를 포함한다. 이하 같다)의 장에게 범죄 동기, 피해자와의 관계, 심리상태, 재범의 위험성 등 피고인에 관하여 필요한 사항의 조사를 요청할 수 있다. 이 경우 보호관찰소의 장은 지체 없이 이를 조사하여 서면으로 해당 법원에 통보하여야 한다.
⑤ 보호관찰 기간은 보호관찰을 받을 자(이하 "보호관찰 대상자"라 한다)의 형의 집행이 종료한 날부터 기산하되, 보호관찰 대상자가 가석방된 경우에는 가석방된 날부터 기산한다.

제62조(보호관찰 대상자의 보호관찰 기간 연장 등) ① 보호관찰 대상자가 보호관찰 기간 중에 「보호관찰 등에 관한 법률」 제32조에 따른 준수사항을 위반하는 등 재범의 위험성이 증대한 경우에 법원은 보호관찰소의 장의 신청에 따른 검사의 청구로 제61조제3항에 따른 5년을 초과하여 보호관찰의 기간을 연장할 수 있다.
② 제1항의 준수사항은 재판장이 재판정에서 설명하고 서면으로도 알려 주어야 한다.

제63조(보호관찰 대상자의 신고 의무) ① 보호관찰 대상자는 출소 후의 거주 예정지, 근무 예정지, 교우(交友) 관계, 그 밖에 보호관찰을 위하여 필요한 사항으로서 대통령령으로 정하는 사항을 출소 전에 미리 교도소 · 소년교도소 · 구치소 · 군교도소 또는 치료감호시설의 장에게 신고하여야 한다.
② 보호관찰 대상자는 출소 후 10일 이내에 거주지, 직업 등 보호관찰을 위하여 필요한 사항으로서 대통령령으로 정하는 사항을 보호관찰관에게 서면으로 신고하여야 한다.

제64조(보호관찰의 종료) 「보호관찰 등에 관한 법률」에 따른 보호관찰 심사위원회는 보호관찰 대상자의 관찰성적이 양호하여 재범의 위험성이 없다고 판단하는 경우 보호관찰 기간이 끝나기 전이라도 보호관찰의 종료를 결정할 수 있다.

제6장 벌칙

〈개정 2020. 5. 19.〉

제65조(벌칙) ① 다음 각 호의 어느 하나에 해당하는 자는 5년 이하의 징역 또는 5천만원 이하의 벌금에 처한다. 〈개정 2021. 3. 23., 2024. 10. 16.〉
　1. 제25조의8을 위반하여 직무상 알게 된 신분비공개수사 또는 신분위장수사에 관한 사항을 외부에 공개하거나 누설한 자
　2. 제54조를 위반하여 직무상 알게 된 등록정보를 누설한 자
　3. 제55조제1항 또는 제2항을 위반한 자
　4. 정당한 권한 없이 등록정보를 변경하거나 말소한 자
② 제42조에 따른 보호처분을 위반한 자는 2년 이하의 징역 또는 2천만원 이하의 벌금에 처한다.

③ 제21조제2항에 따라 징역형 이상의 실형과 이수명령이 병과된 자가 보호관찰소의 장 또는 교정시설의 장의 이수명령 이행에 관한 지시에 불응하여 「보호관찰 등에 관한 법률」 또는 「형의 집행 및 수용자의 처우에 관한 법률」에 따른 경고를 받은 후 재차 정당한 사유 없이 이수명령 이행에 관한 지시에 불응한 경우에는 1년 이하의 징역 또는 1천만원 이하의 벌금에 처한다.
④ 다음 각 호의 어느 하나에 해당하는 자는 1년 이하의 징역 또는 500만원 이하의 벌금에 처한다.
  1. 제34조제3항을 위반하여 신고자 등의 신원을 알 수 있는 정보나 자료를 출판물에 게재하거나 방송 또는 정보통신망을 통하여 공개한 자
  2. 제55조제3항을 위반한 자
⑤ 제21조제2항에 따라 벌금형과 이수명령이 병과된 자가 보호관찰소의 장의 이수명령 이행에 관한 지시에 불응하여 「보호관찰 등에 관한 법률」에 따른 경고를 받은 후 재차 정당한 사유 없이 이수명령 이행에 관한 지시에 불응한 경우에는 1천만원 이하의 벌금에 처한다.

제66조(벌칙) 보호관찰 대상자가 제62조제1항에 따른 제재조치를 받은 이후 재차 정당한 이유 없이 준수사항을 위반하면 3년 이하의 징역 또는 1천만원 이하의 벌금에 처한다.

제67조(과태료) ① 삭제 〈2020. 6. 9.〉
② 다음 각 호의 어느 하나에 해당하는 자에게는 1천만원 이하의 과태료를 부과한다. 〈개정 2018. 1. 16.〉
  1. 제37조제2항을 위반하여 상담·치료프로그램의 제공을 정당한 이유 없이 거부한 상담시설 또는 의료기관의 장
  2. 제58조에 따른 해임요구를 정당한 사유 없이 거부하거나 1개월 이내에 이행하지 아니하는 아동·청소년 관련기관등의 장
③ 아동·청소년 관련기관등의 장이 제56조제5항을 위반하여 그 기관에 취업 중이거나 사실상 노무를 제공 중인 사람 또는 취업하려 하거나 사실상 노무를 제공하려는 사람에 대하여 성범죄의 경력을 확인하지 아니하는 경우에는 500만원 이하의 과태료를 부과한다. 〈개정 2018. 1. 16.〉
④ 제34조제2항 각 호의 어느 하나에 해당하는 기관·시설 또는 단체의 장과 그 종사자가 직무상 아동·청소년대상 성범죄 발생 사실을 알고 수사기관에 신고하지 아니하거나 거짓으로 신고한 경우에는 300만원 이하의 과태료를 부과한다.
⑤ 제2항부터 제4항까지의 규정에 따른 과태료는 대통령령으로 정하는 바에 따라 제57조제1항 각 호 및 같은 조 제2항에 따른 중앙행정기관의 장, 시·도지사, 시장·군수·구청장 또는 교육감이 부과·징수한다. 〈개정 2020. 2. 18., 2020. 6. 9.〉

부칙

⟨제20462호, 2024. 10. 16.⟩

이 법은 공포 후 6개월이 경과한 날부터 시행한다. 다만, 제2조제2호가목, 같은 조 제3호·제6호 및 제11조의2의 개정규정은 공포한 날부터 시행한다.

◼ 편저이원범 ◼

- 경희대 법률학과 졸업
- 전(前) 서울지방경찰청 근무
- 전(前) 동대문 수사과 근무
- 전(前) 광주지방경찰청 여성청소년과 과장
- 전(前) 대형법무법인 사무국장 역임

이렇게 대처하세요!
딥페이크와
디지털 성범죄

2025년 8월 20일 인쇄
2025년 8월 25일 발행

편 저 이원범
발행인 김현호
발행처 법문북스
공급처 법률미디어

주소 서울 구로구 경인로 54길4(구로동 636-62)
전화 02)2636-2911~2, 팩스 02)2636-3012

등록일자 1979년 8월 27일
등록번호 제5-22호

ISBN 979-11-94820-26-0 (13330)

정가 24,000원

▮ 역자와의 협약으로 인지는 생략합니다.
▮ 파본은 교환해 드립니다.
▮ 이 책의 내용을 무단으로 전재 또는 복제할 경우 저작권법 제136조에 의해 5년 이하의 징역 또는 5,000만원 이하의 벌금에 처하거나 이를 병과할 수 있습니다.

이 도서의 국립중앙도서관 출판예정도서목록(CIP)은 서지정보유통지원시스템 홈페이지(http://seoji.nl.go.kr)와 국가자료종합목록 구축시스템(http://kolis-net.nl.go.kr)에서 이용하실 수 있습니다.

홈페이지 www.lawb.co.kr
페이스북 www.facebook.com/bummun3011
인스타그램 www.instagram.com/bummun3011
네이버 블로그 blog.naver.com/bubmunk

법률서적 명리학서적 외국어서적 서예·한방서적 등

최고의 인터넷 서점으로

각종 명품서적만을 제공합니다

각종 명품서적과 신간서적도 보시고

법률·한방·서예 등 정보도

얻으실 수 있는

핵심법률서적 종합 사이트

www.lawb.co.kr

(모든 신간서적 특별공급)

---

facebook.com/bummun3011
instagram.com/bummun3011
blog.naver.com/bubmunk

대표전화 (02) 2636 - 2911